HISTOIRE DE LA CASAMANCE

(1645-1960)

5-7, rue de l'École-Polytechnique, 75005 Paris

http://www.editions-harmattan.fr

ISBN : 978-2-343-12857-3
EAN : 9782343128573

Augustin DIAMACOUNE Senghor

HISTOIRE DE LA CASAMANCE

(1645-1960)

Foi – Patriotisme – Hommage

Préface

Pour l'avoir fréquenté pendant plusieurs années et avoir rédigé le premier livre sur sa personne, je me réjouis de préfacer ce livre qui porte essentiellement sur :

> L'hommage aux Héros casamançais et à la Reine Alinsiitowé Diatta de Cabrousse.
>
> L'histoire de la casamance.
>
> La foi et le patriotisme casamançais.
>
> La contribution à la résistance et à la renaissance de la Casamance.

La vie de l'Abbé Diamacoune Senghor repose surtout sur deux piliers fondamentaux et indissociables :

> Son engagement religieux en sa qualité de prêtre.
>
> Son œuvre politique pour avoir été le principal réveilleur, le leader charismatique, le porte-parole et le Secrétaire Général du Mouvement des Forces Démocratiques de la Casamance (MFDC), avec comme Secrétaire Général Adjoint son fidèle de tous les temps, Mamadou Nkrumah Abou Sané.

Connu par ses discours et déclarations en faveur de l'indépendance de la Casamance, jusqu'à sa mort, il défend la thèse selon laquelle : *« La Casamance n'est jamais partie intégrante du Sénégal »*.

Pour étayer ses propos, il évoque des faits et actes historiques des périodes coloniales et postcoloniales. L'abbé Diamacoune est l'un des rares cadres casamançais de sa génération à oser se prononcer en faveur de l'indépendance. Ses discours et ses écrits sont entièrement épousés par une grande partie des casamançais. Ils inspirent, légitiment et servent de « repère » au groupe de Mamadou Nkrumah Sané et aux autres qui, par ailleurs, constituent le noyau dur des principaux acteurs de la marche du 26 décembre 1982.

Cet événement est celui qui marque le point de départ de la guerre qui continue de sévir en Casamance, plus connue sous le vocable « Crise casamançaise ».

Pour son nationalisme, l'énigmatique Abbé Diamacoune Senghor est arrêté à deux reprises. Il est condamné à 5 ans d'emprisonnement ferme. Malgré tout, ses écrits se donnent corps et âme pour le souhait de voir son cercueil recouvert d'un « linceul » aux couleurs du Drapeau casamançais. En sa qualité d'homme de Dieu, avec insistance, l'Abbé Diamacoune Senghor soutient qu'il n'a jamais invité quelqu'un à prendre les armes pour lutter contre l'Etat du Sénégal. Jusqu'à sa mort, il s'est investi pour le retour de la paix, face à cette guerre que le Sénégal impose à son pays, la Casamance. Selon lui, cette paix doit passer par une véritable négociation, dans la justice et la vérité. Ses écrits et discours de 1978 à 1982 sont peu connus. Voilà pourquoi ce livre qui les découvre est une perle d'informations dont la connaissance et l'exploitation aideraient à la compréhension de la Crise casamançaise, voire à sa résolution définitive. Le conflit casamançais est si complexe, qu'il nécessite que tout document et développement, indépendamment des origines, soient lus et exploités avec beaucoup de recul pour en saisir la substance essentielle.

Ce livre, mis sous presse grâce à l'impulsion de Mamadou Nkrumah Abou Sané et de la disponibilité de l'écrivain Balouboula-Ndoulou, apporte sans nul doute tant d'éléments importants pour la meilleure compréhension de l'histoire casamançaise pour laquelle, depuis 1645, son peuple continue à résister.

A tous ceux qui s'intéressent à la nébuleuse problématique de la guerre en Casamance, ce livre offre une bonne lecture de la vraie Histoire des Peuples de Casamance.

[René Capain Bassène, Bourofaye diola, mars 2015.]

Comme son Palmier

Qui enfonce et répand ses racines
Dans la fertilité de son sol et de ses eaux
Pour mieux s'élever dans les hauteurs
Et humer la fécondité
Et la prospérité soufflant des quatre vents
Ainsi la Casamance
Profondément enracinée
Dans l'humus fertile
De la fidélité aux ancêtres
S'élève-t-elle dans les cieux du courage
De la lucidité et de l'espérance
Pour voir poindre
Des quatre coins de l'horizon
Les prémices d'une moisson abondante
D'un amour, d'une paix, d'une prospérité
Et d'une civilisation sans frontières.

« UT PALMA FLOREBIT »
(Psaume 92-13)

Debout : Mamadou Diémé – L'Abbé Diamacoune – Sarani Manga Badiane
Accroupi : Malamine Diédhiou

L'Abbé Augustin Diamacoune Senghor

L'Abbé Augustin Diamacoune Senghor est né le 04 avril 1928 à Oussouye en Casamance, où il est ordonné prêtre le 04 avril 1956. Personnage charismatique, durant toute sa vie, il a lutté pour la paix en Casamance et l'indépendance du peuple casamançais, ce qui lui a valu 21 tentatives d'assassinats dont il s'en est miraculeusement échappé.

Le 23 décembre 1982, il est arrêté puis incarcéré. Sa condamnation de cinq ans d'emprisonnement ferme pour atteinte à l'intégrité de l'Etat sénégalais est prononcée le 13 décembre 1983.

Après 4 ans de détention, le prisonnier est libéré le 23 décembre 1987. Cette liberté est rompue le 14 juin 1990, date à laquelle il est de nouveau arrêté pour les mêmes motifs. C'est dans les prisons du Sénégal, notamment de Dakar et de Thiès, qu'il purge la peine.

Dans sa lettre du 14 juillet, adressée au Secrétaire Général de l'ONU, l'Abbé Diamacoune Senghor écrit :

> *« Je suis et milite pour l'indépendance de la Casamance, mais par la voie pacifique, juridique, politique et diplomatique. »*

Ses lettres du 25 décembre 1980 et du 22 avril 1981, adressées au Président sénégalais Léopold Sédar Senghor, ainsi que celle du 12 mai 1982 écrite au Président sénégalais Abdou Diouf, constituent bien des preuves de son appel au règlement pacifique du problème de la souveraineté évidente et naturelle du pays de la Casamance. Curieusement, à ces lettres, aucune réponse en retour de la part des destinataires.

Pour la même volonté de résolution pacifique du problème d'intégrité du Territoire casamançais, entre 1983 à 1987, il adresse six lettres au Président de la République française.

Aussi, il contacte le Secrétaire Général de l'Organisation des Nations Unis (ONU).

Devenu Secrétaire Général du Mouvement des Forces Démocratiques de la Casamance (MFDC) par la force de la confiance que lui accorde la quasi-totalité du Peuple casamançais, il continue son œuvre de Paix et d'indépendance de la Casamance, soutenue de plus en plus par la Communauté internationale.

Longtemps privé de liberté de ses mouvements et gardé en résidence surveillée à Ziguinchor, il a fallu compter sur le support de la population casamançaise et la détermination des responsables du MFDC, tel que Mamadou Nkrumah Abou Sané, en exil en France depuis 1991, pour continuer le combat. De cet engagement, Mamadou Nkrumah Abou Sané s'exprime en ces termes :

> « Cette lutte durera le temps qu'il faudra. Nous finirons par faire partir l'armée sénégalaise. Nous ne sommes pas des Sénégalais. La Résistance est une tradition de la Casamance. C'est ici qu'est né l'un des plus anciens mouvements indépendantistes, dès le 20 mars 1914, deux ans après l'ANC sud-africain, il demandait l'autonomie politique. »

Apparu dès 1947 sous la colonisation française, le mouvement indépendantiste casamançais bascule dans la lutte armée, notamment à partir de la manifestation du 26 décembre 1982.

Casamance, un pays d'Afrique

L'histoire récente, celle juste avant les indépendances en Afrique francophone, enseigne que la Casamance est loin d'être une région du Sénégal. Le nom de la Casamance vient de son fleuve, qui l'arrose sur 300 km. La Casamance, située à l'ouest de l'Afrique, couvre une population d'environ 980000 habitants sur une superficie avoisinant 30000 km2. Géographiquement, le Territoire casamançais est limité :

- Au nord par la Gambie, ancienne colonie anglaise.
- Au sud par la Guinée Bissau, ex-colonie portugaise et Guinée Conakry.
- A l'est par le Mali et le fleuve Gambie.
- A l'Ouest par l'Océan Atlantique, sur 86 km de côtes.

Grâce aux paramètres ci-après, le Pays de l'Abbé Diamacoune Senghor offre un véritable grenier africain :

- Climat tropical, température moyenne de 28°C.
- Pluviométrie moyenne de 1400 mm par an.
- Densité environ 27 habitants au Km2
- 80% de la population œuvre pour des activités agricoles : culture du riz (40000 ha de rizières, avec 50000 tonnes de riz par an), d'arachides (huile d'arachide génère 90% des activités du port)
- 86 km de côtes sur l'Océan Atlantique.
- Enormes richesses halieutiques et potentialités pour la pêche (maritime, lagunaire, fluviale) grâce au fleuve Casamance et ses multiples bolongs, qui offrent plus de 80 espèces de poissons, favorisant ainsi la transformation du poisson.
- Les grandes palmeraies favorisent la production de l'huile de palme et permettent une récolte annuelle de 300 litres d'alcool de bunuk (alcool de palme).

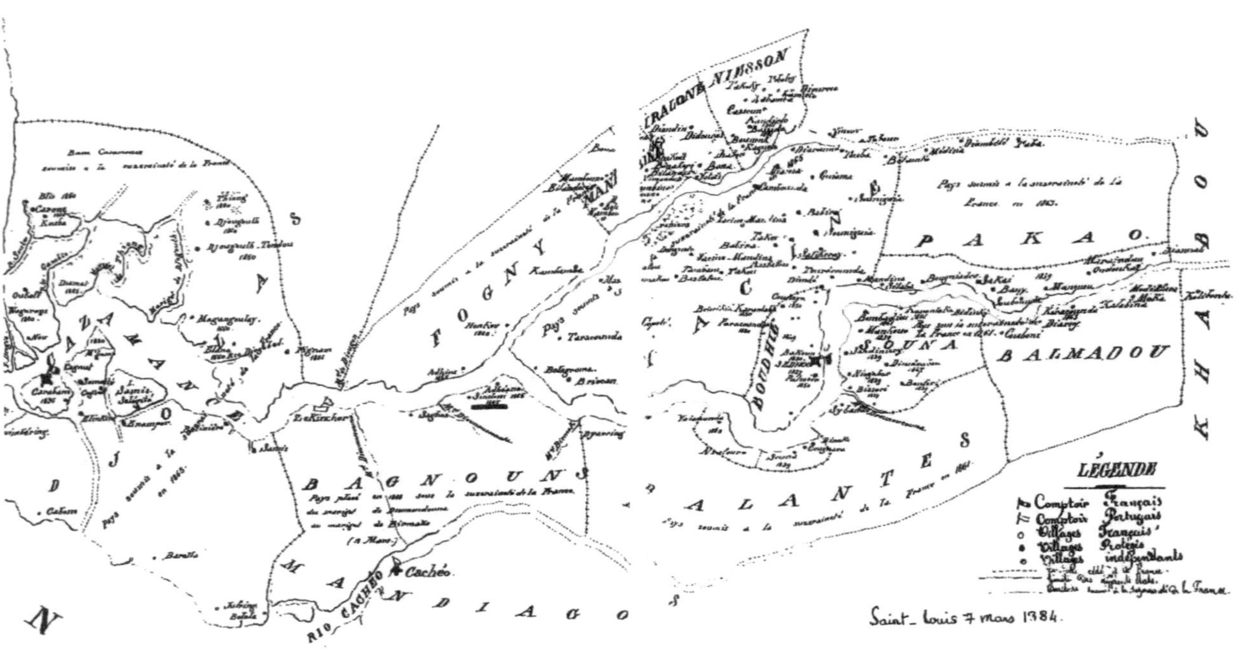

Carte géopolitique de la Casamance (Saint-Louis 07mars 1884)

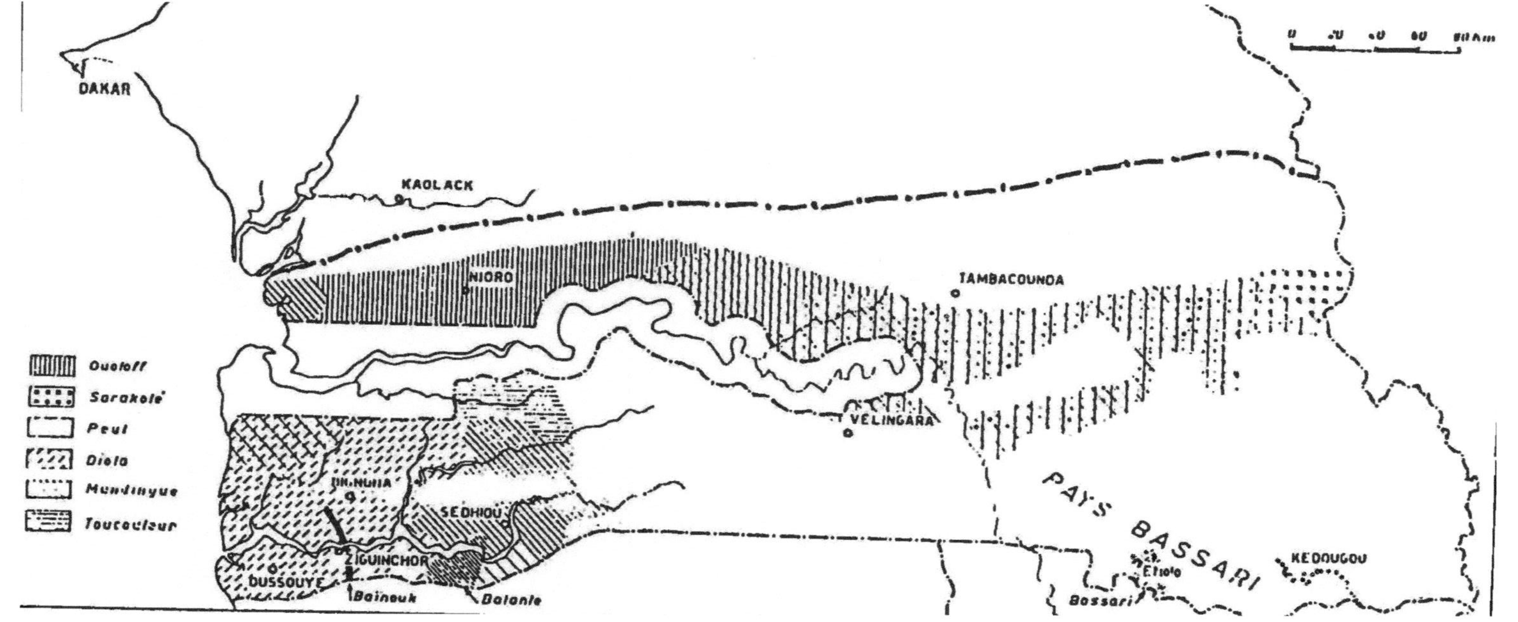

Carte ethnique de la Casamance
Errata : Au lieu de Bassari, lire Basari, au lieu de Baïnouk, lire Baynouk

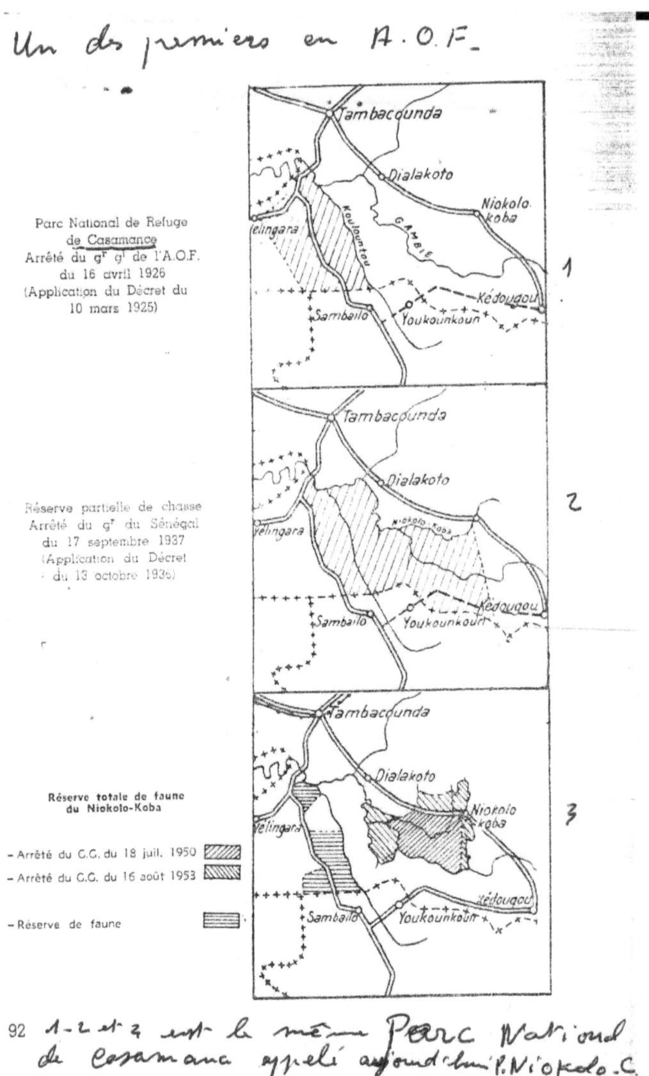

92 1-2 et 3 est le même Parc National de Casamance appelé aujourd'hui P. Niokolo-C.

Parc National de Casamance, appelé aujourd'hui Niokolo-Koba

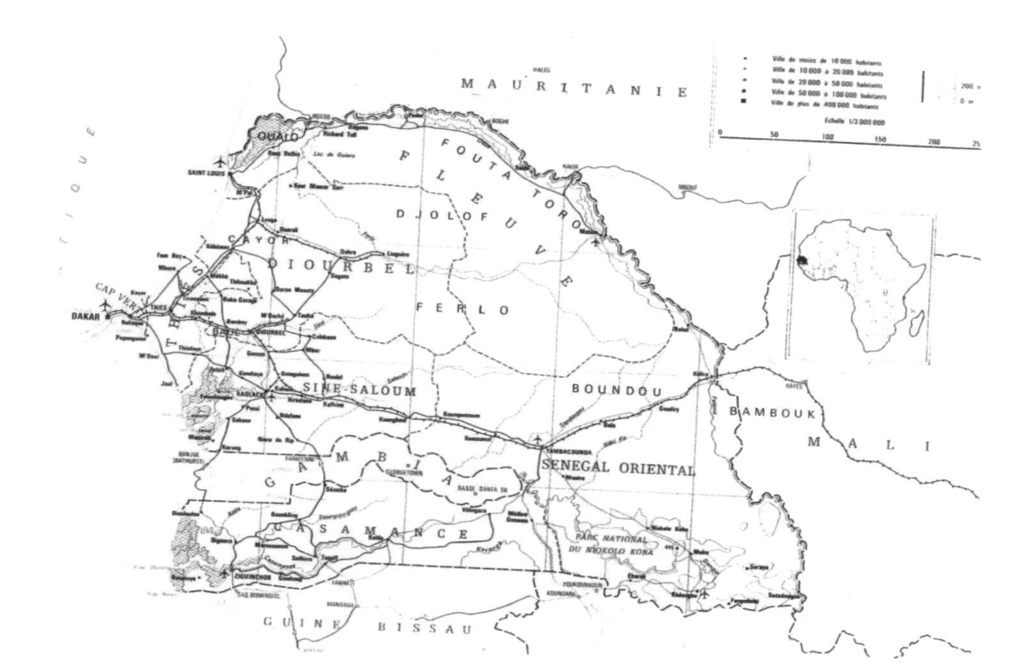

Casamance rattachée à la colonie française du Sénégal

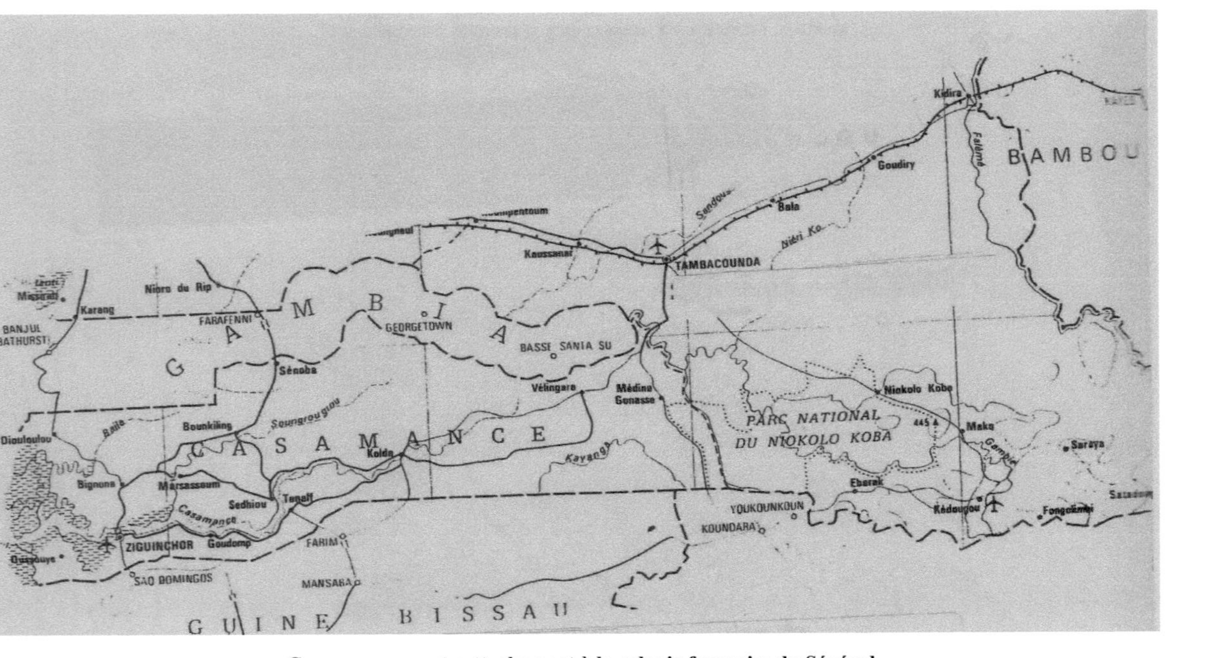

Casamance avant rattachement à la colonie française du Sénégal

En résumé :

La Casamance, pays du charismatique Abbé Diamacoune Senghor, fertilisé par une importante hydrographie et des abondantes pluies, dispose d'une forêt dense et d'une végétation luxuriante cernée des rizières et des mangroves, des vergers et des plages magnifiques, offre bien un « jardin d'Eden ».

Comme c'est le cas dans la majorité des pays africains, la Casamance compte plusieurs ethnies. 80% de sa population est constituée des Diolas, Mandingues et Peuls. 20% de cette population se répartit entre les Baïnuks, Mandjaks, Mancagnes et Balantes, Bassaris, Soninkés, Bambaras, etc.

Les Diolas sont majoritaires, ils représentent 60% de la population casamançaise.

Historiquement, Dominique Darbon dans le journal « la Voix de la Casamance » et Alain Frilet du quotidien français *Libération* nous découvrent chacun un texte proche de la réalité :

> « la **Voix de la Casamance »... une parole Diola**.
> Chacun se rappelle les mouvements de mécontentement et les émeutes qui ont parcouru la région la plus méridionale du Sénégal, la Casamance, en 1981 (grève du lycée Djignabo), et surtout en décembre 1982 et décembre 1983. Ces révoltes à répétition, qui ont concerné la grande majorité des populations de Basse-Casamance (départements d'Oussouye, de Ziguinchor et de Bignona), ont reposé un problème ancien que tout le monde croyait sinon résolu, du moins très efficacement étouffé par le gouvernement sénégalais. Or, la Casamance par sa population, sa position géographique, les conditions historiques de sa colonisation et de son rattachement à la colonie française du Sénégal, ses

potentialités économiques et ses systèmes de production agricole, garde une spécificité très grande, très fortement ancrée parmi les populations Diola. » [Dominique Darbon, Harare, 14 janvier 1985].

« **Casamance, une guerre de revanche**
Un conflit né de la décolonisation
Avec la poussée vers l'Ouest de l'empire mandingue du Mali au XVème siècle, et notamment vers l'actuelle Gambie, la Basse-Casamance avec ses mangroves et ses forêts inaccessibles, devint le sanctuaire naturel des populations fuyant l'esclavagisme. Puis, après quatre siècles d'occupation par l'empire animiste du Gabou, les français, en mettant fin à l'éphémère royaume peul de Haute-Casamance et en absorbant le royaume de Ziguinchor que les Portugais n'avaient plus les moyens de défendre, se retrouvèrent au début du XXème siècle seuls maîtres d'un Territoire dont ils délimitèrent les frontières avec les Portugais et les Anglais. Ainsi naquit la Casamance, dont le peuplement et l'histoire, identiques à ceux de la Gambie et de la Guinée-Bissau, furent autoritairement annexés au Sénégal en 1960 par la décolonisation. Forte de ses richesses agricoles, de son potentiel halieutique et d'une excellente pluviométrie (1400 mm par an), la Casamance… attire très vite les populations du nord Sénégal, victimes de la grande sécheresse de 1973 et de la crise économique. » [Alain Frilet, 13 avril 1973, Libération].

In memoriam

Au moment où je prends le micro de Sénégal IV, Ousmane Ba n'est plus. Il n'y a pas encore quinze jours que, en pleine ville de Ziguinchor, je lui reprochais d'avoir déserté la Casamance. Pour toute réponse, il me rétorqua :

> *« La Casamance, ma Casamance, la Terre de mes Ancêtres, mort ou vif, j'y reviendrai, ne serait-ce que pour y être enterré. ».*

Une réponse qui en dit long !

Le sachant casamançais jusqu'au bout des ongles, casamançais à 200%, je lui dédie, en ultime et fraternel Hommage, cette humble Émission sur la Foi et le Patriotisme de nos Héros de Casamance, sachant qu'elle ne lui aurait pas déplu et confiant que nos Ancêtres, dont il connaissait et pratiquait les vertus, lui obtiendront du Ciel : Paix, Clémence et Miséricorde.

> Que son Âme et les Âmes de tous les Fidèles défunts, par la Miséricorde de Dieu, reposent dans la Paix.
>
> « Anima ejus et Animae omnium Fidelium defunctorum per misericordiam dei requiescant in Pace! »
>
> Amen !

Introduction

« Ne tremble pas devant eux, sinon c'est moi qui te ferai trembler devant eux. Moi, voici que je t'établis aujourd'hui comme une ville fortifiée, une colonne de fer et une muraille de bronze face à tout ce pays : les Rois du Juda, ses princes, ses prêtres et le peuple du pays. Ils vont lutter contre toi, mais sans pouvoir te vaincre, car je suis avec toi pour te délivrer ». [Jérémie, 1, 17-19]

« Courage ! De même que tu as rendu témoignage de moi à Jérusalem, ainsi faut-il encore que tu témoignes à Rome. » [Actes des Apôtres, 23, 11]

« Sois sans crainte. Continue de parler, ne te tais pas. Car je suis avec toi, et personne ne mettra sur toi la main pour te faire du mal, parce que j'ai à moi un peuple nombreux dans cette ville ». [Actes des Apôtres, 18, 9-10]

« Rappelle-toi les jours d'autrefois, considère les années d'âge en âge. Interroge ton père, qu'il te l'apprenne ; les anciens, qu'ils te le disent. » [Deutéronome, 32, 7.]

« Ô Dieu, nous avons entendu de nos oreilles, nos pères nous ont raconté l'œuvre que tu fis de leurs jours, aux jours d'autrefois et par ta main. » [Psaume 44, 2]

Mamadou Nkrumah Sané, Secrétaire Général du MFDC

« Au milieu des innombrables populations de ton royaume, dans toutes les provinces, est dispersé un peuple inassimilable. Ses lois qui ne ressemblent à celles d'aucun autre, et les Décrets Royaux sont pour lui lettre morte. Les intérêts du Roi ne permettent pas de le laisser tranquille ». [Esther, 3, 8]

Il m'a été vivement reproché d'avoir simplement mentionné la Reine Alinsiitowe Diatta de Cabrousse lors de mon émission « Foi et Patriotisme » du 2 juillet 1978.

Oui, je le reconnais, j'avais effectivement, et de propos délibérés, jugé opportun de glisser rapidement sur le cas Alinsiitowe, pour ne pas effaroucher certaines susceptibilités illégitimes, d'ailleurs.

Cependant, devant les réactions et les sentiments de frustration, pour ne pas dire d'indignation, de la part de mes fidèles Auditeurs de souche casamançaise, je me dois de revenir sur le cas, ô bien délicat, de la Reine Alinsiitowe.

Pour dissiper tout malentendu, il faut d'abord replacer mon intervention dans le contexte religieux, d'une émission religieuse, d'ailleurs intitulée « Foi et Patriotisme ». Et cela même si des allusions politiques ou militaires nous sont imposées par la nécessité, pour mieux le comprendre, de replacer le cas Alinsiitowe dans le contexte général du problème casamançais de toujours.

Mais il faut se dire que jamais on a vu ni la sainteté, ni la Foi, ni la Religion, se promener toutes seules dans les rues, ou dans les airs, ou dans la nature. Et cela est également vrai du Patriotisme. Ce sont des réalités qui s'incarnent dans les individus, des personnes. Et ces hommes vivent et doivent vivre toutes ces réalités humaines, temporelles et spirituelles, surtout dans ce qu'elles ont de plus concret, de plus palpable, de plus élevé et de sublime.

Ajoutons que ces hommes vivent sur terre, et généralement sur une terre qui est leur patrie : la terre de leurs pères, la « terre des ancêtres ». Ils affirment l'existence de cette terre ; ils l'aiment, l'entretiennent, la développent, la défendent à cause de tout ce qu'elle représente pour eux, et la proclament inaliénable.

Tout croyant est citoyen de son pays, de sa patrie, de la Terre de ses ancêtres. Avec ses frères et sœurs issus du Terroir, et avec tous ceux que les vicissitudes de l'histoire en ont fait des citoyens et fils d'adoption, ils sont concernés par les droits et devoirs qui régissent leur « commun vouloir de vie commune ». Ces réalités qu'ils vivent sont d'ordre religieux, culturel, social, économique et politique.

Nous savons cependant que cette patrie terrestre est un signe de la patrie céleste, la patrie de tous ceux qui, craignant et aimant Dieu, son fils d'Abraham par la foi et l'espérance.

En attendant ce grand rendez-vous céleste, chacun de nous vit sur terre dans sa Patrie, la Terre de ses ancêtres.

> « Quand Jésus fut proche de Jérusalem, à la vue de la ville, il pleura sur elle ». [Luc, 19, 41]

Si Jésus a aimé sa patrie terrestre et a pleuré sur elle, peut-on, aujourd'hui, reprocher à un Croyant pratiquant, d'avoir, en tant que Citoyen, un Culte pour la Terre de ses Ancêtres ? Ce sont là des interférences, de maniement délicat, bien sûr, mais des réalités tout de même à ne pas ignorer ou sous-estimer.

Ces fondements étant posés afin de dissiper tout malentendu, revenons sur une des dernières figures féminines de la Résistance casamançaise inquiétées par l'Administration coloniale française. Nous avons déjà mentionné, le 2 juillet 1978, les Femmes des Villages de Efok, Karounate et de Diembering, dans le Département de Oussouye ; celles de Balinghore dans le Département du Bignona.

Je déclarais à ce propos, lors de notre Émission sur Sainte Jeanne d'Arc, modèle de Foi et de Patriotisme, Émission malheureusement et malencontreusement amputée de vingt minutes lors de sa retransmission, nous vous disions que,

> *« En servant sa Foi Chrétienne et sa Patrie française, Sainte Jeanne d'Arc nous apprend, à nous aussi, casamançais, à servir et le Dieu Unique, des chrétiens, des Musulmans, des Animistes et aussi à servir notre Chère Casamance, notre Patrie, la Terre de nos Ancêtres, qu'il faut servir de manière souveraine et digne d'elle ».*

J'ajouterai ensuite : C'est dans ce contexte, à la fois d'enracinement et d'ouverture qu'il faut situer la promesse que je vous avais faite de revenir sur quelques figures, surtout féminines, Jeanne d'Arc étant une jeune fille, revenir donc sur ces quelques héroïnes de la Résistance casamançaise :

1. Akinumélob Sambou à Oussouye
2. Awentorébé, à Siganar, Département d'Oussouye
3. Aloendiso Bassène Tendeng, dans le Royaume Afiladyo, Département de Ziguinchor.

Puis, je me suis contenté de nommer la Reine Alinsiitowé Diatta de Cabrousse, dans le Département de Oussouye.

Oui, devant vos sentiments de frustration, pour ne pas dire devant vos réactions d'indignation, bien compréhensibles, je me dois aujourd'hui de revenir, quoi qu'il puisse maintenant m'advenir, sur la personnalité étonnante de la Reine Alinsiitowé, la Prêtresse de Cabrousse. Cette Femme, avouons-le franchement, est un personnage et un élément gênant pour beaucoup de gens.

Développement

Alinsiitowé fait problème. Et, pour mieux aborder ce cas, c'en est un, réellement, posons, comme des jalons, quelques dates pour mémoire. Elles sont parfois approximatives, à 2 ou 3 ans près. Mais, chose curieuse, elles s'espacent de vingt en vingt, c'est-à-dire que, tous les vingt ans, il s'est produit en Pays Kasa, un événement important, comme si le nombre vingt avait une signification particulière, prédestinée.

L'on serait tenté de le croire quand on sait que, en Diola, le mot « Oeyi » qui signifie « vingt » signifie aussi « Roi ». C'est donc le symbole de la Perfection.

Rappelons que l'acclamation « Maan », qui signifie « Amen », « Parfait », sert aussi à interpeler le Roi et se traduit « Sainteté », « Perfection ».

Rappelons-nous également que, tous les 25 ans environ, de grandes Cérémonies Religieuses se déroulent en Pays Flup ; Célébration dont l'échéance et l'ordre sont régis par le Calendrier et la volonté du Roi.

Et comme les Cérémonies préparatoires à ces Solennités demandent des années pour leur célébration chronologique, l'échéance de ces Fêtes ramène l'intervalle de 25 à 20 ans, donc au Nombre Royal, le Nombre Parfait. Mais enfin que disent ces Dates ?

1903

Le Blanc achève d'occuper le Kasa. Il s'installe à Oussouye, la capitale religieuse et politique. L'administration coloniale confisque, à son seul profit, tout le pouvoir politique dévolu au Roi et au Conseil de la Nation. Exil sans retour du Roi de Oussouye, Sihalebe Diatta, originaire du village de Kahindoe. Le Grand-Prêtre de Oussouye, Diamuyo Diatta, organise la Résistance, tantôt active, tantôt passive. Les Blancs ne relatent pas tous leurs échecs dans leurs archives. Le Kasa plie et ne rompt pas.

1920

Une vingtaine d'années après, la France sort victorieuse d'une guerre : « la Grande Guerre ». Elle vient de chasser l'envahisseur, l'oppresseur : Vive la Liberté ! Vive l'Indépendance ! Cette même année, la France achève d'imposer au Kasa son joug colonial. Toute la Machine Coloniale est en place. Ce qu'elle n'accepte pas sur son territoire métropolitain, parce que mauvais, elle trouve bon de l'imposer au Pays Flup.
Marianne III, précisons la Troisième République française, se présente au Kasa comme notre Roi, avec ses attributs : tenant d'une main, le coq gaulois et, de l'autre, la francisque, tandis que le bonnet Phrygien recouvre sa Tête. La tâche est lourde au Pays des Rois Ahumusel et Sihalebe ! En cette même année 1920, voit le jour à Her, autrement dit Cabrousse, dans un quartier de Nialou, celle qui sera Alinsiitowé Diatta, Reine de Cabrousse. Le Kasa plie et ne rompt pas. Il en sera sans cesse ainsi. Il attend toujours son heure : elle finit toujours par sonner. Donc 1920 : fin de la « Pacification », Naissance de Adjumbébé, alias Alinsiitowé.

1940

Vingt ans après la « Pacification », la France est vaincue. Elle goûte à l'amertume du fruit qu'elle faisait savourer aux populations du Kasa. Le Colonisateur est colonisé. Une main signe l'Armistice. Une voix relève le défi et lance son fameux « appel » à la Résistance. La France a le droit de résister à l'Allemagne, mais pas la Casamance à la France. Deux Poids et Deux Mesures !

Vers cette même année 1940 se produisent les premières « Visions » d'Alinsiitowé. Elle dit également entendre des voix. Le Kasa bouge. Le Kasa dit « Non » à l'Administration colonialiste.

On connaît le reste. Comme le Roi Sihalébé, tout se termine pour la Reine Alinsiitowé par l'Exil Sans Retour. C'était les 28 et 29 janvier 1943. Elle arriva à Ziguinchor le 30 janvier 1943, sur le chemin de l'Exil. Désormais l'ordre règne en Casamance. Illusions !

1960

Vingt ans après l'appel du 18 juin 1940, un peu moins après l'exil de la Reine Alinsiitowé de Cabrousse, tout le Kasa est présent de corps ou d'esprit, au « Monument ». Ce Monument est simplement la place érigée par l'armée colonialiste chargée de réprimer la révolte, la Résistance du Kasa. Sur cette « place » d'Oussouye, un compatriote, cousin de la Reine Alinsiitowé, préside les fêtes de la proclamation, puis celle du premier anniversaire de l'indépendance nationale.

Rappelons que le président Dia avait rendu aux habitants d'Effok leur « Kabisoe » ou tam-tam de guerre ; placé sur la véranda du Bureau administratif, il servait à annoncer les débuts et fins des heures de travail journalier des « Fonctionnaires ».

Il avait ainsi remplacé un petit tam-tam portatif, le fameux « Kanumba » des années 1938 à 1943, immortalisé par la trop célèbre chanson que tout le monde connaît :

> « Ô la bome ! La bome !
> Alolum av ata Husuy o la bome!
> Kanumba e wele o! »
> « Il danse ! Il danse !
> Le Blanc de Husuy ! Il danse !
> Kanumba (son tam-tam) retentit »

Un autre refrain était plus en vogue à Eyun :

« Aloli dyi koyle	« Nous avons peur
Alolum av ata Husuy o	Du Blanc de Husuy
Aloli dyi koylol mayin! »	Et avons peur de lui pour rien ! »

Combien parmi vous savent-ils que ce sont là des chants de la Résistance casamançaise ? Nous autres de la Résistance Passive, les hurlions à tue-tête, le jour comme la nuit, dans tous les villages du Kasa, au son du gros « Embélé », pour faire la pige à un Administrateur colonial qui interdisait « l'Ekonkon » au Kasa, parce que « stimulant à la Résistance ». Excusez-moi le mot : j'ai « gueulé » ces refrains jusqu'à mon départ de chez moi pour la Fondation et l'Ouverture du Préséminaire à Oussouye les 1er et 6 novembre 1939.

Vers l'âge de 6 ans, j'ai vu brûler la barbe de mon grand-oncle maternel par les colons et leurs sbires noirs, parce que responsable, en tant que Chef de village, de ce que le quota de bétail et de volaille exigé ne fut atteint. Mes camarades, plus âgés que moi, mimaient souvent cette scène pour rire et s'amuser. Quant à moi, j'ai pleuré et je pleurais de rage en me disant et en disant à qui voulait l'entendre : « quand je serai grand, je vengerai mon grand-père, ma Mère et mon Pays », c'est peut-être ce que je fais aujourd'hui.

À l'âge de 8 ans, devant les incendies des cases, les razzias des troupeaux, de la volaille et autres crimes des colons et de leurs valets noirs, chaque enfant du Kasa avait déjà hautement conscience d'avoir à défendre selon ses moyens, hier, aujourd'hui comme demain, une Patrie casamançaise, aujourd'hui livrée à de Nouveaux Conquérants. Car :

casamançais je naquis
casamançais je suis
casamançais je mourrai
Et pas autre chose, croyez-moi !

Toujours est-il que, lorsque les habitants d'Effok entendaient à Oussouye retentir leur « Kabisoe », les Fils de ceux qui administrèrent de si bonnes raclées à maints officiers français, versaient d'abondantes larmes.

1960 - 1980

Exactement 20 ans d'intervalle, 20 le Nombre Sacré. Eh ! Bien, que nous réserve l'an 1980 ? Je ne suis ni prophète, ni sorcier, mais je ne serai pas surpris que cette échéance nous fournisse de quoi éternuer. En effet, après tant d'années d'indépendance nationale, la Casamance n'accepte plus certaines choses.

Du 12 février 1967 au 28 septembre 1978, j'ai été délibérément brouillé quatre fois dans mes Émissions à la radio : les 18 et 28 avril 1971 ainsi que les 2 et 9 septembre 1978. Je ne veux pas savoir par qui je l'ai été, je ne le sais que trop. Une chose est cependant certaine : je suis nul en mécanique mais je sais que certains retours de manivelle font mal et même très mal. En politique, toute faute se paie. Oui, le temps où n'importe qui se permettait n'importe quoi et impunément en Casamance est révolu. Mais quel impact pouvait avoir une telle Indépendance nationale, avec ses effets, sur ces Populations du Kasa dites « primitives » ?

Le plus sauvage n'est pas toujours celui que l'on pense. Dans tous les cas, la Casamance ne veut pas de n'importe quelle indépendance. Elle sera celle qu'elle aura voulue. Elle-même sera ce qu'elle aura voulu pour elle-même. Que personne ne se mette à choisir ou dicter à la Casamance ce qui est bon ou mauvais pour elle. La Casamance est majeure. Une connaissance du Message Alinsiitowé peut nous aider à mieux apprécier l'impact d'une telle Indépendance. Rappelons que :

a) **Adjumbébé**, qui signifie celui ou celle qui possède un bœuf haut sur pattes, est un prénom qui marque la Richesse en bovins de grande qualité.

b) **Alinsiitowé**, signifie la Sœur de Siitowé (un garçon portait ce prénom et était frère ou cousin de la Reine ; plutôt cousin) et aussi celle qui est née dans une famille riche en bovins.

c) **Siitowé**, signifie ou bien « ils se sont levés » (pour se mettre en marche) ou bien « ils se sont arrêtés ». Qui ? Très probablement des bœufs. Toujours le signe de la richesse en animaux.

Panorama historique de la Casamance

Mais il n'est pas vain de poursuivre le parcours d'un certain environnement permettant au mieux de mesurer et de cerner le phénomène Alinsiitowé. L'histoire orale et écrite, et les documents des colons, éclairés par une bonne connaissance du contexte local, nous fournissent des éléments d'appréciation non négligeables.

En 1645

Gonçalo Gamboa Ayala, premier capitaine du comptoir de Cacheu, fonde Farim sur le Hau-Rio Cacheu ainsi que le comptoir de Ziguinchor sur la Basse-Casamance, cherchant ainsi à regrouper les traitants portugais disséminés le long des grands cours d'eau de Guinée.

> « Voilà l'histoire de la Casamance qui fut, si je me souviens de ce que j'ai lu dans certains livres, la première Rivière où les Portugais entrèrent dans cette partie de l'Afrique. » [Lettre du gouverneur Honorio Pereira Barreto au gouvernement portugais : Bissau le 26/08/1857. Doc. n°51 de la Conférence Jaïme Walter.]

29 Mars 1828

Jean-Clément-Victor Dangles signe, à Mbering (Brin), un traité avec le Chef Cayounou qui cédait à la France, en toute propriété et pour toujours, sans redevance, un terrain pour établir un comptoir et ses dépendances.

22 Janvier 1836

Cession de l'Ile de Carabane à la France par le Chef du village de Kagnout.

24 Mars 1837

Dagorne, Gouverneur de Gorée, négocie un traité avec le « mansa » (Roi), un Banhum mandinguisé, Bodian Dofa, accord cédant à la France un terrain à Sédhiou.

En 1849

Emmanuel Bertrand-Bocandé, l'un des plus ardents promoteurs de la colonisation de la Casamance par sénégalais interposés, arrive à Carabane, comme Résident [Nantes 03/071812 - Carabane 1849 - Paris 28/11/1881].

En 1857

Durant l'absence de Bocandé pour congé, le Résident intérimaire de Carabane, Boudens, annexa de sa propre initiative le Territoire d'Elenkine, jusqu'alors possession britannique. Il fut blâmé par son supérieur d'Alteyrac, Commandant particulier de Gorée. Mais le comptoir d'Elenkine ne fut pas rendu aux Anglais. [Archives Nationales MI 185, Papiers du Gouverneur V. Ballot].

En 1859

Pinet-Laprade déplore l'état d'abandon de la Casamance. Bien avant, le Gouverneur général Gabriel Angoulvant, le 29 septembre 1916, le conquérant de notre Pays constate déjà avec amertume une réalité multiple et permanente, dont la Casamance, attendant son heure et son leader, tarde à tirer les conséquences :

> *« Le Gouverneur du Sénégal constamment préoccupé des difficultés qui se présentaient dans le fleuve, ne pouvait porter qu'un intérêt secondaire à ses dépendances. Les ressources de la colonie insuffisantes pour faire face à tous les besoins étaient concentrées au Sénégal même. C'est ainsi que nos nationaux établis dans les rivières voisines de Gorée ont passé des années entières sans être visités par un seul bâtiment à vapeur, que pendant 12 ans, Sédhiou n'a vu qu'un seul bateau à vapeur tandis que le Sénégal et ses affluents*

étaient sillonnés dans tous les sens. » [Archives du Sénégal, 13 G 299. Recueil de différents Papiers de Pinet-Laprade.]

« Ô tempora, Ô mores ! 1859 - 1916 - 1978 ! L'Histoire est un éternel recommencement. La Casamance existe toujours, avec ses potentialités diminuées, saccagées et pillées certes, par les Nouveaux conquérants, mais potentialités réelles tout de même.

Son développement économique demeure volontairement maintenu à l'état embryonnaire. Oui, l'Économie de la Casamance, quand elle n'est pas purement et simplement ignorée, se voit délibérément gelée, quand elle n'est pas le plus froidement du monde sabotée par les nouveaux conquérants : du plus grand au plus petit, sous l'œil désabusé ou amusé du casamançais qui, trahissant les qualités et vertus de ses Ancêtres, se vend aujourd'hui pour une sucette. Pour les uns comme pour les autres, je dis qu'il y a des coups de pieds qui se perdent quelque part.

Si la France coloniale et le Sénégal Indépendant avaient consenti à la Casamance le même effort économique et financier qu'à la Région du Fleuve, le Pays aurait peut-être, pour ne pas dire sûrement, déjà cessé d'importer du riz. Justice n'est pas favoritisme. Je ne demande pour mon Pays un traitement de faveur mais, compte tenu de ce que ma patrie apporte à l'économie générale, j'exige pour la Casamance un simple mais réel traitement de justice économique et autre. Après plus de 20 ans d'autonomie interne et d'indépendance, je suis en droit de demander au gouvernement ce que le Sénégal a consenti, non pas sur papier mais dans les faits concrets, comme effort économique à la Casamance. La confiance n'exclut pas le contrôle.

Janvier 1859

Première bataille de Hilol, dans le Pays Karones. l'Amiral Protet, Chef de la Division navale et Commandant supérieur de Gorée, sous-estimant peut-être la capacité de Résistance des Karones, échoua lamentablement devant Hilol protégé par des bancs de sable artificiellement surélevés par les Diola. Prétextant le fort tirant des navires, mais en réalité refoulé par la coalition de tous les villages Karones, le Gouverneur Protet se replia sur Carabane que les Diola se promettaient d'attaquer, et dont il renforça la défense par une garnison de 50 marsoins (de l'Infanterie de Marine) commandés par un officier. Il creusait ainsi le tombeau de son propre neveu en Pays Karones.

9 Mars 1860

Deuxième bataille de Hilol. Pinet-Laprade obligea les Karones à se retrancher dans la grande Forêt Sacrée voisine du village. Quoi qu'il en ait dit, jamais les Tirailleurs sénégalais ne parvinrent à les en déloger. Toute la nuit, le Camp fut harcelé par une pluie de flèches des Karones. Les Français se contentèrent d'incendier le village évacué par les habitants, de rafler une centaine de bœufs et une trentaine de chèvres. Hauts-Faits dont s'honorent les fiers enfants de la Gaule. Le Fils du Roi est tué, mais, la loi du Talion, une flèche Karones atteint mortellement le Capitaine d'Infanterie de Marine Protet, neveu de l'Amiral et Gouverneur du même nom. Sa tombe pyramidale se trouve au cimetière catholique de Carabane. Un autre soldat est tué, et 23 autres blessés du côté des envahisseurs, toujours selon les papiers des Blancs. [Archives du Sénégal, 1 D 16, Expédition contre les Karones.]

Pratiquement, Pinet-Laprade n'a fait que razzier et incendier Hilol avant de cingler sur Thionck-Essyl, en laissant retranchés dans le Bois sacré les défenseurs de la localité aidés par les guerriers des autres villages Karones coalisés.

11 Mars 1860

Bataille de Thionck-Essyl. Elle est livrée par Pinet-Laprade qui incendie le village, razzie 200 bœufs, 190 chèvres et beaucoup de riz. Le Blanc note la complicité tacite ou avouée du village de Tandouk, s'ils n'y ont pas été contraints, ainsi que la perte d'un grand nombre de femmes qu'il dit s'être mêlées aux combattants, quand il eût fallu avouer qu'elles ont participé, à leur manière, à la Résistance de Thionck-Essyl. Cela se déduit des reproches que les Blancs formulent contre les Femmes de Balinghore, Karounate, Effok, Diembering et autres qui insultaient les Hommes de ces villages, qui auraient manqué de virilité, pour les inciter à résister plus âprement aux Français.

10 Février 1861

Bataille de Sandiniery, attaqué par Pinet-Laprade. Le Blanc parle de 20 morts et 30 prisonniers Malinké, et de 3 morts et 4 blessés seulement du côté français. Mais il faut savoir lire entre les lignes car ce même Chef militaire reconnaît que les expéditions militaires en Casamance ne sont pas des promenades de santé. En effet, rentré à Gorée, précisément en provenance de Sédhiou, le 19 février 1861, le même Pinet-Laprade écrit :

> *« Nos troupes ont eu affaire, dans un pays très difficile et par une chaleur accablante, à un ennemi intelligent, courageux, opiniâtre. »* [Archives du Sénégal, 13 G 300. Rapport du Commandant Supérieur de Gorée au gouverneur.]
>
> Dans ces conditions, étonnant que les casamançais fussent les seuls à mourir comme des mouches.

3 Février 1865

Bataille de Diémbering. Un Étranger nommé William, trahit en fournissant à Pinet-Laprade de précieux renseignements lui permettant de venir plus facilement à bout de la Résistance du village. [Archives du Sénégal,13 G 367. Rapport de Pinet-Laprade sur l'expédition de Diémbering, 15 février 1865.]

Diembering fut condamné à une amende de 30 tonneaux de riz ou 2000 boisseaux d'une valeur de 10000 Francs. [Archives du Sénégal. 13 G367. Correspondance du Résident de Carabane à Gorée, avril 1865.]

17 Août 1869

Le choléra emporte à Saint-Louis le gouverneur Pinet-Laprade. Qu'en dit la Casamance des Bois sacré ? Que Dieu ait son âme puisque le diable n'en veut pas !

12 Octobre 1882

Un Décret supprime l'emploi de Commandant du Deuxième Arrondissement du Sénégal. Gorée et les possessions françaises au nord de la rive droite de la Gambie sont placés sous l'autorité directe du gouverneur du Sénégal. Quant à la Casamance sous mouvance française, elle passe sous l'autorité d'un Lieutenant-gouverneur Résident à Gorée. [Archives du Sénégal 4 B 74, 1er septembre 1883]. Gorée fut donc la première Capitale du district français de Casamance.

En 1894

Exigeant un contrôle plus rigoureux et plus efficace de la situation politique et économique en Casamance, inquiété et agacé par une Résistance casamançaise de plus en plus farouche, surtout en Pays Diola, le gouverneur Henri de Lamothe impose une nouvelle organisation administrative. Réalisme et efficacité politiques exigent. L'autorité est confiée à un Administrateur supérieur, ordonnateur du Budget du Territoire, avec Résidence à Sédhiou, et non plus à Gorée. Ce haut-fonctionnaire est assisté par deux Administrateursadjoints, l'un pour le Cercle de Sédhiou, l'autre pour celui de Carabane.

Fraque, arrivé à Sédhiou en 1894, est le premier Administrateur supérieur de la Casamance. Quant au Royaume du Firdu et ses dépendances, constituant un Pays de protectorat, il relevait directement de l'Administrateur supérieur représenté par un Résident auprès de Moussa Molo à Hamdallahi. [Archives du Sénégal, 13 G372. Réorganisation du District de Casamance, 18 janvier 1894.]

Rappelons en passant que, cédé à la France par le Portugal, le Territoire de Ziguinchor et Dépendances fut plus tard confié à la colonie du Sénégal qui exerça alors sa Tutelle sur toute la Casamance. Qui dit confier ne dit ni intégrer, ni s'approprier. Le Sénégal semble l'oublier ou même l'ignorer aujourd'hui. Mais, pour tout fils authentique du Pays des Rivières, son Pays, la Casamance, est une colonie oubliée. De ce fait, aujourd'hui comme hier et comme demain, je refuse toute intimidation, toute mystification et, encore moins toute Dolet (force).

La Casamance est un Pays et surtout une Nation. Ce n'est pas de ma faute si on l'a rattachée et s'efforce encore de l'intégrer arbitrairement au Sénégal.

À l’anachronisme militaire dont parle le Gouverneur Général françois de Clozel, le 8 avril 1916, s’ajoute donc, pour la Casamance, un anachronisme politique et administratif, autrement plus grave, qui n’a que trop duré, dont la solution ne consiste pas à le passer sous silence, ou à le contourner par des procédés qui s’écartent de la seule voie légale et juste qui s’appelle Autodétermination. Ce n’est pas résoudre un problème que de ne pas en parler ou de l’interdire en niant froidement son existence.

Oui, par ce Décret du 12 octobre 1882 donnant à la Casamance son propre Gouverneur par le transfert, en 1894, de Gorée à Sédhiou, de la Capitale du District de Casamance, par la mise sous Tutelle de la colonie du Sénégal du Territoire portugais de la Casamance, cédé à la France par la fameuse Convention franco-portugaise de Paris du 12 mai 1886, avec la passation des pouvoirs officiellement le vendredi 13 mais effectivement le dimanche 22 avril 1888 à 8 h 07 ; par l'arrêté du 1er juin 1907, réorganisant la Casamance, par le fait que de l'Autonomie interne à l'Indépendance Nationale du Sénégal, le Colonisateur a maintenu le District de Casamance dans le statu quo ante : c'est-à-dire dans sa réalité et ses spécificités administratives propres, la France, en se retirant, a laissé au Sénégal ce cadeau empoisonné qu'est la Casamance.

Oui, la France a laissé au Sénégal cette Casamance qui est un fruit beau et savoureux, trop savoureux même, armé cependant d'une épine très dangereuse au milieu, fruit que le Sénégal doit se garder de croquer à belles dents car la Casamance est une colonie oubliée. Elle dort mais son cœur veille.

Avis aux latinistes, puisque nous sommes dans un Pays de latinistes. Je traduis tout de même :

« Ego dormio et cor meum vigilat »

« Je dors mais mon cœur veille ». [Cantique des cantiques, 5, 2.]

En effet, de ce qui précède et par d'autres faits très nombreux, anciens ou récents, ont été mis en terre les germes d'un lourd, très lourd contentieux, à la fois politique, économique, social, culturel et moral, dont il n'est point nécessaire d'être prophète ou sorcier pour en déceler l'existence et la gravité, aussi pour prévoir que, dans un avenir très proche, le Sénégal et la Casamance auront à en découdre et que c'est au Sénégal qu'il appartient de choisir entre l'émancipation et la libération. Il s'y ajoute un autre contentieux, affectif celui-là, que nous noterons en son temps. Et puis, je ne sais à quel point l'on peut être borné ou naïf pour toujours prendre les casamançais pour des imbéciles ou des canards boiteux.

Qu'il soit Baïnounka, Balanta, Diola, Mandiakou, Mankagne, Peul, Manding ou autres, le fils des Pays des Rivières se sent casamançais mais non pas sénégalais. Je souris d'un sourire amusé et compatissant quand j'entends des casamançais proclamer leur sénégalité. Le casamançais poursuit loyalement l'expérience sénégalaise sans pour autant se sentir sénégalais. L'on dirait que le Sénégal s'acharne délibérément à ne montrer à la Casamance que les aspects gravement négatifs et rebutants de son expérience sénégalaise. Cela est sérieusement inquiétant pour l'avenir.

Pour les gens sincères avec eux-mêmes et appartenant aux générations d'avant-guerre comme la mienne, il faut le reconnaître, juridiquement parlant, jusqu'à ce jour, les casamançais ne sont pas des sénégalais. En effet, juridiquement parlant, jamais dans son passé colonial, la Casamance n'a été partie intégrante de la Colonie du Sénégal, même si, administrativement, la Casamance était rattachée, mais pas intégrée à la Colonie du Sénégal qui exerçait sur ce territoire une tutelle qui n'en portait pas le nom.

Le colon n'a pas fait du casamançais un sénégalais. Cette opération est une tentative des barons du Bloc Démocratique sénégalais, avec à leur tête Léopold Sédar Senghor. Et cela depuis novembre 1948, juin 1956, septembre 1958, décembre 1959, et surtout le 04 avril 1960.

Tout en faisant de moi un sujet français, et même un citoyen français par la suite, le colon a reconnu l'entité casamançaise, et même, dans une certaine mesure, ma casamancité. C'est pourquoi dans mon cahier de leçons du Cours Elémentaire, le colon nous faisait apprendre d'abord l'histoire et la géographie de la Casamance. Nous les connaissions alors mieux que nos actuels universitaires casamançais. Je dénonce en passant cet impérialisme culturel du Sénégal qui craint que les casamançais ne sachent qui ils sont et ce qu'ils peuvent être. Jusqu'aujourd'hui, à tous les points de vue, la Casamance reste une colonie du Sénégal. Mais que me disait non pas le Colon sénégalais, mais curieusement le colon français ?

> Lundi 04 novembre 1940 : Casamance, Pays avant l'arrivée des Français.

Mercredi 06 novembre 1940 : Casamance, l'occupation française.
Lundi 11 novembre 1940 : organisation politique et administrative de la Casamance.
Mercredi 13 novembre 1940 : rôle de l'Administrateur.
Mardi 26 novembre 1940 : Casamance, les Divisions.
Vendredi 29 novembre 1940 : Fleuve Casamance.
Mardi 03 décembre 1940 : Casamance de 1827 à 1859.
Vendredi 06 décembre 1940 : Casamance, les guerres avec les batailles de Hilol et de Thionck-Essyl.
Samedi 14 décembre 1940 : Casamance, les guerres avec les batailles de Sandinièry et de Diémbéring.
Vendredi 03 janvier 1941 : guerre contre Fodé Kaba (1869-1901).
Mardi 07 janvier 1941 : Guerres en Casamance (suite). Dodds contre Sunkaru Kamara. Mort du Lieutenant Truche à Séléky, etc.

Le casamançais ne voyait pas Lat-Dior qu'en compagnie de Samory Touré et de Behanzin dans le contexte de l'AOF. Je ne connais pas de termes assez forts pour dénoncer le grave impérialisme culturel que le Sénégal fait subir depuis toujours à la Casamance, et que les casamançais auraient dû secouer depuis toujours, car l'impérialisme culturel est la mère de tous les autres impérialismes régnant en Casamance et dans le monde entier.

En 1885

Conférence de Berlin : l'Europe se partage l'Afrique. L'on admet qu'un pays d'Europe franchisse plus de 13.000 kilomètres pour arracher, par tous les moyens, des terres à leurs propriétaires légitimes. Une fois de plus, je dénonce l'immoralité de la colonisation.

12 Mai 1886

Fameuse Convention franco-portugaise de Paris. Le Portugal cède à la France ses prétendus droits sur la Casamance. En échange, il reçoit de la France le territoire de Rio Cassini, au nord de la Guinée française. Ces deux pays européens décident ainsi du sort de cette Casamance, un pays africain qu'ils n'avaient même pas encore conquis.

1er Décembre 1886

Le Lieutenant Truché, Administrateur, Commandant le Cercle de la Casamance, résidant à Sédhiou, est tué dans une embuscade à Soeloeky, dans le royaume Afiladyo. Il fut atteint sur le flanc par une lance. Les habitants emportèrent sa tête comme trophée de guerre, que le capitaine Opigez, successeur de Truché, les obligea à rendre le 10 février 1887.

Le Canon avait déjà été récupéré le 5 janvier 1887. Une flèche à Hilol, une lance à Soeloeky, bravo à nos ancêtres ! Avec le lieutenant Truché, périrent :

1.Caporal Seguin
2.Artilleur Renaudin
3.Traitant De Courtadon
4.Deux disciplinaires
5.Sept Africains, dont l'interprète Souleymane Cissé.

Ce fut un vrai désastre et une grande humiliation pour les armées françaises, de la part de Soeloeky, ce village coriace, bombardé une dizaine de fois par les Français et qui peut, à juste titre passer pour un village martyr de la Résistance casamançaise.

22 Avril 1888

A 8h07, la France prend officiellement possession de Ziguinchor et dépendances, pour le bonheur ou le malheur de la Casamance. Le chef de village est immédiatement destitué pour avoir refusé de faire acte d'allégeance à la France. Ça promet !

Entre la lusitanité et la francité, et en attendant la sénégalité, non moins refusée, les ziguinchorois avaient, le plus simplement du monde, choisi la casamancité, avec, cela s'explique, un peu plus de sympathie pour la lusitanité. Oui, la Casamance a toujours voulu et voudra toujours, quoi que l'on fasse, rester elle-même.

21 Mai 1891

Le Capitaine Forichon, Administrateur de Sédhiou, est tué dans cette ville.

Du 4 au 14 avril 1893

Bataille de Sindian. Du 3 mars au 15 avril 1893, deux détachements de 27 soldats français, avec un sergent et un officier pour chacun, firent leur jonction avec les Malinké de Fodé Kaba dans le Fogny, contre les Diola. Destruction de Diamaye le 29 mars 1893 et de Guiro le 2 avril 1893. Mais échec devant Sindian qui résista à un dur siège du 4 au 14 avril

1893. Bilan officiel de ce combat : 14 morts et 43 blessés parmi les Manding et trois blessés chez leurs alliés français.

Depuis 1880, le village de Sindian, sous la conduite du Diola Haoune Sané, tenait tête aux manding de Fodé Kaba. Le Capitaine Grand, Administrateur de Sédhiou, constatant l'inefficacité de l'aide fournie à Fodé Kaba par les Français contre les Diola, tira cette conclusion désabusée. Nous citons :

> « Les Diola ne se soumettront jamais à Fodé Kaba. Ses guerriers ne sont que des pillards très forts et très courageux en plaine et dans la brousse lorsqu'ils ont affaire aux femmes et aux enfants qu'ils recherchent avant tout. » [Archives Nationales Françaises. Rapport du capitaine Grand. Sénégal et Dépendances IV, Dossier 108 b.]

19 Février 1894

Installation du poste de Bignona. Sa garnison sera renforcée en 1923 par les éléments de celle de Koemoeboel alors supprimée.

De Bignona, dans cette Casamance qui restera toujours zone militaire, la France aura un œil vigilant dans le Boulouf, le royaume Afiladyo et le Kasa, éternels turbulents et perturbateurs incoercibles de la paix française.

Aussi, jusqu'à moins d'une décade de l'Indépendance Nationale, le commandant de Cercle de Bignona sera-t-il un officier de l'armée française.

« Le Capitaine », comme l'ont toujours appelé les gens du pays, sera la source d'une incessante tension entre le pouvoir civil, représenté par l'Administrateur supérieur, et le pouvoir militaire, représenté par les chefs hiérarchiques de cet officier, cumulant ces deux pouvoirs dans son domaine.

Vers 1900

A Tuba, tout près de Sindina, mort à 82 ans environ, de l'insaisissable Sunkary Kamara que le commandant Dodds ne parvint jamais à capturer dans le département de Sédhiou, et qui ne déposa les armes que parce qu'il lui devenait impossible de guerroyer, en raison de l'âge et de la maladie.

22 Mars 1901

Mort, à 83 ans, de Ibrahima Fodé Kaba Dumbuya, dans son « tata » de Médina, dans le Fogny, attaqué par les troupes françaises du colonel Rouvel.

En Janvier 1903

Sous le commandement du capitaine Thierry-Maupras, les Français s'emparent de Oussouye, la capitale du Kasa ; exilent le Roi Sihalébé Diatta à Sédhiou, alors capitale administrative de la Casamance. Là, les Français laissèrent le Roi mourir d'une grève de la faim qu'il avait faite pour ne pas transgresser les lois et les interdits hérités des ancêtres.

Logique occidentale, un Blanc ne doit pas mourir d'une grève de la faim. On mène des campagnes tapageuses en sa faveur. Mais un casamançais, fut-il Roi et Grand-Prêtre, est une chose négligeable, peu digne d'attention et de considération, de commisération. Le Docteur Maclaud, Administrateur supérieur, donc Gouverneur de la Casamance, anthropologue et ethnologue à ses heures, fit don du squelette du Roi Sihalébé Diatta au Museeum de Paris où, aujourd'hui encore, il est enregistré sous le numéro 19822. Mais le Roi Sihalébé parti pour son exil sans retour, la lutte continue sous la direction du grand-Prêtre de Oussouye, Diamuyo Diatta, à la fois ami de Djignabo Bassène, grand-Prêtre de Soeloeky et allié de Hulikabang, Roi de Karuhay en Guinée portugaise dont le nom fut transformé en Fodé Kaba, le 3ème de ce prénom :

a – Ibrahima Fode Kaba Dumbuya
d – Fode Kaba Ture
c – Hulikabang = Fode Kaba

Janvier 1904

Le Lieutenant Raymond, tombé dans une embuscade à Kaluhay, avec une dizaine de tirailleurs, prend la fuite devant les hommes du Roi Fodé Kaba et du Grand-Prêtre Diamuyo Diatta. Il est blessé au genou et trois de ses tirailleurs le sont aussi. Le mercredi 6 novembre 1940, le colon nous apprenait au Cours élémentaire, je cite :

> « En janvier 1903, les villages d'Oussouye et d'Oukout sont occupés facilement, les habitants ont fui dans la forêt. »

Cette fois janvier 1904, ce ne sont pas les Flup, retranchés dans la forêt pour mieux se défendre contre les canons des blancs, qui se sont sauvés, mais leurs ennemis qui, d'habitude se moquaient d'eux.

17 Mai 1906

Mort héroïque à Soeloeky, de Djinghoeboe, transcrit Djignabo Badji ou Bassène, alias Bigolo, Grand-Prêtre et chef dont le nom a été donné à un lycée qui n'a pas encore fini de faire parler de lui. Avec le redoutable Sibesondo, Roi d'Essyl, dans le Royaume Afiladyo, il mena une lutte implacable contre les Français. Revenant d'un Conseil de guerre tenu à Essyl par le Roi Sibesondo, Djignabo tomba vers minuit lors de l'amorce d'une attaque surprise contre le camp du Capitaine Larqué, plus vigilant que le Lieutenant Truché le 1er décembre 1886.

Février 1908

Élection à Oussouye de Adyunkebay Diadhiou comme Successeur du Roi Sihalébé Diatta, sous le nom de Sibilluyan. Il est le père de Kalumang et donc le grand-père du compatriote François Diadhiou.

Mars 1908

Le Grand-Prêtre Diamuyo Diatta inflige des pertes aux Portugais du côté de la frontière.

16-17 et 18 Mai 1909

Bataille de Youtou. Le Résident Matthieu, resté à Effok, ayant trouvé la route barrée par les hommes de Fodé Kaba et de Diamuyo, ne peut secourir le Lieutenant Duval en difficultés à Youtou, lequel, finalement, parvient à se dégager.

15 Septembre 1912

Le père supérieur de la Mission Catholique de Ziguinchor rapporte à Monseigneur Hyacinthe Jalabert, vicaire apostolique de la Sénégambie, que : jusqu'à ce jour, le Pays n'est pas considéré comme pacifié.

20 Mars 1914

Des manifestants, porteurs de pancartes, réclament non pas au Gouverneur du Sénégal, tuteur de la Casamance, mais au Gouverneur général de l'Afrique Occidentale française, William Ponty, pas simplement une « Autonomie Financière », c'est un euphémisme, mais bel et bien une réelle Autonomie Territoriale et Administrative de la Casamance.

En 1916

Les Missionnaires Catholiques de Ziguinchor, dans leurs rapports destinés au vicaire apostolique de la Sénégambie, Monseigneur Jalabert, répètent que :

> le pays de Casamance, surtout l'ouest de Ziguinchor, n'est pas encore pacifié.

Force est de reconnaître aux Français qu'ils ne se trouvaient pas au pays de Lat-Dior.

8 Avril 1916

Le Gouverneur général Clozel écrit au Gouverneur du Sénégal Cor :

> « Le moment me semble venu d'envisager comment, soit en transformant les procédés actuels d'administration, soit en modifiant la répartition des troupes stationnées en Basse-Casamance, nous pourrions arriver à ce que cette circonscription ne constitue plus une Exception et un Anachronisme dans l'ensemble de nos territoires de l'Afrique ». [Archives du Sénégal, 13 G 303.]

Ce qui signifie en clair, que la Casamance est un pays non pacifié, encore indépendant.

Oui, chaque fois qu'il s'agira de faire respecter son identité, sa personnalité, ses spécificités, ses réalités, sa mentalité, sa civilisation, ses langues et sa culture, et même pourquoi pas son entité territoriale héritée de l'histoire récente ou lointaine, la Casamance constituera toujours, qu'on le veuille ou pas, selon l'expression du Gouverneur général Clozel lui-même,

> « une exception et un anachronisme ».

Si exception et anachronisme sont synonymes d'Indépendance nationale, je suis absolument d'accord là-dessus. Que personne ne s'y méprenne !

29 Septembre 1916

Après Pinet-Laprade en 1859, c'est au tour du Gouverneur général Gabriel Angoulvant de constater amèrement :

> « Il m'apparaît que jusqu'ici, l'administration de la colonie du Sénégal s'est par trop désintéressée de cette portion lointaine mais riche de son domaine, que c'est à cette négligence regrettable qu'est due la persistance d'une situation intolérable. Je compte tout particulièrement sur vous pour mettre un terme à ces fâcheux errements et pour accorder à la Casamance la même attention qu'à n'importe quelle autre

> partie de la colonie ». [Archives du Sénégal, 13 G 383. Le Gouverneur général Angoulvant au Gouverneur du Sénégal De Labretoigne du Mazel, 29 septembre 1916].

Les choses ont-elles changé depuis 1859-1916 et en 1978 ? La question reste posée, mais seulement pour les aveugles. Légion sont ceux qui vont me répondre :

> « l'histoire est un éternel recommencement ».

Et ils vont se hâter d'ajouter avec l'Écriture :

> « Ni novi sub sole » (Ecclésiastique, 1, 10). Oui, « Rien de nouveau sous le soleil ».

C'est bien fait pour la Casamance ! Surtout que, en 1958, un leader casamançais répétait à ses collègues du Pays des Rivières en paraphrasant le Grand-Prêtre Laocoon dans l'Eneide II, 49 :

> « Timeo senegalenses et dona ferentes! Eamus ! »

Avis aux latinistes dans un pays de latinistes. Je traduis tout de même :

> « Je crains les Sénégalais même, et surtout, lorsqu'ils font des propositions alléchantes ! Allons-nous-en ! »

L'histoire a donné raison à ce Député casamançais. En effet, la Casamance a fait monter le député Senghor, mais le Président Senghor a oublié la Casamance ! et le Sénégal et les Sénégalais se sont moqués royalement et se moquent encore royalement de la Casamance et des casamançais.

Pauvre Casamance ! Tu n'en méritais pas tant ! Chez toi, le sentiment, l'Idéalisme et l'Optimisme l'ont remporté sur le Réalisme politique ! Ce même réalisme politique manque au Sénégal d'aujourd'hui et de toujours, qui se refuse à accepter de se débarrasser de cette vache à lait, mais aussi cet os casamançais impossible à avaler, et encore moins à digérer.

Cette Casamance qui ne regrette pourtant pas tout ce qu'elle a fait pour le Sénégal et les Sénégalais. Cette Casamance qui prend acte et qui tire les conséquences de l'échec de la longue et loyale expérience sénégalaise. Cette Casamance qui aura le dernier mot et qui, je ne suis ni prophète ni sorcier, fera retentir et entendre sa voix jusqu'aux extrémités de la terre.

24 Juin 1917

L'Adjudant Basset, préposé aux douanes, est tué au village frontalier de Siliti, arrondissement de Diouloulou. Avec lui périrent son cuisinier et le garde de Cercle Amadi Nor.

17 Novembre 1917

C'est autour du Gouverneur général Van Vollenhoven d'avouer :

> « Nous ne sommes pas les maîtres de la Basse-Casamance, nous y sommes seulement tolérés. Il faut que la Casamance ne soit plus une sorte de verrue dans la colonie dont elle devrait être le joyau » [Archives du Sénégal, 13 G 384.). Le Gouverneur général Van Vollenhoven au Lieutenant-gouverneur Levecque, 17 novembre 1917.]

Exception, anachronisme, verrue, situation intolérable, cela a pour nom, qu'on le sache et le dise, non pas Derkélé, mais bien Hilol, Thionck-Essyl, Sandinièry, Démbering, Soeloeky, Sindian, Balinghore, Karounate, Effok, Youtou, Médine, etc.

En 1918

Première arrestation à Etama de la reine Aloendiso Tendeng, dans le royaume Afiladyo, département de Ziguinchor. Qualifiée d'empoisonneuse, qui veut noyer son chien l'accuse de rage, cette résistante est condamnée aux travaux forcés à perpétuité par ceux dont les fils, fiers enfants de la Gaule, ont légalisé un génocide qui n'ose pas dire son nom, mais qui, chaque année, enregistre plus de 300.000 avortements dans cette France d'aujourd'hui, qui se dit moderne et civilisée.

Les plus sauvages ne sont pas toujours ceux que l'on pense. Et dans le Sénégal qui se dit terre de ceci et de cela, qui regorgeait des fortes personnalités de toutes sortes, il ne s'était trouvé que le brave Père Esvan, un blanc, un pauvre Curé, inquiété pour ses « activités anti-françaises », pour tenter d'obtenir la libération de la Reine Aloendiso, qui pourtant insultait le Père et persécutait les chrétiens. Bon appétit aux bouffeurs de Curés d'hier comme ceux d'aujourd'hui. Ne l'oublions pas : Qui bouffe du Curé en crève.

5 Mars 1918

Le député Blaise Diagne arrive dans une Casamance en pleine résistance active, pour le recrutement de nouvelles troupes en Afrique Occidentale française destinées au front. Donc, ce que Van Vo refusa, Blaise Diagne l'accepta. Il fit même des promesses de député, donc non tenues, au brave Père Jean-Marie Esvan, Curé de Ziguinchor, qui protestait énergiquement contre les procédés esclavagistes de recrutement de soldats noirs, sujets, pour le front.

> « Désormais, le recrutement se fera en douceur ».

Blaise Diagne ne trompait que lui-même, mais pas le courageux Père Esvan. Et c'est ce colonialiste, ce traître, ce collaborateur que l'on propose aux casamançais d'aujourd'hui comme Héros National. De qui se moque-t-on ? Président du Conseil, le 16 novembre 1917, Georges Clemenceau lui-même déclarait, nous citons :

> « Il paraît indispensable d'y associer ceux-là mêmes qui, par leur origine et leur exemple, sont certains d'exercer sur les populations noires de l'ouest africain une heureuse et efficace action ». [Archives du Sénégal, 4 D 73. Rapport de Clemenceau, Président du Conseil, au Président de la République].
>
> Voilà Blaise Diagne ! Voilà l'homme ! Le Patriote capable de susciter, stimuler et diriger « avec succès la collaboration la plus intensive à l'action de guerre de toutes les populations africaines ». (Ibidem).

Claironner en Casamance le centenaire de la naissance de Blaise Diagne est une insulte et une provocation que les descendants des héros de la résistance casamançaise ne pardonneront jamais au Président Léopold Sedar Senghor.

En 1920

Fin de la résistance active en Casamance, pour 20 ans du moins. Aussi, date approximative de la naissance de Adjumbébé, celle qui sera, une vingtaine d'années plus tard, la Reine Alinsiitowé Diatta de Cabrousse.

En 1923

La garnison de Koemboeboel est regroupée à Bignona.

En 1927

l'Administrateur Maubert fusille, à Ziguinchor, les fils du Kasa, sous prétexte d'anthropophagie, mais dont plusieurs, clamant leur innocence avant de tomber sous les balles, d'autres refusant même de se laisser bander les yeux, afin de mieux protester contre cette injustice, certains étant des chefs religieux, et de ce fait, âme de la résistance casamançaise, toutes ces victimes tombèrent là où, plus tard, le colon érigera le monument aux Morts, avec, ironie du Sort, cette inscription :

> « La Casamance a Ses Morts Pour La France »,

je le souligne, la Casamance et non pas le Sénégal, inscription devenue, depuis l'indépendance sénégalaise : « La Casamance a Ses Morts Pour La Patrie ».

Oui, retenez bien cette inscription :

> la Casamance, non le Sénégal, le territoire autonome de la Casamance, a ses morts pour la France.

C'est un tribut très lourd que, d'une façon ou d'une autre, la Casamance a payé. La France l'en a récompensé en fusillant les fils du Kasa et de toute la Casamance à Thiaroye, le 1er décembre 1944. Et, dans le même temps, le colon nous faisait chanter :

> « Aimons notre France immortelle
> Aimons-la tous, aimons-la bien
> Aimons ceux qui sont morts pour elle
> Sans cet amour, vivre n'est rien ».

04 Avril 1928

Naissance à Oussouye-Senghalen d'Augustin Diamacoune-Senghor, pur produit de la résistance casamançaise dans sa phase plutôt passive, mais d'une passivité active.

En avril 1931

Mort, à 83 ans environ, à Kansékunda en Gambie où il fut enterré, de Moussa Molo Baldé, puissant Roi du Fouladou.

En 1940

Défaite de la France devant l'Allemagne de Hitler. Appel du 18 juin du Général de Gaulle. Mais aussi « vocation » de Alinsiitowé Diatta qui se dit chargée par le Ciel de transmettre un « Message » aux Hommes de tous les temps et de tous les lieux, mais plus particulièrement à ses compatriotes de Casamance.

08 Octobre 1942

A Ngasobil, Augustin Diamacoune refuse d'être sénégalais, revendique, affirme et défend sa casamancité devant un séminaire Libermann ébahi.

En Octobre 1942

Soulèvement du Kasa contre la France coloniale. La Répression militaire sévit sous les ordres du Lieutenant-colonel Sajous. La Résistance Active reprend dans le sud du Kasa où les Résistants rejoignent le maquis pour plus d'une décade, les tout derniers davantage de 1942 à 1962.

Le village d'Effok est entièrement rasé par l'armée française. Beaucoup de victimes massacrées par les soldats. Il faudrait un nouveau Nuremberg pour juger les auteurs de ce nouvel Oradour-sur-Glane.

Dans le Centre et le nord du Kasa, on réactive la Résistance passive, comme aux temps anciens. A un moment donné, on ne put enrôler qu'une dizaine de conscrits dans tout le département d'Oussouye.

29 Janvier 1943

Grand émoi dans toute la Casamance. Exil sans Retour de la Reine Alinsiitowé Diatta de Cabrousse. Les Français du Colonel Sajous, auxquels la Reine se présente spontanément, sont arrivés la veille au village. Elle n'a pas voulu s'échapper puisqu'elle ne se trouve pas chez elle au moment où le Gouverneur Sajous fait cerner sa case. Alinsiitowé arrive à Ziguinchor le 30 janvier 1943.

En 1943

Arrestation, puis Relaxation de la Reine Awentorébé de Siganar, par les Français qui l'accusent d'être l'âme de la Résistance passive dans ce secteur. Plus tard la Reine Sibett lui succède.

03 mars 1943, massacre des habitants et destruction du village d'Effok par les forces françaises.

En 1943, c'est aussi la seconde Arrestation de la Reine Aloendiso Tendeng, vieille connaissance de l'Administration coloniale française qui, en 1918, avait déjà arrêté et condamné cette Femme aux travaux forcés à perpétuité, pour ne pas dire cet Homme d'une énergie de fer, qui, en 1943, ne se gênait pas pour crier à qui voulait l'entendre :

> « Alinsiitowé est partie, mais la lutte continue d'une façon ou d'une autre jusqu'à la victoire totale et définitive ». Donc,
> « La Casamance aux casamançais ! Tous Les étrangers Dehors ! »

Bref. Le Président James Monroe trouvait en Casamance son émule.

09 Février 1943, le Sergent Maurice Scobry est tué en service commandé sur la route d'Effok par un résistant Kafandyen, le prenant pour le Colonel Sajous, lui destinait la charge de son fusil de traite. Elle est longue, la liste des Français tombés en Casamance :

1. Capitaine Protet - 09 Mars 1860 à Hilol, par la flèche de Kuniok
2. Lieutenant Truché - 01 Déc. 1886 à Séléky, par la lance de Silenjuwé
3. Caporal Seguin – 01 Déc. 1886 à Soeloeky
4. Artilleur Renaudin – 01 Déc. 1886 à Soeloeky
5. Traitant De Courtadon – 01 Déc. 1886 à Soeloeky
6. Capitaine Forichon - 21 Mai 1891 à Sédhiou
7. Adjudant Basset - 24 Juin 1917 à Siliti
8. Sergent Maurice Scobry - 09 Fév. 1943 à Effok, etc. par le fusil de Kafandyen.

Telle la Rose, telle la Casamance : Qui s'y frotte, s'y pique.

17 Juin 1944

Mort à Dakar, à 74 ans, du Père Jean-Marie Esvan. Il compte parmi ceux qui ont fait et marqué positivement l'histoire du territoire autonome de la Casamance. La haute administration coloniale l'accusa de mener des « activités antifrançaises » pour avoir défendu le droit des Africains contre l'arbitraire du colon tout-puissant.

De 1945 à 1949

Au Sénégal comme au Soudan français, 3 fois dans chaque établissement, Augustin Diamacoune est menacé de renvoi du séminaire, parce que fervent adepte du Bloc africain et admirateur inconditionnel d'un certain Léopold Sedar Senghor, dont l'étoile radieuse, verte d'espérance, montait au firmament de la politique sénégalaise, africaine et Mondiale. Si, après cela, les senghoristes de la dernière heure veulent m'empêcher de sortir les quatre vérités au Président Senghor, s'il est d'accord avec eux, il n'y a plus qu'à lever l'échelle.

En 1945

Mariage de Senghor avec la dame, pour ne pas dire la Fée Casamance. C'est tout dire. Beaucoup de rendez-vous ont été pris par Senghor avec sa dulcinée : politique, économique, social, culturel, moral. Mais de Senghor, point. Ce faux-bonds de Senghor a provoqué un très lourd contentieux affectif entre Senghor et la Casamance, car la Casamance a fait monter le Député Senghor, mais le Président Senghor a oublié la Casamance. Dure et amère constatation, mais triste réalité dont la Casamance doit prendre acte, bien sûr, mais elle doit aussi en tirer les conséquences.

La longue et séculaire expérience sénégalaise, dans sa forme actuelle, est un échec lamentable, au détriment de la Casamance, bien sûr. Il faut, sans tarder, que la Casamance redevienne elle-même, pour définir, dans le contexte d'une égale Souveraineté internationale, un nouveau type d'association avec le Sénégal. C'est là une des conditions, indispensables, de la réussite de cette Sénégambie dont on nous serine les oreilles, et qui est déjà mal partie parce que l'on veut la bâtir sur des bases irréalistes qui vont la faire inéluctablement capoter.

En 1948

Le Mouvement des Forces Démocratiques de la Casamance (MFDC) favorise la Naissance du Bloc Démocratique sénégalais (BDS) de Léopold Sedar Senghor. Ce mouvement est le parti d'Émile Badiane, Ibou Diallo, Édouard Diatta, Édouard Diallo, etc.

L'autre parti, le Mouvement Autonome de Casamance (MAC), est celui d'Assane Seck, Louis Dacosta et autres membres de l'Union Démocratique sénégalaise, section sénégalaise du Rassemblement Démocratique Africain (RAD). D'où le sigle UDS-RDA.

Je pleure, depuis cette époque, Victor Sihumebémba Diatta, licencié en ès lettres, cousin d'Alinsiitowé, abattu par les forces du mal à Dakar le 19 avril 1948. Je n'exclus personne dans ce crime, ni la France, ni le monde des affaires, ni l'élite sénégalaise surtout.

Juin 1955

A un an de l'Autonomie Interne, mort de la Reine Aloendiso Bassène Tendeng qui, pendant plus de quarante ans, tint tête aux Français dans la Résistance active et dans la Résistance passive. Elle, qui avait persécuté les chrétiens, s'endormit dans le Seigneur, après avoir demandé et reçu le Baptême Catholique et la confirmation. Née Bassène, elle fut baptisée Marie Tendeng.
La Reine Aloendiso Bassène Tendeng repose dans le deuxième Cimetière catholique de Brin, où ses funérailles religieuses ont été célébrées par le Père Paul Groell, tandis qu'elle reçut le Baptême des mains du Père Louis Le Hunsec. Encore une héroïne casamançaise que l'impérialisme culturel du Sénégal ne veut pas révéler aux jeunes générations de cette pauvre Casamance. Marie-Aloendiso Tendeng mourut lorsque, à l'horizon, resplendit de tout son éclat, l'aube de l'indépendance nationale. Ainsi vit-elle, en digne Héritière, se réaliser pleinement la prédiction d'Alinsiitowé Diatta, Reine de Cabrousse.

04 avril 1956

A Oussouye, Augustin Diamacoune Senghor devient prêtre pour l'éternité, pour dire oui quand c'est oui, non quand c'est non !

23 juin 1956

Promulgation de la Loi-cadre des Territoires d'Outre-mer, votée le 20 juin 1956, consacrant l'autonomie interne de ces Territoires. L'indépendance nationale se profile à l'horizon. Senghor ne dit rien sur la Casamance.

28 septembre 1958

Référendum. La Guinée française accède à la Souveraineté internationale. Senghor ne dit rien sur la Casamance et le canot casamançais vogue vers le port de l'indépendance, toujours remorqué par le Cotre sénégalais.

En 1960

La Pirogue sénégalaise mouille au Port de l'Indépendance Nationale, avec la Nacelle casamançaise, sur laquelle Senghor ne dit rien, indocile et capricieuse au gré des vicissitudes, des flots et tempêtes de l'Histoire. Pourtant la Casamance renouvelle à Senghor son bail et poursuit loyalement son expérience sénégalaise !

Mais le Sénégal et les Sénégalais se sont moqués et se moquent encore royalement de la Casamance et des casamançais. Or, en tout casamançais sommeille un nationaliste farouche. Au terme de ce survol de la Résistance casamançaise, disons en conclusion :

1. Les casamançais ne sont pas des Sénégalais et ne se sentent pas sénégalais, tout s'y oppose.
2. La Casamance n'est pas une région du Sénégal, mais une véritable Nation.

En Novembre 1945

J'avais alors 17 ans, de passage à Oussouye pour les vacances, Monseigneur Faye, alors Préfet Apostolique de Ziguinchor, me demanda de dispenser un cours d'Histoire à mes cadets du Pré séminaire. La leçon du jour à réciter disait :

> « Il y a deux mille ans, notre Pays s'appelait la Gaule. Nos ancêtres les Gaulois étaient grands de taille, portaient de

longues moustaches et une barbe fleurie flottant au vent lorsqu'ils procédaient à la Cueillette du gui. Ils n'avaient, comme les germains leurs voisins, qu'une seule crainte : que le Ciel ne leur tombât sur la tête. ».

Il fallait savoir ces leçons pour les Examens Officiels. Mais, pour d'authentiques casamançais qu'étaient ces jeunes, j'ai ajouté :

« Depuis toujours, notre Pays s'appelait la Casamance, plus précisément "***Kasamu Aku***" ou Pays des Rivières. Nos Ancêtres les casamançais constituaient un Peuple digne, fier et indépendant. »

A la sortie de la classe, Monseigneur Faye tenant en main son bréviaire ouvert et me regardant par-dessus ses grosses lunettes, me lança d'un air malicieux :

« Ça promet, Petit Révolutionnaire ! »

Oui, la Casamance est une véritable Nation forgée par une Résistance de 315 ans. Plongez le Bâton casamançais durant deux mille ans dans l'Écume du Lion ou du Fleuve sénégalais, jamais vous n'en sortirez un Caïman sénégalais.

Il est d'une impérieuse nécessité de démystifier le prétendu Régionalisme casamançais. Bref, la Casamance étant une Nation, ce n'est pas de ma faute si l'on s'est obstiné à juxtaposer deux Nations, en rattachant arbitrairement la Casamance au Sénégal.

Jamais un référendum d'autodétermination n'est venu demander aux casamançais s'ils veulent être sénégalais. La Casamance reste donc une colonie oubliée au propre et au figuré.

Le Président Senghor a tout prévu pour escamoter le problème casamançais. Il serait surprenant que ses successeurs, quels qu'ils soient, pas casamançais en tout cas, ne lui emboîtent pas le pas. Mais peine perdue : la Casamance est déjà partie. Président Senghor, qu'avez-vous fait de la Casamance en 1958 et en 1960 ? En tout cas, je ne sais par quel artifice juridique je suis devenu sénégalais. Et surtout je n'admettrais jamais qu'on dise à la Casamance :

> « Casamance, tu n'as pas le droit de réclamer ton droit ».

Ceux qui connaissent, et la grande et la petite Histoire de la Casamance, car elle a les deux, très riches d'enseignements et de renseignements, savent pertinemment que la Casamance s'est particulièrement affirmée en 1888 - 1903 - 1915 - 1920 et 1942, cela dans sa réalité, sa personnalité, ses spécificités et son entité. Enracinée d'une part, la Casamance, malgré les séquelles de l'histoire qui ont fait et continuent à faire trop de mal à la Casamance, malgré cela, s'est largement ouverte, d'autre part en 1956 - 1958 – 1960. Les casamançais ont fait les premiers pas en direction des Sénégalais. Ils insistent encore, bien que les autres les rabrouent brutalement, les méprisent souverainement, continuent à les coloniser. Ils s'accrochent malgré tout, espérant contre toute espérance. Et l'on a bonne conscience de traiter plus de quatre-vingt-dix-huit pour cent des casamançais de « régionalistes notoires ».

> La Casamance en a 'ras - le - bol ! Que tout le monde sache : Il est des réveils qui font trembler le monde.

Oui, ces jalons historiques étant posés, nous pouvons constater que la domination coloniale ne s'est jamais exercée sans mal en Casamance. Mais, une fois l'Indépendance Nationale acquise dans le contexte sénégalais, pouvons-nous conclure à la mort soudaine d'une Résistance casamançaise âgée de 315 ans ? La question reste posée. L'histoire nous en donne la réponse. Ce que je sais, c'est qu'il existe des réveils qui font trembler le Monde. Nos ancêtres peuvent être fiers de la Lutte glorieuse qu'ils ont longtemps menée contre les puissances coloniales. La Casamance peut à bon droit, avec l'Apôtre Paul s'écrier : « Bonum certanem certavi ». « J'ai combattu jusqu'au bout le bon combat ». [2° lettre de Saint Paul à Timothée, chapitre 4, verset 7]

De 1960 à 1980

Vingt ans d'intervalle. Compte tenu de tout ce qui précède, je ne serai pas surpris de voir 1980 nous réserver de quoi éternuer. Aussi vais-je laisser des pages en blanc pour qui voudra tenir à jour ce panorama historique de la Casamance que j'arrête à ce jour 28 septembre 1978.

08 juillet 1979

La Casamance Sporting-Club remporte la Coupe Nationale de Football. Événement qui fait rager les uns et trembler les autres. Il sonne le Réveil casamançais.

11 janvier 1980

Un élève du Lycée Djignabo de Ziguinchor, Idrissa Sagna est froidement et sauvagement abattu par la police du Président Senghor lors d'une grève scolaire parfaitement juste. C'est le merci d'adieu de Senghor à la Casamance qui n'en méritait pas tant. Le gouvernement et toutes les Autorités, tant administratives que parlementaires, ont été en dessous de tout. Je suis Prêtre pour dire à chacun son fait : n'étant, ni détracteur systématique, ni, quoique Curé, thuriféraire inconditionnel.

10 août 1980

La justice ayant été bafouée au détriment du Casamance Sporting-Club (Casa-Sports), des événements houleux émaillèrent la seconde édition de la Coupe Nationale de Football. Effritement de l'électorat du Parti Socialiste en Casamance. Donc du BDS nouvelle forme. La Casamance, derrière sa jeunesse, bouge et juge négative l'expérience sénégalaise à laquelle elle décide de mettre fin. Senghor comprend que c'est la fin et se retire.

23 août 1980

A la Chambre de Commerce de Dakar, Augustin Diamacoune dénonce, dans une causerie sur Alinsiitowé, l'impérialisme sénégalais en Casamance, surtout l'impérialisme culturel qui est la mère de tous les autres. Un peuple sans sa langue est un peuple mort. Les choses lourdes se disent dans sa propre langue.

En 1981

La Gambie bouge à son tour, mais plus sérieusement encore. Le Sénégal intervient, mais pas pour les beaux yeux du Président Diawara. Le même Diawara avait jadis farouchement combattu le rapprochement avec le Sénégal préconisé alors par l'homme de la Gambie, Pierre N'diaye. Ce Président Diawara croit que nous avons la mémoire courte et, prenant les gens pour des marionnettes, vient, par une acrobatie politique inédite, de se jeter dans les bras du diable sénégalais, pour adorer la Sénégambie qu'il avait jadis brûlée, et sauver ainsi son fauteuil présidentiel. De qui se moque-t-on ?

De son côté, le Sénégal, dans un annexionnisme affublé du manteau de la légalité, intervient en Gambie à cause de cette Casamance qu'il n'a pas encore fini de digérer, digestion d'autant plus difficile, sinon impossible, qu'un très lourd contentieux oppose ces deux pays. Cette Casamance est un os qui reste à la gorge, qui demeure inassimilable, surtout quand on escamote son problème. Dussé-je être seul, vif ou mort, et plutôt mort, car je serai alors plus fort, je ferai cracher au Sénégal cet os qu'est la Casamance. La Gambie et la Casamance ont bougé, plus rien ne les arrêtera, pas même cette mystification et ce « dolé » que l'on cache sous le prétendu régionalisme casamançais.

Le Sénégal se refuse à prendre le taureau par les cornes, donc à émanciper la Casamance par la voie de la légalité que je me lasse à lui proposer, il reste sourd à la voix d'un fou. Et bien, d'autres se chargeront, en Casamance, de faire entendre au Sénégal le langage de l'efficacité. Qui veut manger une omelette, commence par en casser les œufs. Encore une fois, la Sénégambie est mal partie, parce qu'elle a démarré tambour battant sur des bases irréalistes qui vont la faire inéluctablement capoter. En vérité, je vous le dis :

> La véritable confédération passe par l'émancipation totale de la Casamance. Hors d'elle, point de salut. Tout sera toujours vicié par le contentieux sénégalo-casamançais. La solution militaire est vouée à un échec certain. On dialogue avec le casamançais, on ne mâte pas le casamançais. Qui préconise la manière forte doit s'instruire auprès des Portugais et des Français [Historia Alma Magistrat].

L'actuelle confédération va capoter, entre autres raisons :

1. Je ne crois pas au mariage du loup et de la brebis, même si David tint la tête à Goliath.
2. Malgré les apparences, les Gambiens ne veulent plus du Président Diawara à quatre-vingt-quinze pour cent.
3. Les Gambiens ne veulent pas de cette confédération qu'on leur impose.
4. La Gambie est plutôt tournée vers le sud, et je n'y peux rien.
5. Le Colonialisme sénégalais est un obstacle majeur, pour ne pas dire infranchissable.
6. La véritable confédération passe par l'Indépendance de la Casamance. Alors l'on pourra bâtir une confédération viable, parce que plus équilibrée, plus vraie, plus naturelle et plus facilement ouverte à la Guinée-Bissau.

A cause du problème casamançais, le Sénégal soutient le Maroc contre le Polisario. C'est son affaire et non pas celle de la Casamance qui sait ce qu'elle est, et ce qu'elle peut devenir. Encore une fois, le 8 oct. 1942, à Ngasobil, devant le séminaire Libermann ébahi, j'ai, à 14 ans, refusé d'être sénégalais, revendiquant, affirmant et défendant ma casamancité. Le colon était d'accord avec moi, mes leçons d'histoire et de géographie de l'année précédente, au cours élémentaire, le prouvent.

> « Longtemps, et nous parlons des années trente de ce siècle, au moment où l'on procédait à un démantèlement de la Haute-Volta, il était clair dans certaines correspondances des autorités coloniales qu'elles considéraient la Casamance

comme un territoire “rattaché” sans être intégré, mais l’esprit unitaire a prévalu en 1958-1960, liant la savane et la forêt » [Africa, n°121, de mai 1980, page 30]. « Auditant omnes ! ».

Destinataires du Message D'Alinsiitowé

A qui s'adresse le message de la Reine Alinsiitowé ?

A tous les hommes de bonne volonté, notamment aux casamançais et, parmi eux, les Kasa, ses compatriotes, ou si vous préférez, ses parents. Or, d'après le colon, les Diola ne sont pas commodes, et pour cause :

> « Le Diola a un sentiment très vif de sa liberté et c'est pour elle que, dans l'histoire, il a combattu contre l'autorité étrangère, aussi bien celle des Manding, ses voisins, que celle de l'Européen.
>
> « De nos jours encore, il reste prêt à se cabrer instinctivement devant toute discipline étrangère à son Clan ou à ses coutumes ».

Ainsi s'exprime Monsieur Louis-Vincent Thomas, dans son ouvrage intitulé « Les Diola », tome 2, page 539. Disons tout de suite que, cette fois, l'auteur a vu juste. Un peu plus loin, Mr Thomas ajoute :

> « Le Diola est jaloux de son indépendance : il est prêt à tous les sacrifices pour la défendre si on lui fait croire à tort ou à raison qu'elle est en péril ». [Les Diola, T 2, p.575]

Une fois de plus, c'est la vérité. Citons à présent d'autres témoignages, plus circonstanciés ceux-là, et plus autorisés. En effet, la haute administration coloniale reconnaît elle-même que la Casamance fait problème, que c'est une épine dans le pied du Colon qui connaît moult déboires dans la Région.

Reine Alinsiitowé Diatta de la Cabrousse (1920 - ?)

Les choses ont-elles beaucoup changé aujourd'hui ? La question reste posée.

Le 08 avril 1916, le Gouverneur général Clozel écrivait au Gouverneur Cor :

> « Le moment me semble donc venu d'envisager comment, soit en transformant les procédés d'Administration actuels,

> soit en modifiant la répartition des troupes stationnées en Basse-Casamance, nous pourrions arriver à ce que cette circonscription ne constitue plus une exception et un anachronisme dans l'ensemble de nos territoires de l'Afrique ». [Archives du Sénégal, 13 G 303]

Ce qui signifie en clair que la Casamance est un pays non pacifié, encore indépendant. Un peu plus tard, le 17 novembre 1917, le Gouverneur général Van Vollenhoven avouait au Lieutenant-gouverneur Levecque :

> « Nous ne sommes pas les maîtres de la Basse-Casamance ; nous ne sommes pas les maîtres de la Basse-Casamance ; nous y sommes seulement tolérés. Il faut que la Casamance ne soit plus une sorte de verrue dans la colonie dont elle devrait être le joyeux ». [Archives du Sénégal, 13 G 304]
>
> Cette Basse-Casamance qui cause tant de soucis à l'Administration coloniale française est le fief des Diola « Habitants au tempérament impulsif avec une violente répulsion à tout principe d'autorité », déclare un Administrateur supérieur. [Archives du Sénégal, 13 G 378, Rapport de l'Administrateur supérieur à la fin de 1906.]

Mais ces fonctionnaires coloniaux connaissaient-ils bien ces Diola récalcitrants ?

> « On a beaucoup médit les Diola à cause de leur individualisme et de leur égotisme sauvage. La mentalité des Diola est pour nous l'inconnu devenu presque incompréhensible. On est en droit de se demander si la lueur qui passe dans son regard est ironie ou enfantillage ». [Archives du Sénégal, 13 G 343, Monographie sur la Casamance. Docteur Maclaud]

La Casamance « anachronisme » dans l'ensemble des colonies françaises d'Afrique, la Casamance « 'verrue »' ou encore pour d'autres « appendice » du Sénégal, anatomie ou pas, rien de nouveau sous le ciel sénégalais, le problème de la Casamance demeure.

Dans tous les cas, peut-on, sur ce point de Résistance casamançaise, avoir un témoignage plus autorisé que celui d'un Gouverneur général d'une objectivité plus que réaliste ;

peu suspect, et peu susceptible de sympathie ou de partialité en notre faveur ; Haut fonctionnaire qui, avant sa démission fracassante, et son départ pour le front où il tombera le 10 juillet 1918, aura préconisé les mesures radicales, systématiques et énergiques qui, en 1920, mettront fin, momentanément du moins, à une centaine d'années de « Pacification » française et de Résistance active d'une Nation qui obligea les Français à terminer en quelque sorte leur colonisation de la Casamance, par leur point de départ ?
Aussi est-il facile de mesurer l'impact du message politique de la Reine Alinsiitowé sur le peuple casamançais. Bien sûr, Alinsiitowé connaîtra l'exil sans retour. Vingt ans plus tard, l'année 1960 verra l'Indépendance de la Casamance dans le contexte sénégalais. Mais, 15 ou 20 ans après cette proclamation de la souveraineté internationale, il n'est pas certain que le Kasa voit cette Indépendance sous la même optique que le Sénégal. Il n'est pas sûr non plus que nous comprenions parfaitement mes braves compatriotes qui attendent impatiemment l'heure de la souveraineté internationale de la Casamance.
Quand on connaît l'humeur très indépendante des Diola, le sort fait par l'Administration coloniale aux maternités et à leurs forêts sacrées de Oussouye, l'on peut se demander si la Résistance tenace du Kasa, surtout celle des femmes, n'avait pas excédé l'occupant qui semblait ainsi vouloir étouffer dans l'œuf, c'est bien le cas de le dire, toute velléité et source de résistance de ce peuple insaisissable et récalcitrant, farouchement indépendant.
Dès lors, on comprend aisément aussi l'allergie, en quelque sorte viscérale et quasi prénatale du Flup à toute domination, d'où qu'elle vienne et sous toutes ses formes, allergie surtout à la colonisation du Diola par d'autres Noirs. C'est le colonialisme le plus abject que l'on puisse imaginer, et que la Casamance, non seulement n'a jamais accepté, mais encore, ne saurait non plus tolérer de nos jours.

Les femmes avaient donc des comptes à régler avec l'Administration coloniale. N'oublions pas de fait, que, lors de la Guerre dite « de pacification », qui aboutit à l'exil sans retour du Roi Sihalébé, en 1903, l'administration coloniale confisque la Forêt Sacrée qui abritait la Maternité de Oussouye, en expulsa les femmes et leurs nouveau-nés, rasa et la Maternité et cette Forêt pour bâtir la fameuse « Casa », « Résidence » du « Commandant » de la « Subdivision » administrative, avant de devenir l'actuelle « Résidence » de Monsieur le Préfet du Département. Cette bâtisse actuelle est construite en terre et date donc de 1903. Avis au Ministère de la Culture ! Seules ses dépendances, rognées sur les vérandas, et de date très récente, sont construites avec des briques en ciment.

Quarante ans plus tard, lors des événements et du soulèvement du Kasa, des années 1942-1943, qui aboutirent aussi à l'exil sans retour d'une femme. Cette fois, les femmes, égales aux hommes, n'étant pas en reste, déportation donc de la Reine Alinsiitowé Diatta de Cabrousse, les « forces de répression » de l'administration coloniale confisquèrent encore la nouvelle forêt sacrée qui abritait la nouvelle maternité de Oussouye, en expulsèrent les parturientes, les femmes et leurs poupons, rasèrent de nouveau et cette maternité et cette seconde forêt acrée, pour bâtir un « Camp Militaire », dans le périmètre actuel de l'« Oncad », de la « Gendarmerie Nationale », des « Postes et Télécommunications ».

Un pavillon du nouveau dispensaire servit désormais de maternité où devaient obligatoirement se rendre toutes les parturientes du village d'Oussouye et de ses environs. Après la proclamation de l'indépendance du Sénégal, une troisième forêt sacrée, abritant également une Maternité, sera, en avril 1972, encore rasée, à Cabrousse, ironie du sort, cette fois-ci par un chef d'arrondissement sénégalais d'origine, qui mobilisa à cet effet, pendant huit jours, m'a-t-on dit, toute la population active de ce gros village. Comme quoi !

Aujourd'hui colonisation et déforestation font bon ménage en Casamance.

Lorsque nous disons que l'administration coloniale connut en Basse-Casamance moult déboires, ce n'est pas une simple plaisanterie, car les milieux évolués, européens ou missionnaires, ne lui étaient pas toujours favorables. Jugez-en donc :

> « William Ponty arrive à Carabane le 20 mars (1914) où il est accueilli par l'Administrateur supérieur Maclaud. Après une courte visite dans le village, il s'embarque pour Ziguinchor à bord du vapeur Général Archinard.
>
> Une foule importante l'attendait au port avec les Administrateurs Brunot et De Coppet. Plusieurs pancartes apparaissent sur lesquelles on lit : “Vive Ponty” ; “Vive la Casamance”. Mais l'une d'elles attire l'attention des officiels, elle porte un seul mot, “Autonomie”. Son inspirateur est un commerçant de Ziguinchor, membre de la commission municipale qui manifeste pour l'autonomie financière de la Région de Casamance. William Ponty ne semble pas être ému et s'occupe davantage de la propagande hostile au recrutement des tirailleurs pour le Maroc, menée par les missionnaires » [Mr Christian Roche dans « Ziguinchor et Son Passé », conférence donnée à l'Assemblée Régionale de la Casamance le 12/04/73, page 17.]

Précisons tout de suite que Monsieur Roche étant dans le Pays, au service du Pays, sans être du Pays, il se devait de ménager les susceptibilités, illégitimes d'ailleurs, du gouvernement sénégalais. Mais un Fils authentique de la Casamance ne doit rien craindre de qui que ce soit, surtout lorsqu'il s'agit de dire la vérité sur la Casamance. Et quand on se fait Curé, ce n'est pas pour se tâter le pouls à chaque instant. Aussi ne vous dirai-je que la vérité, et non pas des mensonges, sur ce que je sais. Tant pis pour celui qui n'est pas content. C'est son problème et non de la Casamance qui se doit de tout connaître sur son histoire que l'on n'enseigne plus, hélas ! Il faut appeler les choses par leur nom :

C'est un impérialisme Culturel que le Sénégal fait subir à la Casamance.

Au sujet du mot Autonomie, c'est un euphémisme de parler uniquement « d'Autonomie financière ». Bien sûr, les ziguinchorois revendiquaient pour leur ville un statut de Commune de Plein Exercice. Mais les casamançais exigeaient bel et bien une réelle autonomie territoriale et administrative de la Casamance. Je m'explique ou plutôt j'explique :

1. L'élément lusitanisant de la Casamance, en général catholique et alors prépondérant à Ziguinchor, ne voulait nullement de la présence française en Casamance. Rappelez-vous comment le 22 avril 1888, lorsque l'on amena le Pavillon Portugais, pour hisser à sa place le drapeau français, le chef de Ziguinchor fut destitué pour avoir refusé de prêter allégeance à la France et aux Autorités françaises. L'on se rappelle comment cette Administration coloniale française de la Troisième République, foncièrement laïque, farouchement anticléricale, ténébreusement, sournoisement et notoirement franc-maçonne, combattit toujours et activement le Catholicisme en Casamance. Voilà une des raisons principales de la lutte que l'Administration coloniale française mena en Casamance contre l'Église catholique, l'accusant, à tort ou à raison, de sympathie active envers des Populations casamançaises voulant lutter pour leur Indépendance Nationale.
2. Les ziguinchorois ne voulaient pas de l'Administration française qu'ils jugeaient trop centralisatrice et moins souple que celle des Portugais. Ils voulaient toujours, comme au temps des Portugais, gérer librement leurs propres affaires.
3. A défaut de mieux, les casamançais ne voulaient pas du droit de regard de Saint-Louis sur le Territoire de la Casamance : tutelle qu'ils jugeaient aliénante, étouffante et sclérosante.
4. Les casamançais revendiquaient pour l'Administrateur supérieur de la Casamance toutes les prérogatives d'un Gouverneur des colonies. Ils ont donc revendiqué, non pas

> devant le Gouverneur du Sénégal, leur tuteur, mais bel et bien devant le Gouverneur général de l'Afrique Occidentale française. Ils voulaient donc, pour la Casamance, un statut qui ne la mît pas en état d'infériorité par rapport aux autres Territoires de la fédération, lui permettant donc d'exister par elle-même, et de poursuivre, par elle-même, sa destinée propre dans le concert des autres entités coloniales françaises.

La France était sur le point de donner satisfaction aux casamançais lorsque les lenteurs administratives, et la Seconde Guerre mondiale vinrent infléchir et ralentir considérablement le processus d'émancipation de la Casamance qui, un jour ou l'autre, bon gré, mal gré, retrouvera dans sa plénitude sa réalité première.

Ainsi donc l'expression « autonomie financière » n'est-elle qu'un euphémisme qui ne trompe personne, même si les ziguinchorois, par la même occasion, réclamaient pour leur Cité un statut de Commune de plein exercice. Cette expression avait l'avantage tout de même de mettre Monsieur Roche à l'abri des foudres des autorités sénégalaises qui perdent leur temps à se montrer chatouilleuses lorsqu'il s'agit du problème casamançais qui pourtant ne manquera pas de se poser d'une façon ou d'une autre. Ce n'est pas résoudre un problème que de nier son existence ou de ne pas en parler.

La Croix face au Tablier

Quant au Gouverneur général William Ponty, il avait au moins deux raisons de ne pas être d'accord avec les missionnaires catholiques :

1. Comme le député Blaise Diagne, et comme l'Administrateur colonial Marcel de Coppet, le Gouverneur général William Ponty était un franc-maçon notoire.

   Il n'y a pas si longtemps de cela, sur les antennes de la Radiodiffusion Nationale, le Grand Maître du Grand orient de France, loge maçonnique à laquelle appartenait le député Blaise Diagne, nous disait sa joie et sa fierté de visiter le Pays Natal de celui qui, nul ne l'ignore, était de sa famille maçonnique. Jusque-là, rien à redire d'une station relatant un fait d'actualité.

   Mais, ce contre quoi je m'insurge est une mesure discriminatoire. Oui, le plus triste de l'affaire, est que cette déclaration ait été faite et relatée au moment où la communauté chrétienne, forte de plus d'un milliard de membres à travers le monde, célébrait, dans la Foi et la Ferveur, la Résurrection de Notre Seigneur Jésus Christ, alors que la Résurrection et la vie future sont hors programme dans le milieu maçonnique.

   Je le redis avec tristesse, amertume, déception et inquiétude, mention de la fête de Pâques n'a été faite au journal parlé que dans le bulletin d'information du soir, et encore, par une simple reprise d'une séquence, d'une minute environ, de Radio France internationale sur la journée pascale du Pape. Puis, cette même Radiodiffusion nationale a retransmis, ce même jour de Pâques, une émission spéciale consacrée à la visite au Sénégal du Grand maître du Grand orient de France, cette même loge maçonnique dont Blaise Diagne était membre.

   Déjà l'ouverture du Concile vatican II avait été traitée avec la même désinvolture par notre Radiodiffusion nationale, avec une simple séquence de 45 secondes environ, reprise à l'Ocoraf, dans le bulletin d'information de 20 Heures.

De qui se moque-t-on ? Des chrétiens de notre pays, bien sûr, en attendant qu'un jour, ce soit de tous les croyants du Sénégal car il n'y a pas de raison de s'arrêter en si bon chemin.

J'ai été et demeure en trop bons termes avec tout le monde de la radio que j'aime bien et qui me le rend bien pour que je puisse me permettre des accusations graves et gratuites.

Je vous prie de vous reporter tout simplement aux archives sonores et écrites du journal parlé et, si trace a été gardée de ces événements, vous aurez rapidement confirmation de ce que je viens de dénoncer. Et vous serez bien édifiés.

Blaise Diagne, pour revenir à lui, a choisi de reposer à Soumbédioune, en prévision, en cas de décès, de l'application des sanctions du Canon 1240 du Code de Droit Canonique, le privant de la sépulture ecclésiastique. Franc-maçon notoire, il ne voulait pas non plus d'inhumation en terre chrétienne avec ou sans prières officielles de l'église catholique. Qu'il le veuille ou pas, cela ne m'empêchera, en aucune façon, de prier le Dieu clément et miséricordieux, pour le repos de son âme. Que Dieu ait son âme, puisque le Diable n'en veut pas.

Quant au Gouverneur général William Ponty, il repose à Bel-air, alors que sa maman, fervente catholique, vivait encore en France au moment de sa mort, et aurait pu prétendre au rapatriement de la dépouille de son Fils. Elle refusa de le faire parce que son enfant avait renié sa foi chrétienne afin de réussir sa carrière administrative.

Je tiens ces renseignements d'un vieux prêtre missionnaire français, de la congrégation du Saint-Esprit, témoin de ces événements, le Père Guillaume Le Douaron, mon professeur de sixième, qui mourut en 1945 et repose à Ngasobil.

Blaise Diagne a choisi de reposer à Soumbédioune, afin, prétextait-il, de rejoindre ses frères musulmans. Toujours est-il qu'il repose hors de l'enceinte du cimetière.

2. William Ponty ne pouvait pas non plus, sur bien des points, s'entendre avec les missionnaires catholiques parce que, le plus souvent, ces prêtres prenaient fait et cause pour les

populations indigènes contre les agissements, les méthodes et procédés d'une certaine administration coloniale.

Rappelez-vous également ce que je vous disais il y a peu de temps. « l'année et le jour même où la France et le Portugal procédaient à des permutations de territoires, le dimanche 22 avril 1888. Monseigneur Mathurin Picarda se trouvait en Casamance en visite pastorale, autrement dit, en tournée d'inspection. Les occasions et les moyens de transport étaient rares. Rappelons-nous les réflexions de Pinet-Laprade en 1859. Donc, une messe ayant été prévue au programme des manifestations marquant le transfert de souveraineté, surtout que se trouvaient à bord les pères qui devaient fonder la mission de Ziguinchor, l'évêque la célébra. Pourquoi les missionnaires ont-ils accepté de célébrer cette messe de circonstance, au risque d'accréditer l'opinion selon laquelle le missionnaire est le bras droit du colon ? C'était un plan machiavélique de la part des autorités françaises. En ce domaine, comme en beaucoup d'autres, les fils des ténèbres sont plus experts que les fils de lumière.

Nous connaissons cette troisième république française, foncièrement laïque, farouchement anticléricale et, ténébreusement, sournoisement, notoirement Franc-maçonne. Ce n'est donc pas pour l'exaltation de la sainte église, ni pour les beaux yeux du clergé catholique que les autorités administratives françaises ont programmé cette messe.

Il s'agissait alors pour les Français d'amadouer ces populations obstinément hostiles à leur présence à Ziguinchor et en Casamance. Comme elles étaient profondément croyantes et que les prêtres de Cacheu venaient rarement ici en tournées apostoliques, il fallait se servir du crédit des missionnaires pour faire baisser cette vive tension, quitte à les combattre systématiquement par la suite.

Il faut le reconnaître et le dire :

> les forces du mal que constituent le colonialisme, l'anticléricalisme et la Franc-maçonnerie, manipulant aisément l'administration coloniale française, ont

> délibérément, méthodiquement et rageusement entravé, combattu, et annihilé parfois l'évangélisation de la Casamance. Elles ont usé de tout pour s'imposer, et n'ont pas hésité à jouer la carte ethnique, religieuse ou autre ; chrétienne ou musulmane pour mieux neutraliser l'influence et la progression du catholicisme en ce territoire de Casamance, ou encore briser plus efficacement la Résistance casamançaise.

Ce que l'on affirme gratuitement se nie gratuitement. Voici donc quelques témoignages. Citons d'abord le Père Louis Le Hunsec, oncle du Père des mêmes nom et prénom, qui fut Curé de Ziguinchor, avant de devenir vicaire apostolique de la Sénégambie de 1920 à 1926, puis Supérieur général de la Congrégation du Saint-Esprit.

Dans un rapport datant d'octobre 1912 le Curé écrit, nous citons :

> « L'élément européen ne nous tracasse guère, mais en revanche ne nous donne pas beaucoup de travail. A Noël, Pâques, Pentecôte, on compte à l'église de 20 à 30 Européens. Ces grandissimes fêtes mises à part, on ne les rencontre guère dans les rues, sauf quand une raison de civilité ou autre nous donne occasion de les voir à domicile.
>
> « Ceci est vrai surtout pour les employés de l'administration, car le cher Fr* qui dans la région préside à leur destinée temporelle verrait d'un mauvais œil ses subordonnés fréquenter l'église ou la maison des Curés. Il l'a du reste bien fait sentir en deux ou trois circonstances, en reléguant dans des postes éloignés de tout missionnaire ceux qui, personnellement, ou par trop de liberté accordée à leur Dame, montraient quelque velléité de conserver quelques accointances avec la vieille religion catholique.
>
> « En paroles, c'est l'homme le plus tolérant, le plus libéral que la terre ait porté ; mais ne vous y fiez pas car ses œuvres contredisent ses paroles. Une seule fois cependant, il faut lui rendre cette justice, il a essayé de mettre obstacle à notre liberté… mais trop tard ! »
>
> « C'était l'an dernier, lorsqu'il voulut empêcher la sortie de la procession traditionnelle qui se fait dans l'après-midi du 1er novembre. »

Comprenez par là, chers auditeurs, la procession au cimetière à l'occasion de la fête de Tous les Saints et de Tous les Morts. Mais poursuivons la citation du Rapport :

> « Trop brave pour se mettre lui-même en avant, et voulant néanmoins savoir en vertu de quel droit la procession s'était déroulée dans les rues de Ziguinchor, il fit interroger le Père supérieur par son délégué, Monsieur l'Administrateur - Maire de la ville.
>
> « Ce brave subordonné, catholique pratiquant, mais très peu au courant des règlements cultuels de la République française, tremblait déjà à la pensée qu'il avait à sévir contre un Curé, son ami. Il fut vite rassuré quand il entendit cette réponse :
>
> > « Il n'est pas venu à la connaissance du Curé de Ziguinchor qu'un arrêté quelconque prohibant la circulation dans les rues ait été porté soit par l'Administrateur supérieur de la Casamance, soit par l'Administrateur-maire de la ville. Veuillez donc rapporter au très cher Fr* que le Curé de Ziguinchor n'a commis aucun abus, mais qu'il a tout simplement usé d'un droit, puisque le gouvernement de la République française reconnaît la liberté de tous les cultes et leurs manifestations, sans qu'un petit tyranneau quelconque n'abuse du pouvoir qu'il a de mettre obstacle à ces manifestations. Du reste, le Père supérieur est entièrement à la disposition de Monsieur l'Administrateur supérieur pour lui donner plus amples explications ».
>
> « Jamais plus il n'en fut mention, bien qu'à différentes reprises Curé de Ziguinchor et Administrateur supérieur aient eu l'occasion d'échanger des vues sur des questions religieuses. »
>
> « Plainte avait, paraît-il, été déposée par un Fr* du commerce qui ne sachant à qui ou à quoi attribuer la guigne qu'il éprouvait dans ses opérations commerciales, trouvait tout naturel de l'imputer aux Curés ! Pauvre homme, ses affaires ne sont guère améliorées depuis » ! Fin de citation.

Ce témoignage pourrait, à lui seul, suffire comme preuve de l'hostilité farouche que nourrissait l'administration coloniale en terre de Casamance, contre le Clergé, contre les chrétiens.

« Un cas isolé, un seul document, ne constituent pas une preuve générale et péremptoire », pourriez-vous me répondre avec raison. Donc, raison pour raison, donnons raison au poète latin qui dit que Bis repetita placent » [Horace, Art Poétique, 365]. Oui, pour cette fois encore, « les choses répétées plaisent ».

Voici donc un autre Rapport de la Mission catholique de Ziguinchor, en date, non plus d'octobre, mais du 15 septembre 1912. Il est encore du Père Louis Le Hunsec, Curé de Ziguinchor, et futur Évêque. Nous citons :

« Jusqu'à ce jour, le pays n'est pas considéré comme pacifié, de par le fait que dans les villages importants, au-delà de Brin, une grande majorité des habitants refuse de payer l'impôt de 4.50 ou 5 francs par tête.

Aussi l'Administrateur supérieur de la Casamance a-t-il exercé, il y a trois ans, de sérieuses représailles au village de Séléky. Plusieurs cases furent brûlées et les principaux notables condamnés à une amende, que du reste ils n'ont pas encore payée.

« L'an dernier, ces notables, un peu matés à la suite de la colonne de 1910, vinrent à Ziguinchor offrir, en témoignage de bonne volonté, une somme assez modique (quelques centaines de francs), bien inférieure à celle qu'ils devaient fournir à l'administration pour un village qui compte, dit-on, tout près de 2.000 habitants. »

« Pour venir à bout, l'Administrateur en chef avait, pour cette année, décidé l'établissement d'un poste de tirailleurs à Seléky ; mais cette mesure comportait une réorganisation dans le service administratif de la Moyenne-Casamance, et ce plan n'a pas été, pour des raisons politiques, approuvé en hauts lieux par le Gouverneur général, de sorte que tout est resté dans le statu quo ».

« Aussi bien n'est-il guère prudent pour nous de nous lancer jusque là-bas, ou de songer à y faire œuvre sérieuse en nous y établissant. »

« Très certainement, l'administration, toujours ombrageuse à l'égard du missionnaire, ne manquerait pas de le rendre responsable, directement ou indirectement, des troubles qui pourraient s'y produire. »

> « Notre conclusion n'est pas que nous devions abandonner ces villages au-delà de Brin, où notre personne est plutôt sympathique aux Diolas qui savent très bien que nous n'allons pas chez eux pour extorquer leurs richesses, mais il nous semble plus prudent d'attendre que la pacification soit un peu faite ».

Pour cette fois, retenons de ce témoignage deux faits :

1. Hostilité de l'administration coloniale française contre l'église catholique en Casamance.
2. Persistance de la résistance casamançaise, tantôt active, tantôt passive. Durant toute la période coloniale, la Casamance fut une zone militaire. Oui, il faut le dire et le savoir, la Casamance a toujours été le pays du refus, qui n'a de leçon de patriotisme ou de civisme à recevoir de qui que ce soit.

De 1645 à 1960, donc de la Fondation de Ziguinchor par les Portugais à l'Indépendance du Sénégal, la Casamance a toujours lutté pour rester elle-même, c'est-à-dire, quoi que l'on puisse en penser ou insinuer, un pays d'ordre, de liberté et de démocratie, qui n'a pas attendu pour en faire la découverte des États Généraux du 5 Mai 1789, qu'elle ignorait totalement, et aurait d'ailleurs, dans le contexte de Résistance, rejetés, à tort ou à raison, mais en toute Souveraineté.

Donc, pour ce qui est de l'hostilité de l'administration coloniale française contre l'église catholique en Casamance, il vous est loisible de me rétorquer que nul n'est bon juge en sa propre cause, et que vous récusez de ce fait le témoignage des missionnaires contemporains des événements, et même auteurs ou acteurs, parfois même victimes, si vous le voulez.

Passons donc aux témoignages, plus convaincants pour vous, de quelques Administrateurs coloniaux. Je leur laisse l'entière responsabilité de leurs déclarations positives ou négatives.

En 1891, donc à peine trois ans après le retrait des Portugais de Casamance, l'Administrateur Martin écrit :

> « Les seuls villages qui aient un semblant d'organisation sont ceux commandés par des chefs d'une origine autre que celle de leurs administrés. Ce sont en général des chefs Ouolofs de Saint-Louis et de Gorée.
> De là à conclure qu'il faudrait placer à la tête des villages idolâtres des ouolofs, il n'y a qu'un pas, mais il ne Faut Pas de Chrétien.
> Les musulmans sobres par éducation religieuse seraient de beaucoup préférables et l'on éviterait l'influence pernicieuse du fanatisme musulman sur ces populations primitives en ne donnant le commandement de ces villages qu'à d'anciens soldats ou marins qui ne sont pas fanatiques » [Archives du Sénégal, Fond non inventorié 2 D 5/5. Rapport d'ensemble de l'Administrateur Martin].

Je laisse à l'Administrateur Martin l'entière responsabilité de ses déclarations, et me contente tout simplement de souligner une discrimination :

> « Il ne faut pas de chrétiens ! »

En 1906, l'Administrateur Guyon écrit de son côté :

> « Je ne fais pas entrer en valeur au point de vue progrès social les œuvres confessionnelles européennes. L'administrateur supérieur a veillé avec le plus grand soin à ce qu'aucune réunion ayant pour objet l'enseignement de la jeunesse n'ait plus lieu dans les établissements de la Mission ».

Et toujours l'Administrateur Guyon d'ajouter, nous citons :

> « Au cours du 2ème trimestre, il a dû s'émouvoir des tentatives de prosélytisme faites dans la région d'Oussouye et se préoccuper d'y mettre un terme, les conséquences politiques pouvant être des plus dangereuses ». [Archives du Sénégal, 13 G 376. Rapport de l'Administrateur Guyon sur l'année 1906]

Au risque d'être fastidieux, citons d'autres témoignages.
En 1915, le Gouverneur général William Ponty, franc-maçon notoire, a une raison de plus de s'en prendre aux missionnaires dont l'hostilité au recrutement de soldats semble le préoccuper plus que les Pancartes de ceux qui réclamaient pourtant au Gouverneur général de l'Afrique Occidentale française, et non pas au Gouverneur du Sénégal, leur tuteur, plus qu'une

« Autonomie Financière », donc une Autonomie Administrative, un peu à l'instar de celle dont jouissait Ziguinchor avant la Convention franco-portugaise de Paris du 12 mai 1886, à la suite de laquelle l'Administration du Territoire de la Casamance fut, plus tard, seulement confiée à la colonie du Sénégal.

Toujours en 1915, l'Administrateur Marcel de Coppet, encore un Franc-maçon notoire, pour ne pas dire militant, a maille à partir avec le Père Jean-Marie Esvan, étroitement surveillé pour ses menées qualifiées d'antifrançaises, et qui, à Carabane, refuse d'envoyer chercher son catéchiste Pierre Ndiaye pour le service militaire. De Coppet eût été heureux de voir ainsi entravée l'action missionnaire du Père et de son catéchiste.

Permettez-moi de saluer en passant la pieuse mémoire du papa de tante Marie N'diaye. Je n'étais jamais fatigué d'entendre ce vénérable. Il fut à la fois un héros et un héraut de l'évangile de Jésus-Christ. Il n'était que de l'entendre pour se convaincre de l'ardeur du zèle de cet ouvrier apostolique qui, dès son jeune âge, fut au service des vicaires apostoliques de la Sénégambie qu'il suivait dans leurs tournées, et se rendait même au Gabon avec Monseigneur Rémy Bessieux, vicaire apostolique des deux Guinées (1846-1876).

Par la même occasion, je salue le dévouement et la mémoire de tous les laïcs qui ont œuvré à mettre dans le monde plus de vérité, plus de charité, plus de justice et plus de paix, en établissant dans les cœurs le règne de Dieu. Il faudrait peut-être, à titre d'information, dresser quelques jalons de la carrière maçonnique du député Blaise Diagne. Nous empruntons ces renseignements à une personnalité compétente, Monsieur Fred Zeller, Grand maître du Grand orient de France :

Blaise Diagne est né à Gorée le 13 octobre 1872. Il est mort à Cambo-Les-Bains dans les Basses Pyrénées, en France, le 11 mai 1934.

1. Initié Franc-maçon le 21 septembre 1899, à la Loge « l'Amitié », Orient de Saint-Denis de la Réunion.
2. Initié Compagnon le 25 juin 1900, à la Loge « l'Amitié », Orient de Saint-Denis de la Réunion.
3. Initié Maître le 27 février 1901, à la Loge « l'Amitié », Orient de Saint-Denis de la Réunion.
4. Affilié en 1906, à la Loge « l'Indépendance Malgache », à l'Orient de Tamatave, Madagascar.
5. Affilié en 1907, à la « France Australe », à l'Orient de Tananarive, Madagascar.
6. Affilié en 1911 à la « Guyane Républicaine », à l'Orient de Cayenne, Guyane française.
7. Affilié en 1922 à la Loge « Pythagore », à l'Orient de Paris.
8. Devenu Vénérable de 1922 à 1926 à la Loge « Pythagore », à l'Orient de Paris.
9. Membre du Conseil Philosophique « l'Étoile Polaire » de 1922 à 1926.
10. Élu membre du Conseil de l'Ordre du Grand Orient de France par le Convent (ou Assemblée Générale) du 27 septembre 1922. C'était le premier frère de Couleur noire à accéder à cette grande dignité.
11. Élu orateur du Convent de 1922, Blaise Diagne, prononçant le discours de sa clôture, déclara :

    « Tournant ma pensée vers l'histoire du monde, j'aperçus une race - la mienne - qui pendant plus de quatre siècles resta asservie, vendue comme bétail aux quatre coins de l'univers. La force brutale écrasa au profit de l'égoïsme universel toutes les générations qui, au cours de cette époque douloureuse, se sont succédé dans le malheur de l'esclavage industrialisé et légalisé par ceux qui en vivaient. »

    « Il faut arriver à la fin du XVIIIème pour que, sous l'influence des grands penseurs de qui nous nous réclamons si justement dans la Maçonnerie, la Révolution française brise les chaînes d'asservissement, et libère l'humanité noire. »

    « La république de 1793 consolide cette liberté que le Premier Empire d'abord, la Monarchie ensuite, suppriment.

> « 1848 enfin, avec la Seconde République voit renaître pour ne plus jamais disparaître la liberté des Noirs ».
> « Comprenez-vous, mes frères, pourquoi nous qui sommes issus de cette race qui doit tout à la République, nous lui restons à jamais attachés la confondant du reste avec la maçonnerie ».
> « Les batailles de la vie profane pourront sans doute m'apporter bien des désillusions, peut-être même de la rancœur. A ces moments-là et pour me retrouver, c'est vers notre foyer d'apaisement que je me tournerai pour y apercevoir le phare qui éclaire la lumière et redonne la bonne route, celle où l'on peut marcher sans que le poids du fardeau décourage ».

Rappelons que ces renseignements sont extraits d'un discours de Monsieur Zeller, Grand Maître du Grand orient de France, venu au Sénégal pour la célébration du centenaire de la naissance de Blaise Diagne, et qui, après ces longues citations de Blaise Diagne, ajoute :

> « En rendant l'hommage mérité au grand démocrate et franc-maçon de Gorée, Blaise Diagne, le peuple sénégalais, son gouvernement, et Monsieur le Président de la République, ont fait sortir de l'ombre où elle se trouvait une grande figure, un pionnier jailli des profondeurs d'un peuple, ruiné par la traite de l'esclavage, et dont la vie fut consacrée à sa libération et à l'amélioration de son sort ».

Ainsi parla Blaise Diagne, et tout le monde d'applaudir.

Ainsi parla le Grand maître du Grand orient de France, et tout le monde d'applaudir.

La République et la maçonnerie, c'est tout un. Blaise Diagne et le colonialisme, c'est tout un.

Peuple de Casamance, tu as été victime du collaborationniste et colonialiste Blaise Diagne, ses fils, les nouveaux conquérants, poursuivent chez toi son œuvre, aujourd'hui : la vérité, la voici.

> Le 5 mars 1918, le député Blaise Diagne arrive dans une Casamance en pleine résistance active, pour le recrutement de troupes en Afrique Occidentale française pour le Front.

> L'AOF qui devait, pour le recrutement de décembre 1917, fournir 40.000 soldats, en donna 63.378, dont 47.000 rejoignirent la France avant l'armistice. [Archives du Sénégal, 4, D 74. Rapport du Gouverneur général Gabriel Angoulvant au Ministre, 26 septembre 1918.]

Il faut croire que, avec les méthodes esclavagistes de recrutement, l'excès de zèle est pour beaucoup dans le surnombre de conscrits.

Le Gouverneur Joost Van Vollenhoven, après en avoir recruté déjà 110.000 dans la fédération de l'AOF, refuse d'exécuter l'ordre d'en recruter 100.000 autres. Je le cite :

> « Les opérations de recrutement qui ont eu lieu de 1914 à 1917 en AOF ont été excessives dans leurs résultats comme dans leurs méthodes. Aucun nouveau recrutement n'est possible tant que la colonie ne sera pas complètement en mains et que la population n'aura repris une suffisante confiance en nous pour ne plus redouter les abus du récent passé ». [Archives du Sénégal, 4 D 73. Rapport du Gouverneur général Van Vollenhoven à Maginot.]

De son côté, le Lieutenant-gouverneur du Sénégal, Levecque, appuie Van Vo :

> « La mesure qui est ordonnée sera pour le Sénégal, si elle est appliquée dans toute sa rigueur apparente, ou plutôt dans toute la rigueur qui vous est apparue, c'est-à-dire pour le recrutement de tous les hommes valides, sera pour la Colonie un désastre irréparable, les seuls éléments de travail qui y restent actuellement disparaissent ». [Archives du Sénégal, 4 D 74. Lettre du Lieutenant-gouverneur Levecque au Gouverneur général Van Vollenhoven, 25 décembre 1917.]

Le Gouverneur Joost Van Vollenhoven se fait plus insistant :

> « Je vous supplie, Monsieur le Ministre, de ne pas donner l'ordre de procéder à de nouveaux recrutements de troupes noires. Vous mettriez ce pays à feu et à sang. Vous le ruineriez complètement et ce, sans aucun résultat. Nous sommes allés non seulement au-delà de ce qui était sage, mais au-delà de ce qu'il était possible de demander à ce pays ». [Archives du Sénégal, 4 D 73. Lettre du Gouverneur général Van Vollenhoven à René Besnard.]

Toujours est-il que, sous quelque prétexte que ce fût, ce que Van Vo refusa, Blaise Diagne l'accepta. Hélas ! Et l'on connaît la suite.

Clémenceau devient Président du Conseil le 16 novembre 1917.

Les objections soulevées par Van Vollenhoven Gouverneur général de l'AOF, ne le troublèrent pas. Il fait nommer le député Blaise Diagne Commissaire de la République, chargé de recrutement en A.O.F et en A.E.F. Délégué direct du Ministre des colonies Henry Simon, il correspond directement avec lui. Cependant, il ne participe pas directement aux opérations de Recrutement qui restent entièrement confiées au Gouverneur général et aux Gouverneurs, qui endossaient ainsi l'odieux de la besogne. Mais c'est Georges Clémenceau lui-même qui déclarait :

> « Il paraît indispensable d'y associer ceux-là mêmes qui, par leur origine et par leur exemple, sont certains d'exercer sur les populations noires de l'ouest africain une heureuse et efficace action ». [Archives du Sénégal, 4 D 73. Rapport de Clémenceau, Président du Conseil, au Président de la République]

Voilà Blaise Diagne ! Voilà l'Homme ! Le Patriote Capable de susciter, stimuler, et diriger, hélas ! « Avec succès la collaboration la plus intensive à l'action de guerre de toutes les populations africaines ». (Ibidem).

Claironner en Casamance le centenaire de la naissance de Blaise Diagne est une insulte et une provocation que les descendants des héros de la Résistance casamançaise ne pardonneront jamais au Président Léopold Senghor. Oui, c'est ce colonialiste, ce Traître, ce collaborateur que l'on propose aux casamançais d'aujourd'hui comme héros national ! De qui se moque-t-on ? Sinon des casamançais ?

En séjour à Paris, Van Vollenhoven apprend la décision gouvernementale. Il offre sa démission le 17 janvier 1918. Il rappelle ses critiques sur le Recrutement, mais déplore surtout l'envoi de la mission Blaise Diagne qu'il juge inconciliable avec le décret du 18 octobre 1904 réglant les pouvoirs du Gouverneur général de l'AOF. Il n'admet pas de partager le droit de correspondance avec le ministre.

Ne parvenant pas à faire revenir Van Vollenhoven sur sa décision, Clémenceau accepte de le remettre, selon son souhait, à la disposition de l'armée. Incorporé avec le grade de capitaine dans un Régiment d'infanterie coloniale du Maroc où il avait déjà servi, Van Vollenhoven est tué au combat le 10 juillet 1918. Il est remplacé à Dakar par Gabriel Angoulvant qui exerce l'intérim jusqu'en 1919. Ce n'est donc pas une question raciale qui est à l'origine de la démission fracassante de Van Vollenhoven, comme le laissaient entendre certains orateurs lors de la célébration du centenaire de la naissance de Blaise Diagne.

Ce que je sais, moi, c'est que Blaise Diagne a délibérément ignoré le fait de la Résistance armée du Peuple casamançais, ainsi que les méthodes esclavagistes de recrutement des noirs pour le front. Il a osé cautionner ce recrutement qui s'est poursuivi avec ses méthodes esclavagistes jusqu'en 1924. Tout cela, malgré les vives protestations du Père Jean-Marie Esvan, souvent inquiété par l'administration coloniale pour ses activités qualifiées d'antifrançaises par les hauts fonctionnaires de l'époque.

Rappelons simplement que, condamné à cent francs d'amende et à un mois d'emprisonnement le 15 janvier 1915 par l'Administrateur De Coppet, de sinistre mémoire, le brave Père Esvan ne dut sa libération, avant son acquittement après appel par les tribunaux de Dakar le 26 mars 1915, qu'à un mouvement populaire, comme Ziguinchor en a le secret, qui fit trembler De Coppet, ce colonialiste à la fois anticlérical et franc-maçon notoire. Je poursuis. Le 6 mars 1918, Blaise Diagne rend visite à la Mission catholique de Ziguinchor, et promet au Père Esvan, qui demeure sceptique d'ailleurs, et pour cause, que « désormais, le recrutement se fera en douceur ». Promesse de député, bien sûr ! Nous sommes dans un pays où le député qui ne promet pas n'est pas un bon député. Les événements donnèrent raison au Père Esvan.

On me dit que Blaise Diagne a beaucoup fait pour les « Tirailleurs sénégalais » en France, mais nous connaissons les difficultés rencontrées par un pauvre Charles Ntchorère, né sujet français, pour la confirmation de ses différents grades, de 1917 à 1927. Pourtant les balles allemandes ne faisaient pas de discrimination ! De nos jours, nos Anciens combattants luttent encore pour obtenir du Gouvernement français une égalité de traitement avec leurs camarades métropolitains dans le versement des pensions. Et pourtant, les balles ennemies n'étaient pas racistes ! Bref [*voir article monde 85]*

Que dis-je ? Ce sont les balles françaises qui ont été racistes ! La France de Blaise Diagne a répondu aux justes revendications d'Anciens combattants noirs par la tragédie de Thiaroye du 1er décembre 1944.

Donc, pendant que la Casamance, selon l'expression même du Gouverneur général Clozel, véritable « exception et un anachronisme dans l'ensemble des territoires français », menait vaillamment sa lutte de Résistance à l'Administration coloniale, des Africains d'Afrique, à commencer par Blaise Diagne, tout noir de peau du moins, se prévalant de la citoyenneté française et du patriotisme français, concouraient aussi à la chasse à l'homme, et aidant les Français à nous casser la figure, pour employer un terme moins militaire. Tout cela au nom de la France, contre l'Afrique en général, et contre la Casamance en particulier.

En effet, le Blanc venait et « bouclait » les villages avec la troupe. On se livrait à une véritable chasse à l'homme. « Dya dyok a dyu » : la capture ! Tous ceux que l'on jugeait aptes étaient immédiatement internés dans la prison civile d'Oussouye par exemple : c'est le cas qui nous concerne de plus près dans cette causerie.

Quand on avait atteint le quota exigé, on arrêtait les visites. On pénétrait dans la prison. On alignait les recrues. On leur passait des cordes aux chevilles, à la ceinture et au cou. On prenait, bien sûr, le soin de relier ces futurs soldats les uns aux autres. Ensuite, cravache à la main, on les forçait à marcher ainsi, à la file indienne, d'Oussouye à Koemboel ! À pied ! Soit une distance d'environ 20 km, à pied ! Et je vous prie de croire que les gardes ne récitaient pas des « Je vous salue Marie », en chemin. Par contre, les mamans qui suivaient le cortège pouvaient reprendre à leur compte ce verset de l'Écriture :

> « Ô vous tous qui passez sur la route, arrêtez-vous et voyez si votre douleur est comparable à la mienne. » [Jérémie, Première Lamentation, Verset 12]

Les parents accompagnaient ces Captifs d'un nouveau genre, en criant et pleurant jusqu'à la Rivière « Ssbuy », c'est-à-dire donc jusqu'au Bac de Koemboel. Là se déroulaient des adieux déchirants car l'expérience a montré que la plupart de ces recrues ne revenaient pas de la guerre. Rappelez-vous la 17ème compagnie de Bignona commandée par le Capitaine Javelier et le Lieutenant Lemoine, entièrement décimée à Arras dans le nord de la France.

Oui, ce procédé de capture et d'enrôlement des recrues n'était pas sans rappeler le contexte de la traite des nègres. Capturé de la même façon, finalement, l'on partait pour ne plus revenir.

« Nous élevons nos enfants jusqu'à l'âge adulte, et les Blancs viennent nous les ravir pour en faire des soldats ! » Ainsi gémit la complainte bien connue de nous tous ! Qu'il soit Diola, Mandiaku, Mankagne, Balante, Mandingue, Baïnunka, Peul ou autre, cette femme qui se lamente, c'est la Casamance qui pleure ses enfants et ne veut pas être consolée, car ils ne sont plus. C'est cette Casamance, mère féconde, à la fois généreuse et jalouse du sang de ses enfants. Malheur à celui par qui le sang d'un fils de la Casamance aura été versé.

Oui, un frère de mon grand-père paternel est tombé dans la rizière de Karounate, sous les balles françaises, quand Eyun tout entier, en pleine Résistance Active galvanisé par ma

grand-tante la Reine Ayimpen de Siganar, fit échouer le recrutement organisé en décembre 1915. Aperçu en train de fuir sans arme vers Senghalen, son village d'origine, il fut froidement abattu, criblé de balles, par la soldatesque.
Oui, un autre frère de mon grand-père paternel, recruté dans les conditions que l'on sait, est tombé pour la France, durant la première Grande Guerre, sous les balles allemandes, au pays des Blancs. Plus tard, des cousins, épargnés par les balles allemandes, sont tombés à Thiaroye, sous les balles françaises le 1er décembre 1944. Un autre cousin germain, est tombé en 1952, sous les balles du Viêt-Minh, en Indochine française. Et c'est toujours au nom de la France que l'on demande ce tribut à la Casamance. La France de Blaise Diagne ! « La Casamance a Ses Morts Pour La France », disait l'inscription du Monument aux morts érigé à Ziguinchor là où, ironie du sort, en 1927, des Fils du Kasa, faussement accusés de cannibalisme, ou inculpés sans preuves suffisantes, sont tombés sous les balles de l'Administrateur Maubert, en clamant leur innocence, et malgré l'intervention du Père Esvan, encore lui, le même qui intervint encore sans succès pour obtenir la libération de la Reine Aloendiso Bassène Tendeng.
En bon français, le casamançais authentique appelle chat un chat et Blaise Diagne un traître, un collaborateur, et un colonialiste. Pour le Fils du Pays des Rivières, claironner en Casamance le centenaire de la naissance de Blaise Diagne est une provocation et une insulte que les casamançais ne pardonneront jamais au Président Léopold Sedar Senghor.
Ces clarifications non seulement importantes, mais encore obligatoires, étant effectuées, achevons rapidement notre petit panorama historique destiné à mieux situer le message de la Reine Alinsiitowé dans le contexte Casamançais de l'époque et de toujours.
Quant au Père Jean-Marie Esvan, il fait partie intégrante de la vie de Ziguinchor, sa ville, qu'il a vu devenir capitale, grandir

prodigieusement, et il compte parmi ceux qui ont fait et marqué positivement l'Histoire du Territoire de Casamance.

Né le 26 mars 1872 sous le signe et le bruit des canons de la guerre franco-allemande de 1870, ce Breton à la silhouette mince et élancée, au corps sec, à la démarche plutôt rapide, même lorsqu'il « marchait très lentement pour en imposer aux gens par son calme », au tempérament de granit, était un homme taillé pour affronter la vie difficile d'une Casamance à l'aube du vingtième siècle, et en pleine Résistance Active à la Pénétration Coloniale.

Le Père Esvan arriva à Ziguinchor en 1900, alors que Sédhiou était encore capitale de la Casamance. Le transfert, après le décret de 1908, n'eut effectivement lieu qu'en novembre 1909.

Il arriva sous le grondement du canon d'une prétendue 'guerre de Pacification coloniale'. Il était déjà ici lorsque disparut Fodé Kaba le 22 mars 1901. Il vit, en 1903 , le Roi de Oussouye, Sihalébé Diatta, prendre le chemin d'un Exil sans retour. Dans le royaume Afiladyo, le Père Esvan dut compter avec la Résistance active, à la fois politique et religieuse d'une population galvanisée par l'énergie de fer de la Reine Aloendiso Tendeng et du Roi Sibésondo.

Attaché à un rônier du village de Brin, il faillit être trucidé par les habitants en colère. Messager de la paix de Dieu, dans un Pays en pleine guerre, le Père Esvan mesurait ainsi les difficultés de sa mission dont il s'acquitta cependant avec honnêteté et une hauteur de vue remarquables. Apôtre infatigable, il sillonna toute la Casamance, particulièrement les départements de Bignona, Oussouye et surtout celui de Ziguinchor. La capitale actuelle de la Casamance lui doit la cathédrale Saint-Antoine de Padoue, la quatrième Église de Ziguinchor, dans l'ordre chronologique.

Homme de prière, de grand surnaturel et d'action, le Père Esvan s'est posé en défenseur convaincu et acharné des droits et de la dignité de la personne humaine et de toutes les collectivités humaines en Terre casamançaise.

Il n'hésita jamais, lorsque son devoir le lui imposait, à prendre fait et cause pour les indigènes contre l'Administration coloniale. Il fut souvent accusé de mener des activités « antifrançaises ».

Il protesta énergiquement devant Blaise Diagne et autres colonialistes contre les procédés esclavagistes de Recrutement des Noirs pour le Front, en 1918 surtout.

En 1918 encore, il tenta vainement de faire relâcher la Reine Aloendiso Tendeng, qui l'avait pourtant insulté, et entravé son apostolat, lorsque, traitée d'empoisonneuse, elle avait été condamnée aux travaux forcés à perpétuité.

Devant l'administrateur Marcel de Coppet, il protesta avec véhémence contre les mauvais traitements infligés aux prisonniers, et obtint pour eux le rétablissement du repos dominical dont les avait frustré ce grand colonialiste doublé d'un anticlérical militant.

Le Père Esvan, encore lui, essaya d'empêcher l'Administrateur Maubert de fusiller des ressortissants du Kasa, accusés à tort ou sans raisons suffisantes, d'anthropophagie, alors que la plupart d'entre eux étaient tout simplement des Résistants coriaces et que des règlements de comptes avaient copieusement émaillé le tissu d'accusations. Une reprise de l'enquête était sur le point de s'ouvrir lorsque, en 1936, l'un des principaux responsables de cette tuerie, averti par un ami trois jours avant son arrestation à Oussouye, d'un coup de fusil, se suicida. Qui se sert de l'épée, périra par l'épée, avait dit un innocent affreusement torturé et crucifié. [Matthieu 26, 52]

Le Père Esvan fut profondément engagé dans l'entreprise de promotion féminine par l'alphabétisation et la formation technique. Témoins son syllabaire et son catéchisme créoles portugais dans ce comptoir de Ziguinchor fondé par les Portugais en 1645.

Après la saisie des Écoles chrétiennes par l'État français, le Père Esvan ouvrit une école primaire. Une autre dimension de l'activité du Père Esvan en faveur de la Casamance est un souci de sensibiliser ses populations au problème du Développement par une Diversification des cultures.

Le 30 août 1917, dans une demande de concession agricole au village de Koemoeboel, le Père Esvan écrivait à l'Administrateur supérieur de Casamance :

> « Dans ce village où j'exerce mon apostolat comme missionnaire et où je me flatte d'avoir une certaine influence, je voudrais que les environs immédiats de la chapelle fassent comme un jardin d'essai rudimentaire.
>
> « En y faisant cultiver rationnellement sept ou huit variétés de plantes indigènes, vivrières ou industrielles, j'ose espérer amener peu à peu mes néophytes à en adopter eux-mêmes la culture, en plus de celle du riz, la seule à laquelle ils se livrent présentement.
>
> « Cela aurait le double avantage de leur procurer, pendant la saison sèche, une occupation rémunératrice et moralisatrice et de contribuer, dans une large mesure peut-être, au développement agricole et commercial de la région ».

Le cahier des charges, au n°2 de l'article 8, fait état de :

15 Cocotiers.

15 Manguiers.

20 Citronniers.

20 Bananiers.

Aménagement de planches pour la culture maraîchère européenne et indigène.

Et plantation de 200 pieds de ricin sélectionné.

plus près de Ziguinchor, toujours dans le contexte et le souci de Développement Agricole entrepris par le Père Esvan, tout le monde connaît le fameux « jardin de la Mission », planté d'ananas, bananiers, mandariniers, orangers, citronniers, rôniers, etc. ; domaine dont les héritiers actuels sont : le Collège Saint-Charles Lwanga, le Séminaire Notre-Dame, et plus particulièrement le séminaire de Saint-Louis.

Le Père Esvan, jusqu'au terme de sa vie, a fait montre d'une étonnante lucidité et d'une admirable clairvoyance qui lui avaient permis d'être en avance, en maints domaines, sur son temps ; au point de n'être pas toujours compris par ses contemporains, pas même de ses Confrères Missionnaires, et encore moins, pour ne pas le dire, de son propre Évêque.

En 1927, une lettre du Père Eugène Jacquin cite le Père Esvan en ces termes :

> « Il paraît que nous perdons tout à fait notre temps avec « ces nègres » qu'on déclare « indécrottables ».
>
> « Et pendant ce temps-là, personne à faire son mea culpa. Personne de se demander si son action a retardé le nôtre ou l'a contredite.
>
> « J'ai fait observer qu'une race n'évolue pas à la baguette, comme une troupe de chevaux de cirque ou de singes savants. Nous avons eu, en France, des ancêtres, Celtes, Francs, Burgondes, qui y mirent un certain temps. Le baptême de Reims, conféré par un saint, n'a pas transformé en un saint le chef barbare qui le reçut. Et pourtant Clovis le reçut avec des dispositions admirables, et la grâce du sacrement était aidée par les prières et les exemples de Clotilde qui fut une vertueuse épouse.
>
> « Il se passa trois ou quatre cents ans avant que le christianisme n'imprégnât notre pays, ne le créât comme nation, n'en fit disparaître les dernières coutumes païennes et n'engendrât la France de la chevalerie et des croisades.
>
> « On se sert aujourd'hui du mot : bourrer le crâne. Cela veut dire, paraît-il, inculquer des menteries. C'est dommage que ce sens soit prévalu, car bourrer le crâne a une signification à la fois plus honnête et plus profonde, quand cela sert à indiquer le travail, l'insistance, le temps qu'il faut pour mettre en circulation des idées saines et salutaires jusqu'au jour où on les voit se traduire, et comme exploser, en des actes, puis entrer en habitudes.
>
> « De plus, on traite les Noirs d'enfants et c'est juste, car ils le sont bien des côtés. Mais, ils font comme les enfants ; ils imitent. Alors, il faut voir ce que l'on leur donne parfois à imiter. Ce dernier argument, il est vrai, demande à être manié

> avec un tact extrême qui nous prive de nos moyens ; mais si nous pouvions nous en servir, de nos moyens !
>
> « Somme toute, le meilleur plaidoyer est de toujours montrer des résultats, des résultats palpables, concrets. Et c'est ce que je fis, mais à de grandes lignes. Summa rerum fastigia sequens, comme dit le poète latin.
>
> « Sur 30 ans de mission, j'ai eu la chance d'en passer 27 dans le même poste, Ziguinchor, en ne rentrant que trois fois en Europe ». Fin de citation.

Encore une fois, c'est le Père Jacquin qui, en 1927, cite le Père Esvan. Après quarante ans de présence et de dévouement total en Casamance, le bon Père Esvan finit ses jours au Sénégal au service de la formation du clergé africain au séminaire Libermann à Thiès, puis à Ngasobil, toujours heureux d'y retrouver ses fils de la Casamance, avec lesquels il évoquait volontiers et sans cesse d'inoubliables souvenirs du Pays des Rivières. J'ai eu le Père Esvan comme Directeur de séminaire pendant un an, comme professeur de latin en 6ème, et comme directeur spirituel. J'appris de lui mes premiers mots de créole portugais : Bourru ! Baaca !

Enfin, dans une sorte de prémonition de fin prochaine, après une quasi tournée d'adieux à la Casamance durant l'hivernage de 1943, et après une courte maladie, le bon Père Jean-Marie Esvan s'endormit dans le Seigneur, du sommeil du juste, chargé d'ans et de mérites, à Dakar, le 17 juin 1944, à l'âge de 74 ans.

C'est cet homme de grande envergure, ce grand défenseur des Noirs en général, et des Mankagne en particulier, que des âneries publiées périodiquement tentent de salir aujourd'hui encore.

> « Heureux ceux qui s'endorment dans le Seigneur ! Qu'ils se reposent de leurs peines, car leurs actes les suivent ! » [Apocalypse, 14, 13]

Mais revenons à nos Francs-maçons.

Monsieur l'Administrateur Marcel De Coppet, toujours lui, n'avait pas en odeur de sainteté, c'est bien le cas de le dire, le Père Esvan et les chrétiens de Ziguinchor. Il y avait de quoi.

En effet, les Catholiques de Ziguinchor, pour la plupart de souche ou de formation portugaise, manifestent ouvertement et farouchement leur hostilité à la présence française en Casamance.

Entre la francité et lusitanité, en attendant la sénégalité qu'ils rejetteront avec autant de vigueur, les catholiques de Ziguinchor optaient résolument et définitivement pour la casamancité : je veux dire l'autonomie administrative, en attendant mieux, avec cependant plus de sympathie pour la lusitanité, cela se comprend et s'explique, d'autant que, contrairement à l'Administration fortement centralisatrice de la France, Cacheu, et plus tard Bissau, laissaient pratiquement aux casamançais le soin de gérer leurs propres affaires. Ils ne pardonnaient pas non plus aux Français d'avoir joué des coudes pour évincer les Portugais de la Casamance. Au cœur de tout casamançais sommeille un farouche nationalisme.

L'on comprend dès lors pourquoi l'Administrateur de Coppet prit peur devant un mouvement, pour ne pas dire un soulèvement populaire, et libéra le Père Esvan que, pour non-déclaration de cas de variole, alors que l'épidémie sévissait partout, il avait condamné à cent francs d'amende et à un mois d'emprisonnement, le 15 janvier 1915.

Je terminerai ce chapitre en précisant qu'un Prêtre casamançais de mon âge, un jour où, jeune séminariste en vacances, il rentrait tranquillement chez lui après la Messe du Matin, l'administrateur, farouchement anticlérical, le fit jeter en prison, lui et ses camarades.

« Ils me dégouttent, ces chrétiens », avait dit l'administrateur. Non pas que ces jeunes avaient fait quelque chose de répréhensible, mais parce qu'ils étaient simplement chrétiens.

Après une trentaine de minutes en détention, ces pauvres adolescents ne durent leur libération qu'à l'intervention d'un célèbre officier africain du coin : le lieutenant Mankadian. Celui-ci sans doute se souvenait-il d'un événement antérieur dont il avait été témoin oculaire.

En effet, en 1937, dans ce même département de Bignona, un catéchiste avait été jeté en prison par « Le capitaine », c'est-à-dire l'Administrateur, ou si vous le voulez, l'officier de l'Armée française remplissant les fonctions de chef de subdivision. Motif évoqué : incitation des populations de Boulouf à la révolte ouverte contre la France par le refus des impôts, des corvées, du service militaire etc.

Dès l'annonce de la nouvelle, le Père Christian Berthault, alors dans la force de l'âge, entra dans une grande mais sainte colère cette fois-ci. Se précipitant à la Citadelle du Silence, d'un violent coup de pied, il en défonça la porte, enjoignit au brave catéchiste de rentrer immédiatement chez lui en passant par la mission catholique.

Le même Officier Africain se trouvait à la porte de cette prison lorsque le Prêtre la brisa à coup de pied. Dans un garde-à-vous impeccable, il avait salué militairement le Missionnaire pendant l'opération d'effraction, et se maintint dans cette position pendant que le Père Berthault se rendait à la « Résidence » agonir « le Capitaine » d'un flot d'aménités bien françaises, et surtout bien militaires.

Se souvenant sans doute de cet incident, le lieutenant Landing Mankadian a probablement préféré désamorcer la bombe en intervenant directement auprès de son Chef pour obtenir la libération rapide de notre séminariste et de ses camarades chrétiens.

Je passerai sous silence les démêlés du député Blaise Diagne, encore un Franc-maçon notoire, avec les Missionnaires de Casamance, notamment le Père Jean-Marie Esvan, encore lui, au sujet du recrutement des casamançais pour la guerre 1914-1918.

Mais, en Casamance, le Colon n'a pas frappé que du côté des catholiques. Il a sévi durement contre les Animistes. Dans le

Kasa, par exemple, le Blanc a condamné à un Exil sans retour du Roi Sihalébé Diatta de Oussouye et la Reine Alinesiitowé Diatta de Cabrousse ; pourchassé le Grand-prêtre Diamouyo Diatta de Oussouye, une âme de la Résistance casamançaise ; à Diémbering, le Grand-Prêtre Dyale fut arrêté en 1917 pour menées subversives.

Dans le royaume Afiladyo, le Chef Séguila et son fils Galson furent arrêtés en 1917 à Soeloeky et condamnés, l'un à trois, l'autre à quatre ans d'emprisonnement pour incitation des populations à la Résistance et au Refus de vendre, disons-le clairement, de donner du riz à la garnison de Koemoeboel.

N'oublions pas les démêlés du Colon avec le Chef Djignabo à Soeloeky et le Roi d'Essyl Sibésondo. Mais la bête noire du Colon y était la Reine Aloendiso Tendeng, d'Etama, arrêtée en 1918 puis en 1943.

Le Colon a brûlé des fétiches et des Bois sacrés, non point par zèle pour la religion catholique dont le plus souvent il se moquait royalement, non point par sympathie ou obséquiosité pour le Missionnaire dont il contrecarrait plutôt les efforts, mais pour anéantir l'âme de la résistance en Pays Flup et dans toute la Casamance.

Des Kasa, parmi eux des chefs religieux, qui clamaient tout haut leur innocence, ont été fusillés par l'administrateur Maubert en janvier 1927, à Ziguinchor même, sur la place de l'actuel monument aux morts.

Certains de ces héros refusèrent de se laisser bander les yeux comme des criminels, et voulurent faire face à l'ennemi jusqu'au dernier souffle de leur vie. Il fallut tirer trois fois sur l'un d'eux avant de le faire tomber, et on dut le tuer avec un revolver.

Pour mieux régner, le colon a essayé de diviser les casamançais en jouant sur la carte religieuse ou ethnique pour susciter des haines entre chrétiens, musulmans et animistes. Encore une fois, je laisse aux administrateurs coloniaux l'entière responsabilité de leurs déclarations sur lesquelles je ne ferai point de commentaires.

En 1911, l'Administrateur supérieur Maclaud écrit :

> « L'Islam en Casamance n'offre pour nous aucun danger, bien mieux encore, en bien des points, nous ne pouvons que souhaiter son installation et son développement comme moyen de pénétrer pacifiquement les populations fétichistes insoumises à la basse rivière et de leur imposer une discipline.
> « Les Marabouts d'âge respectable et de vie confortable ont bien compris l'intérêt qu'il y avait pour la suprématie de leur rôle à entretenir des rapports les plus étroits et même les plus dévoués avec l'autorité administrative, seule capable de départager équitablement leur domaine spirituel et de maintenir la balance à peu près égale entre tous ». [Archives du Sénégal, 1 G 343, Monographie sur le Cercle de Casamance, par le Docteur Maclaud, Administrateur supérieur de la Casamance, 1911]

Les Manding, valeureux guerriers et résistants forts décriés vers les années 1870-1880, surtout lors des expéditions contre le redoutable et insaisissable Sunkari Camara, semblaient désormais faire l'affaire de l'Administration coloniale dans ses tentatives de pénétration politique, économique et autres en Casamance. Cette opinion transparaît dans un document sans nom d'auteur, nous citons :

> « L'influence alliée de leurs marabouts est précieuse. C'est parmi eux que nous avons recruté les premiers juges de nos tribunaux indigènes. Ce sont eux qui fournissent également à notre commerce les manœuvres, boutiquiers, traitants, sinon les plus honnêtes, du moins les plus actifs et les plus intelligents ». [Archives du Sénégal, Fond non inventorié : Monographie du Cercle de Casamance postérieure à 1920, sans nom d'auteur].

Le même auteur, semble-t-il, parle en outre des difficultés que l'Administrateur Marcel De Coppet, encore lui, connaît également avec l'élément lusitanisant et catholique de Ziguinchor, « toujours turbulent et agressif dans son attitude, peu respectueux de l'autorité pour laquelle il ne cache pas son antipathie ».

Le Docteur Gabriel Carvalho m'a rapporté que la municipalité de Ziguinchor organisait des parties de football « Musulmans contre chrétiens », à l'occasion desquelles l'Administrateur de Coppet prenait fait et cause pour les Musulmans auxquels il payait de la limonade, tandis que l'Administrateur Brunot encourageait les Catholiques auxquels il donnait, de son côté, du vin. Satan ne s'y serait pas mieux pris pour réussir son œuvre de destruction en Casamance.

Il n'est donc pas surprenant de voir le même Administrateur De Coppet avoir des griefs contre le père curé de la mission catholique de Bignona qu'il accuse d'avoir incité le Capitaine Rønne à déclarer une guerre brutale et sans motifs valables aux musulmans.

A une époque plus récente, toujours dans le Cercle de Bignona, l'Administrateur Larqué a faussement accusé le Père Joseph Goetz et l'Abbé Pierre-Marie Senghor d'avoir poussé les populations du Fogny à provoquer les événements de Kagnobon qui faillirent coûter la vie à Maître Lamine Guèye lors d'une campagne électorale. Je me permettrai tout simplement quelques remarques :

1. Nous savons déjà qui est Monsieur De Coppet et nous connaissons déjà ses sentiments hostiles à l'Église Catholique. Ce futur Gouverneur général, comme d'ailleurs le Gouverneur général William Ponty, et le député Blaise Diagne, fut un Franc-maçon notoire. L'on connaît les rapports très difficiles existant entre l'Église Catholique et la Franc-maçonnerie de la Troisième république française.
2. Quant à l'Administrateur Larqué, il n'en était pas à son premier accroc avec les Missionnaires. Je l'ai connu durant les années 1946-1947, pendant qu'il était jeune Administrateur à Mbour, et moi, jeune séminariste à Ngasobil. Nous l'appelions alors « l'Enfant de Mbour », non seulement à cause de son jeune âge, il devait avoir environ 23 ans, mais encore parce qu'il s'était signalé à notre attention, pour avoir tenté unilatéralement et arbitrairement de modifier le tracé de la Route menant de Mbour à Joal, à travers la propriété privée de la Mission de

Ngasobil, jouissant d'un titre foncier en bonne et due forme, sans en avoir prévenu aucune autorité locale et épiscopale.

Bien sûr le Père Christian Eon, qui assurait l'intérim du Père Albert Lalouse parti en congé en France, le somma d'arrêter immédiatement les travaux entrepris, et cela, jusqu'à nouvel ordre.

« L'enfant de Mbour » s'exécuta sans aucune forme de procès. L'on vit alors pendant longtemps un large tronçon de route aboutissant à une impasse.

3. J'irai peut-être en prison, mais je dirais toujours ce que je pense, tant pis pour ceux qui ne sont pas contents : c'est leur problème. Pour nous, populations du Kasa, Blaise Diagne, le grand, Blaise Diagne, passe pour un traître, un collaborateur et un colonialiste notoire, à cause du Recrutement de soldats noirs qu'il patronna durant la guerre de 1914-1918, conscription dont les méthodes esclavagistes n'étaient pas sans rappeler aux casamançais, alors en pleine Résistance Active, la fameuse Traite des Nègres.

   Blaise Diagne connaissait l'hostilité des Missionnaires catholiques aux procédés de Recrutement de Tirailleurs « sénégalais » pour le Front = Chasse à l'Homme, atteintes à la liberté et à la dignité de la personne humaine.

   La promesse rassurante que Blaise Diagne fit au Père Esvan lors de sa visite à la Mission catholique de Ziguinchor, le soir du 6 mars 1918, à savoir le Recrutement se ferait désormais en douceur, eh ! bien ! Cette promesse ne fut pas tenue ; Promesse de Député, ce n'était que du vent : car nous sommes dans un Pays où un député qui ne promet pas n'est pas un bon Député.

   La commission de Recrutement poursuivit ses randonnées à travers toute la Casamance, sans se soucier des atteintes aux Droits de l'Homme que commettaient ses anges. Le manège se poursuivit jusqu'en 1924. Le brave Père Esvan avait donc raison de se montrer sceptique devant les promesses que lui prodigua généreusement le Député Blaise Diagne.

   Tout ce que je sais, c'est qu'un frère de mon grand-père maternel, qui n'avait nullement envie d'y aller, en cette période de Résistance active du kasa, n'est pas revenu du Front.

4. Le fait pour les Missionnaires, de Bignona par exemple, de signaler aux Administrateurs coloniaux les véritables causes des troubles ne prouve pas nécessairement que les Pères aient dicté à ces fonctionnaires les mesures qu'ils pensaient devoir prendre pour y mettre fin.

   Les habitants du Boulouf ont courageusement lutté contre l'invasion Mandingue de Fodé kaba qu'ils ont réussi à contenir au moment de l'arrivée du Blanc chez eux.

   L'Administration coloniale leur imposa, comme chefs de villages et autres, ses cadres auxiliaires. Or ces autochtones du Boulouf sont des Diola, et des Diola animistes.

   Les Chefs qu'on leur imposait étaient des Ouolof ou des Mandingues, etc. : donc des étrangers.

   Aux yeux des Boulouf, farouchement épris d'indépendance et de liberté, comme leurs vis-à-vis Flup de la rive gauche de la Casamance, ces Chefs sont des étrangers, des envahisseurs, des traîtres et des collaborateurs serviles du blanc qu'il faut rejeter et chasser. Peut-on s'étonner de leurs réactions ?

   Dans cet état des choses, le fait pour ces cadres auxiliaires d'être de religion musulmane, passe pour un cas secondaire, tout en rendant la situation plus grave aux yeux de ces Boulouf animistes convaincus, désireux de conserver leur liberté et leur indépendance, tout en préservant aussi leur religion, leur civilisation et leur culture.

5. Certains étrangers, Noirs le plus souvent, à commencer par les Sénégalais, ces nouveaux conquérants de la Casamance, hier comme aujourd'hui, se conduisent en Casamance comme en pays conquis, lorsqu'ils ne se transforment pas, en véritables truands, abusant de la confiance et de l'hospitalité des natifs du pays, sûrs qu'ils sont sous la protection de leurs parents ou compatriotes bien placés.

   Les Missionnaires ont-ils eu tort de souligner aux autorités coloniales les anomalies dont les développements font parfois peser sur les populations autochtones des sanctions humiliantes quand elles ne sont pas réellement injustes ?

> Autrefois, chez les Diola, le vol de quelque importance était puni de mort. A son arrivée, le Blanc confisqua aux conseils et aux chefs traditionnels le pouvoir civil qu'il partagea avec ses auxiliaires, noirs bien sûr, mais étrangers au pays.
> Reconnaissons que le comportement colonialiste de certains agents de l'administration étrangers au pays ou à la région, a largement contribué à exaspérer les indigènes au point de provoquer en 1942 le soulèvement du Kasa, lorsque la Reine Alinsiitowé Diatta de Cabrousse parvint au sommet de sa puissance. Nous connaissons la suite des Événements :
>
> > Son humiliation, sa captivité, la complicité du silence de son sort, honteusement maintenue par le gouvernement sénégalais qui se moque royalement des casamançais et de la Casamance.

Plus près de nous, vers les années 1950-1956, des populations du Kasa Sud, fortement exaspérées et déçues, procédèrent à une pure et simple liquidation physique des marchands « Dioula » qui, depuis de longues années, abusaient de leur confiance, leur prenaient leurs bœufs et leur riz, puis se contentaient de les bercer de vaines et merveilleuses promesses. « Timeo sénégalaises et dona ferrentes ».

L'Administration portugaise saisie de l'incident par celle de la Casamance, humilia outrageusement le regretté Sikakusel, Roi du Kakluhay, le rendant, à tort et à raison, responsables des meurtres de ces commerçants sans foi ni loi. Que faire de ces abominables nouveaux conquérants ?

Doit-on reprocher aux pères de la Mission catholique de Oussouye par exemple, d'avoir demandé aux autorités administratives, dans un souci de vérité, de justice et d'équité, plus de diligence, de justice, dans la recherche et la répartition des responsabilités ; d'avoir déploré les lenteurs, dérobades et complicités administratives, là comme ailleurs monnaie courante, hier comme aujourd'hui ? Si les missionnaires ont eu raison de réprouver les fautes de l'administration coloniale, pourquoi dans cette Casamance d'aujourd'hui, un prêtre casamançais ne pourrait-il pas et surtout ne devrait-il pas dénoncer, condamner énergiquement les abus et les bavures diverses de notre administration actuelle ?

De nos jours, les récents événements d'Essaout et de Cabrousse montrent suffisamment la part de responsabilité prépondérante que l'administration actuelle doit avoir le courage et l'humilité d'y assumer, et de reconnaître ensuite, très franchement, ses maladresses qui sont nombreuses et très graves.

Avant de tourner cette page sur l'anticléricalisme de l'administration coloniale en Casamance, je ne puis m'empêcher de relater les propos que me tint un jour un administrateur colonial - je cite :

> « Vous savez, mon Père, je ne partage pas vos opinions, mais vous me verrez souvent à l'Église pour diverses raisons :
>
> 1. Un petit moment à l'Église par temps de lassitude, cela repose un peu, dans une localité qui manque des lieux de loisirs.
> 2. Je manie bien le violon et, en tant qu'artiste, musicien, je m'intéresse beaucoup à vos chants qui sont beaux et bien exécutés. Il ne faut pas sous-estimer les valeurs et capacités musicales des Africains.
> 3. Je ne vous cacherai pas enfin que je me rends surtout à l'église afin de présenter aux Africains un beau visage de la France républicaine. Les Noirs, profondément croyants et pieux, seraient scandalisés de voir un grand Chef de la France, comme moi, ne pas fréquenter les lieux de prière communautaire.
>
> « Donc, pour présenter à mes administrés une belle image de la France et de son peuple, je me dois, sous peine de faillir à ma mission, d'être souvent des vôtres. Mais encore une fois, mon Père, mes opinions ne sont pas les vôtres ».

Ce trait serait à rapprocher du but poursuivi par les autorités françaises qui programmèrent la Messe célébrée par Monseigneur Mathurin Picarda, vicaire apostolique de la Sénégambie, dans le Cadre des Cérémonies officielles marquant le départ définitif des Portugais de Ziguinchor et l'arrivée des Français installés en ce Dimanche 22 avril 1888.

La Casamance vaut bien une Messe, sans doute ! C'est bien le cas de le dire.

Mais il faut conclure. Pour cela, citons sans commentaire l'administrateur supérieur Benquey reconnaissant que les cartes, religieuse et éthique, ont été jouées en Casamance par l'administration coloniale. Nous citons :

> « Nous-mêmes avons fréquemment favorisé l'installation de ces étrangers dans la pensée qu'au contact d'indigènes d'une civilisation moins fruste, les natifs se policeraient quelque peu. Il faut reconnaître aujourd'hui que ce ferment n'a pas agi sur la masse ». [Archives du Sénégal, 13 G 384. Rapport de l'Admin Sup. Benquey.]

S'il est vrai que la carte religieuse favorisa efficacement l'islamisation rapide de la Casamance, il n'en demeure pas moins évident que la carte ethnique ne fut d'aucun effet sur l'esprit et la capacité de Résistance de tout le Peuple de Casamance, unanime dans sa lutte pour sauvegarder sa liberté et conserver son indépendance, sa souveraineté. Quelqu'un l'a bien compris :

> « Conquise certes, mais difficilement soumise, la Casamance se résigna à son sort, épuisée par une longue lutte aux résultats ingrats. L'autorité coloniale n'ignorait pas que les esprits échappaient encore à son influence et elle comptait sur le temps, la paix et la sécurité pour les convaincre du bien-fondé de sa présence et de la valeur de sa civilisation. L'attitude des casamançais, vingt ans plus tard, au cours de la 2ème guerre mondiale, révéla que leur esprit de résistance était toujours vif ». [Christian Roche : « Conquête et Résistance des Peuples de Casamance, page 352].

Le Kasa plie et ne rompt pas.

J'ajouterai, pour ma part, que cet esprit de Résistance du Peuple Casamance demeurera très vif aussi longtemps que la Casamance ne sera pas redevenue elle-même. Oui, en tout casamançais sommeille un nationaliste farouche. C'est pourquoi, Dieu merci, les Fils de la Casamance ne sont pas tombés dans ce piège dangereux de la division ethnique et religieuse jadis tendu par l'Administration coloniale et aujourd'hui par ses Disciples : les Nouveaux conquérants.

Plus que jamais, les casamançais se sentent Frères unis, solidaires : après Dieu, c'est la Casamance. Au diable ceux qui veulent nous tromper et nous diviser, nous coloniser et nous exploiter, pour leur seul profit et la ruine de notre pays, la Casamance. Dieu soit loué et vive la Casamance ! Après le témoignage du Père Louis Le Hunesc major, en 1912 et les démêlés du Père Esvan avec l'Administrateur de Coppet et le Député Blaise Diagne, voici un témoignage plus ancien mais aussi valable. Il est du Père Jean Lacombe qui le 8 juin 1864 écrit à Monseigneur Kobès - nous citons :

> « Il y a du bien à faire à Sédhiou autant du moins qu'on le peut dans nos postes français où l'élément européen ne se dresse que trop souvent devant le missionnaire pour lui faire, sinon une opposition ouverte, du moins occulte et systématique et d'autant plus dangereuse que les dehors pourraient en imposer...
>
> « Il n'est pas à propos, Monseigneur, de vous parler de nos traitants, tant européens qu'indigènes de couleur. Vous les connaissez et n'ignorez pas leur genre de vie. Ils ne sont ici, comme vous le savez, que pour chercher fortune et le salut de leurs âmes leur importe bien peu, ou point du tout. Du reste, ils ne se cachent pas et la conversion pour eux est renvoyée au dernier moment. Heureux encore s'il leur était donné de se reconnaître à cette heure suprême ».

Un peu plus haut, la même lettre du Père Lacombe disait de Carabane, nous citons :

> « Inutile, Monseigneur, de m'arrêter à vous faire la description de Carabane. Vous connaissez cette localité et la misère morale qui y règne ne vous est pas inconnue non plus. C'est comme le rendez-vous de tout ce qu'il y a de plus mauvais dans les centres européens de la côte : Saint-Louis, Gorée, Gambie, Cacheu. Cette dégradation morale est favorisée par l'abus des boissons alcoolisés et par les exemples donnés par nos commerçants. Placée à l'embouchure de la Casamance, et par la suite, le lieu de

ravitaillement pour tous ceux qui entrent et sortent de la rivière, cette localité offrirait des difficultés immenses à l'établissement d'une mission. Sa population est trop flottante et trop hétérogène pour une formation morale quelconque ».

Nature de la Résistance casamançaise

Résister, c'est dire Non ! La Casamance a toujours été le pays du refus.

Considérée dans sa nature, la Résistance casamançaise a été tantôt active tantôt passive.

Par la Résistance Active, les casamançais ont lutté contre les Blancs et leurs auxiliaires, les armes à la main. Dans cette entreprise nationale, tous, hommes, femmes et enfants, chacun selon sa nature et ses moyens, tous ont lutté courageusement contre l'envahisseur et ses valets. Malgré leur supériorité due à leur armement perfectionné, les Blancs ont essuyé, un peu partout en Casamance, des échecs retentissants. Les archives des Blancs ne disent pas toute la vérité.

Dès l'instant où les casamançais ne se sont plus sentis en mesure de résister aux Blancs les armes à la main, ils les déposèrent pour user d'une arme plus redoutable, parce que autrement plus efficace contre les exactions et les vexations des Colons et de leurs valets. D'elle provient la victoire des mains nues. J'ai nommé la résistance passive :

Refus de répondre aux Convocations.

Refus de Recensement.

Refus de Recrutement de soldats.

Refus des corvées de toutes sortes.

Refus de tout Contact avec le Blanc et ses Hommes.

Refus de toute collaboration avec le Colon et ses Courtiers.

Refus de payer l'Impôt sous toutes ses formes.

Refus de l'Hôpital.

Refus de l'École.

Refus de toute proposition alléchante.

> « Timeo danaos et dona ferentes », « Je crains les Grecs même quand ils font des offrandes »,

disait aux Troyens, à propos du cheval, le Grand Prêtre Laoccon, dans l'envide de Virgile, chant 2, vers 49.

De nos jours, je connais quelqu'un qui répète bien souvent, non sans malice :

> « Timeo senegalenses dona ferentes »

Nous sommes dans un pays de latinistes : comprenne qui peut !

Je paraphrase tout de même :

> « Je crains les Sénégalais et toutes leurs mystifications en paroles comme en actes. »

Considérée du point de vue de la durée, la Résistance casamançaise active comprend d'abord une très longue période s'étendant de 1645, date de la fondation de leur comptoir de Ziguinchor par les Portugais, à 1920, date de la mise à exécution du Plan Brunot, de désarmement systématique de la Basse-Casamance.

Ensuite, une très courte période s'étendant de 1942 à 1946 et même un peu plus tard : une décade, dans le Kasa, et relative aux événements qui ont accompagné et suivi le Règne de la reine Alinsiitowe Diatta de Cabrousse. Quant à la Résistance active, elle s'étend de 1920 à 1942 et de 1962 à 1982, elle a connu une très longue période d'intensité de 1645 à 1960 : soit 315 ans ! Écoutons à ce sujet l'aveu d'un Gouverneur de la Casamance - nous citons :

> « Notre domination n'est pas suffisamment établie car à part l'impôt, nous ne pouvons guère obtenir de résultats en Basse-Casamance sans force militaire. Nous n'avons pas affaire à des rebelles à châtier, nous avons partout à compter avec un désir latent de révolte, désir qui se manifeste ou non suivant l'importance du détachement de tirailleurs prêts à intervenir ». [Archives du Sénégal, 13 G 383. Rapport de l'Administrateur supérieur par intérim Brunot au Lieutenant-gouverneur du Sénégal, De Labretoigne du Mazel, le 23 août 1916.]

Un autre Administrateur supérieur de la Casamance renchérit- nous citons :

> « Quoi qu'il en soit, les Diola viennent de nous prouver que leur obstination incoercible est tout aussi difficile à vaincre qu'une rébellion active, et qu'en définitive, les résultats sont

les mêmes. Nous sommes malheureusement à peu près désarmés devant ce genre de résistance.

« On n'admettrait pas en effet l'emploi d'armes contre une population butée qui ne répond à aucune de nos mises en demeure d'obéir, mais qui se garde bien de faire le moindre geste ou de se livrer à une démonstration menaçante.

« Ce n'est pas la peur des blancs qui les fait agir de la sorte, comme ils le disent, mais la volonté bien arrêtée de ne pas nous obéir. Et cela dure depuis 50 à 60 ans environ ». [Archives du Sénégal, 13 G 384. Rapport de l'Administrateur Benquey sur la situation politique de la Casamance en Décembre 1917.]

Donc, à entendre l'Administrateur supérieur Benquey, que le Mandingue le nomme 'Diola' ou qu'il s'appelle lui-même « Adjamatt », cet habitant de la Basse-Casamance ne semble pas avoir volé les qualificatifs qu'il reçoit de « têtu », coriace, récalcitrant, vindicatif, turbulent, et que sais-je encore ? Le Kasa plie et ne rompt pas.

Bref, nos Cerveaux et autres Rêveurs du building Administratif et d'ailleurs feraient mieux d'en prendre de la graine. « Historia Alma magistra ! »

Précisons tout de suite que, chez moi, je veux dire dans mon langage, le Kasa est souvent synonyme de la Casamance.

La seconde période de la Résistance active de la Casamance fait l'objet de notre présente causerie. « Foi et Patriotisme » ou « Hommage à la Résistance casamançaise », « Le Message d'Alinsiitowé ».

Notre propos est de survoler très rapidement le Message de la Reine Alinsiitoweé, puis de dire un mot de quelques figures féminines de la Résistance casamançaise dans le Kasa, enfin une brève conclusion générale terminera notre exposé.

La grande chasse à l'Homme

C'est dans ce contexte de la Résistance casamançaise que surviennent les élections législatives des 26 avril et 10 mai 1914, remportées par le Noir Blaise Diagne de Gorée, sur les blancs. Monsieur l'Administrateur Marcel de Coppet, de sinistre mémoire, note avec amertume et inquiétude, nous citons :

> « D'une manière générale, l'élection de Monsieur Blaise Diagne a été considérée par nos administrés de Santhiaba et de Boucotte comme un échec du gouvernement local et presque une leçon donnée à l'administration. Enfin, aux yeux des indigènes, Monsieur Blaise Diagne apparaît comme une sorte de madhi politique dont la mission serait de lutter contre l'administration. Il n'y a pas lieu d'exagérer la portée de ces tendances, mais il n'est pas inutile de les noter ». [Archives du Sénégal, 2 G 14-10. Administrateur de Coppet à l'Administrateur supérieur Maclaud.]

J'allais simplement transcrire la formule consacrée par l'usage : « Ceci se passe de commentaire ». Mais je ne puis m'empêcher d'ajouter :

> Monsieur de Coppet avait-il réellement senti chez les indigènes, nos parents casamançais sujets français, le Feu Nationaliste qui couvait effectivement sous la Cendre de la domination coloniale, pour ne pas dire colonialiste ? Oui, en tout casamançais sommeille un nationaliste farouche. Et nous pouvons le dire aussi : Parce que Pays du Refus, la Casamance sera toujours la Terre des conflits.

En effet, en dehors de celui d'un probable ou évident affrontement entre l'église et la Franc-maçonnerie, la Casamance était plus sûrement le théâtre d'un réel conflit entre l'église et le colonialisme. Mais poursuivons l'analyse de la situation de la Casamance pour mieux cerner le phénomène Alinsiitowé. Avec l'ouverture des hostilités de la Grande guerre, de nouvelles difficultés surgissent en effet. Citons encore Monsieur Christian Roche :

> « En Casamance, l'Administrateur-Adjoint Brunot exerce l'intérim du Docteur Maclaud parti en France au mois de juin (1914) en congé de convalescence. Il a la charge difficile d'organiser le recrutement et de veiller aux conséquences politiques, économiques et sociales de la situation nouvelle qui vient d'être créée. Les 112 hommes de la 17ème Compagnie de Bignona partent à Arras avec leurs officiers le 7 août (1914), à bord du "Misuren". Ils seront tous massacrés au mois de novembre 1914 à Arras, sur le front du nord (de la France). Leurs Chefs, le Capitaine Javelier et le Lieutenant Lemoine, sont parmi les victimes. Cet événement tragique est douloureusement ressenti par les populations qui vont s'opposer farouchement à tout nouveau recrutement ». [Christian Roche : 'Ziguinchor et son passé, page 19].

Deux rues de Ziguinchor portent les noms de : l'une « Capitaine Javelier », et l'autre « Lieutenant Lemoine ». Pourquoi n'en a-t-on pas baptisé une seule, et sous le nom de « Rue de la 17ème Compagnie » ? Il eût fallu tout simplement associer dans un seul et même hommage ceux qui quels que fussent leur race et leurs grades, ont associé leur sang et leur vie dans un seul et même sacrifice, un seul et même combat pour un seul et même idéal : celui de la liberté ?

C'est là un genre de discrimination qui ne se pardonne pas quand on sait que les balles allemandes n'en ont pas fait du tout, et que, bien au contraire, l'ennemi aurait pu s'acharner davantage sur ces valeureux combattants noirs qui auraient dû plutôt rester chez eux, et laisser les Blancs régler leurs propres affaires entre eux. Mais l'Administration coloniale n'est pas, en Casamance, au bout de ses peines qui poussent comme une hydre. Citons encore Monsieur Christian Roche :

> « Le 5 août 1917, le nouveau Gouverneur Van Vollenhoven en visite d'inspection en Basse-Casamance en raison de la profonde hostilité des Diola au recrutement vient à Ziguinchor. Il reçoit une délégation de l'Alliance sénégalaise qui tient bon malgré ses difficultés financières. En termes fermes mais empreints de bienveillance, Van Vollenhoven conseille aux délégués de modifier leur état d'esprit à l'égard

> de l'administration, et de ne pas sortir du cadre dans lequel la société a été créée ». [Christian Roche : « Ziguinchor et son passé », 12 avril 1973, page 20]

Nous avons déjà vu certaines raisons de l'hostilité des Diola au recrutement, nous en verrons d'autres plus loin. Le Gouverneur général Van Vollenhoven, conscient du malaise général dû à une situation politique incertaine, va élaborer des mesures radicales pour « pacifier » une Basse-Casamance insoumise. Pourtant, de son opposition réaliste à un nouveau recrutement de troupes noires en Afrique Occidentale française naît un conflit avec le gouvernement français de Georges Clémenceau qui nomme Blaise Diagne Commissaire de la République chargé de la nouvelle conscription le 14 janvier 1918.

Ce que Van VO refusa, Blaise Diagne l'accepta. Le gouverneur avait déjà recruté 110.000 soldats en AOF pour le front, et Paris lui en demande encore 100.000.

Tandis que le Gouverneur Van Vollenhoven démissionne le 17 janvier 1918, se rend au Front et tombe au champ d'honneur le 10 juillet 1918, Blaise Diagne arrive en Casamance le 5 Mars 1918, à bord de l'« Archinard »

Se référant aux archives des Pères du Saint-Esprit à Paris, Monsieur Roche poursuit son récit :

> « Le lendemain, il rend visite à la Mission catholique et laisse entendre que le nouveau recrutement se fera en douceur. Le Père Esvan, sceptique prie le Ciel pour qu'il soit réellement ainsi. Avant de partir pour Kaolack via Bathurst, Blaise Diagne fait suspendre les corvées pour la construction de la route de Kamobeul et rapporter la défense de recueillir le vin de palme ». Fin de citation. [Christian Roche : « Ziguinchor et son passé », 12 avril 1973, page 21]

Ceci se passe de commentaire, bien sûr, mais résumons-nous tout de même : Conflits entre la « Résidence » et la « Mission », cela signifie que les Missionnaires n'ont pas accordé leur bénédiction aux excès des Administrateurs colonialistes.

Cependant, malgré cette tension fréquente, des représentants du pouvoir colonial ont parfois essayé de renouveler le coup machiavélique du Dimanche 22 avril 1888, lorsque les Autorités françaises programmèrent une Messe Officielle dans le cadre des manifestations marquant le retrait définitif des Portugais de Ziguinchor et leur remplacement par les Français.
Oui, je connais personnellement des Officiers français qui, après les Événements de 1942-1943 dans le Kasa, sont allés offrir leurs services au Père Curé de la Mission catholique de Oussouye, se proposant de lui construire une École et une Chapelle, pour scolariser de force et évangéliser, grâce à l'appui des forces du maintien de l'ordre, des populations insoumises qu'ils voulaient convertir en bons sujets français par l'école et le christianisme.
Un autre prêtre africain, autre que moi, encore vivant, et alors vicaire à Oussouye, pourrait rendre le même témoignage que moi.
Je dois affirmer que le Père Curé de Oussouye les envoya promener avec fracas, leur signifiant clairement qu'il n'est pas venu en Afrique pour « missionner » dans de telles conditions, c'est-à-dire peu évangéliques. En effet, l'époque des croisades, des guerres saintes, et que sais-je encore, est à jamais révolue.
Donc, que l'on ne vienne pas, pour des raisons idéologiques, commerciales, cinématographiques ou autres, taire certaines données historiques, au risque de fausser complètement certaines perspectives d'événements locaux très importants.
C'est donc là une malhonnêteté intellectuelle que je dénonce et condamne avec vigueur. C'est une imposture !
En résumé, de Père Jean-Marie Esvan en 1915-1918 au Père Émile Doutremépuich, de 1943 à 1947, en passant par le Père Jean-Marie Juloux en 1928 et le Père Henri Joffroy de 1929 à 1943, tous ces Missionnaires ont vigoureusement condamné les excès de l'Administration coloniale. Il faut donc réfléchir longuement avant d'oser accuser la Mission de collusion avec des Administrateurs colonialistes dans le Kasa.

Quant à la Route de Koemboel dont parle le Père Esvan au sujet de la visite de Blaise Diagne en 1914, beaucoup de gens, dont mon propre père, y ont récemment travaillé fort longtemps et très souvent, sans trop savoir les raisons, souvent fausses, de cette espèce de bagne auquel on les condamnait ainsi.

Mon père a travaillé de force sur cette Route lors de son emprisonnement pour « refus de collaboration », parce que, d'après le colon, vu son influence dans notre village, il aurait, par son silence et sa passivité, favorisé le refus de la conscription.

Des Fétiches ont été brûlés et des bois saccagés. Des Administrateurs coloniaux se faisaient transporter en filanzane. A ce propos, il m'a été rapporté trois cas d'Administrateurs volontairement jetés dans des cours d'eau par des porteurs finalement fatigués, révoltés, exaspérés.

Dès son jeune âge, l'habitant du Kasa entend parler de l'Administrateur Maubert, celui-là même qui, en janvier 1927, à l'emplacement de l'actuel Monument aux morts de Ziguinchor, avait fusillé, sans preuves suffisantes de leur culpabilité, des ressortissants du pays Kasa.

S'étant rendu un jour à Oussouye, Maubert estima qu'il n'y avait pas eu assez de foule à l'accueillir, encore moins à l'acclamer. Il reprit alors sa vedette, et donna ordre à tout le pays Flup d'aller, à pied bien sûr, l'acclamer aux villages d'Essaout et de Diaken, à une vingtaine de kilomètres au Sud-ouest de Oussouye.

Il perdait son temps évidemment, mais cela ne faisait qu'augmenter la furie des représailles. Il avait eu aussi l'intention de brûler tous les instruments de Musique du Kasa qu'il avait ordonné aux habitants de prendre avec eux pour animer l'accueil qu'il voulait.

Finalement, Maubert se contenta, ce jour-là, de destituer des Chefs de Canton pour les remplacer par d'autres.

Beaucoup plus tard, j'avais cependant moins de 8 ans, j'ai chaudement pleuré d'indignation et de rage lorsque la soldatesque a brûlé la barbe à mon grand-oncle maternel, notre vieux Chef de village, parce que le quota de bétail et de volaille que senghalen devait fournir gratuitement n'avait pas été atteint.
A l'époque, cet acte barbare, c'est bien le cas de dire, perpétré par les courtiers des colons, avait beaucoup amusé certains petits camarades, nos aînés.
Mais, personnellement, au milieu des larmes, j'avais juré de faire payer très cher ce crime aux colonialistes africains et à leurs descendants. Je me disais sans cesse en pleurant : « Je vengerai mon grand-père ».
A vrai dire, ces valets faisaient montre d'un zèle plus ardent que celui de leurs Maîtres blancs. Le disciple au-dessus du Maître ! Bref.

« Je vengerai mon grand-père ! »

C'est peut-être ce que je fais aujourd'hui. J'ai vu de mes yeux un Officier français, Léon Choukroun, donner de violents coups de pied dans des paniers contenant du riz qu'une femme était en train de piler. Si seulement elle n'avait qu'à déplorer la perte de son riz volant aux quatre vents ! Mais la pauvre femme avait été brutalement giflée à plusieurs reprises par cet Officier blanc.
Le tort ou le crime de cette infortunée carabanaise est d'avoir osé enfreindre l'ordre de ce colon qui interdisait de piler. Pourtant la malheureuse habitait loin de la Résidence de ce Monsieur. Mais le blanc avait parlé, il fallait obéir, même à dix heures du matin !
Quant à l'Administrateur Franeschini, tenez-vous bien, il avait purement et simplement interdit aux Flup de danser. Ce n'était point une campagne contre le bruit, mais l'élimination radicale d'un stimulant à la Résistance casamançaise. Priver un Kasa de son "Ekonkone »', voilà un ordre qui relève de la folie. On ne pouvait que narguer pareil législateur.

Avant la confiscation du grand tam-tam de guerre, entendez le « Kabisoe » du village d'Effok, un tam-tam portatif baptisé "Kanumba »' et séché en permanence dans la cour intérieure de la Résidence, annonçait les débuts et fins des heures de travail des fonctionnaires.

Évidemment les Flup n'ont pas manqué d'ironiser sur l'interdiction de danser. La campagne antibruit, ou plutôt anti-Ekonkone, donc nanti-Résistance, n'était pas pour eux. « Si le blanc nous interdit de danser, c'est qu'il veut être le seul à danser, puisque "Kanumba" son tam-tam retentit ».

Aussi après de bonnes séances de Lutte, ou en d'autres circonstances, « l'Ekonkone » battait-il son plein, avec quelques refrains à l'adresse du « Commandant » de Oussouye, qui perdait son temps toutes les nuits à envoyer ses gardes et soldats dans les villages Kasa pour dispenser les danseurs. Quand ces gardes approchaient des villages qui dansaient, des guetteurs Kasa usaient d'un système de télécommunication pour alerter les villages en repos et les inviter à prendre le relais de la danse pendant que les villageois envahis s'évanouissaient dans la nature obscure. Alors retentissaient les rengaines bien connues des actuels amateurs de théâtre local :

> « Aloli dyi koyle
> Alolum av ata Husuy o
> Aloli dyi koylol mayin !' »
>
> > « Nous avons peur
> > Du Blanc de Husuy
> > Et nous avons peur de lui pour rien. »

Ou encore :

> « O la bome, la bome!
> Alolum av ata Husuy o la bome:
> Kanumba e wele o! »
>
> > « Il danse ! Il danse !
> > Le blanc de Husuy ! Il danse :
> > Kanumba (son tam-tam) Retentit ! »

Comme quoi l'humour se mêlait à la tension dans cette Résistance du Kasa des années 1935-1939, donc à la veille de l'avènement de la Reine Alinsiitowé Diatta de Cabrousse, et du soulèvement du Kasa. Il ne faudrait pas sous-estimer l'efficacité de la Résistance passive en Casamance. De nombreux Administrateurs coloniaux sont bien placés pour le savoir, nous citons :

> « Quoi qu'il en soit, les Diola viennent de nous prouver que leur obstination incoercible est tout aussi difficile à vaincre qu'une rébellion active et qu'en définitif, les résultats sont les mêmes. Nous sommes malheureusement à peu près désarmés devant ce genre de résistance.
>
> « On n'admettait pas, en effet, l'emploi d'armes contre une population butée qui ne répond à aucune de nos mises en demeure d'obéir, mais qui se garde bien de faire le moindre geste ou de se livrer à une démonstration menaçante.
>
> « S'il existait dans ces régions des Chefs de Province, de Canton ou de village ayant de l'autorité ou même de l'influence, nous pourrions peut-être, par leur moyen, arriver à les soumettre, mais dans toute la Basse-Casamance, les Commandants de Cercle ne rencontrent aucun Chef capable de les seconder.
>
> « Presque toujours, derrière le Chef nominal présenté au Commandant de Cercle, existe un pouvoir occulte puisant dans les pratiques de sorcellerie une autorité absolue et qui décide de toutes les questions importantes entourant la Communauté. Ses ordres, quels qu'ils soient, sont toujours exécutés et la crainte qu'il inspire est telle que pas un habitant n'oserait s'y soustraire.
>
> « Ce n'est pas la peur des blancs qui les fait agir comme ils disent, mais la volonté bien arrêtée de ne pas nous obéir. Et cela dure ainsi depuis que nous occupons le pays, c'est-à-dire depuis 50 ou 60 ans environ. » [Archives du Sénégal, 13 G 384. Rapport de l'Administrateur supérieur Benquey, en décembre 1917, sur la situation politique de la Casamance, les progrès du désarmement et de la mise en main de la population.]

Cette amère constatation de l'Administration supérieur Benquey rejoint curieusement celle non moins désabusée d'un commandant de Poste en service à Sédhiou en 1867 - nous citons :

> « Il est difficile de définir la situation politique des populations, car pas une ne subit l'impulsion d'un Chef naturel, chaque chef de village est maître chez lui, et encore ne l'est-il que jusqu'à un certain point, car il est souvent obligé d'en passer par ce que font ou veulent les jeunes ou quelques habitants influents ; ce qui fait que ce qui pouvait être la vérité aujourd'hui peut-être l'erreur demain ». [Archives du Sénégal, 13 G 368]

Résistance passive, ignorance ou mépris des structures de la société traditionnelle, voilà les causes principales des déboires enregistrés par l'Administration coloniale en Casamance.

Enfin, quand on connaît l'importance de la place qu'occupe le vin de palme dans la vie quotidienne du Diola Kasa, et dans les Célébrations de la Liturgie Animiste, l'on peut mesurer l'effet de la levée par Blaise Diagne de l'interdiction faite aux Diola de récolter le vin de palme : le Bunuk national.

En 1953, un administrateur de Oussouye avait vertement réprimandé et même menacé de sévères sanctions un brave agent des Eaux et Forêts pour n'avoir pas « verbalisé » un paysan Flup qui aurait, en préparant ses champs pour les cultures, saccagé des palmiers de six mois.

Laissez-moi rire ! Étaient-ils visibles à cinq mètres de distance ces palmiers de six mois! Surtout pour quelqu'un qui se déplaçait en automobile à plus de dix mètres de distance de ces pauvres palmiers de six mois ? Mais, là où je ne ris plus, non plus, c'est lorsqu'il me faut dénoncer les âneries, les bavures et, pourquoi ne pas le dire ? les injustices de notre administration actuelle. Je ne me suis pas fait prêtre pour me tâter le pouls, ou pour dissimuler ma démission sous le manteau de la sagesse ou de la prudence et réserve ecclésiastiques, mais bien pour dire Non quand c'est Non.

Figurez-vous qu'un jour, je fus arrêté par un passant devant le Monument aux morts de Ziguinchor. Me regardant fixement, l'homme me dit :

« -Es-tu bien le fils de Matthieu Diamacoune de Senghalen ?

« -Oui, lui répondis-je.

« -Dieu fait bien les choses, continua-t-il ! Je recherche quelqu'un qui maîtrise et le français et le Diola. Prends et lis ce Papier et explique-moi exactement ce que dit le Blanc ».

Après avoir attentivement parcouru le document, je dis au brave homme :

« -Es-tu bien Ehaba Assine de Hukut?

« -Oui, mon enfant – répliqua-t-il.

« -Eh ! bien ! Ô Papa, le blanc a dit que : tel jour, et à telle heure, tu dois te présenter au tribunal de Ziguinchor afin de passer en jugement, pour avoir refusé de payer une amende de deux mille quatre cent francs dont tu aurais écopé pour avoir récolté du vin de palme sur un petit palmier (de 1m30 de hauteur) ».

RÉPUBLIQUE DU SÉNÉGAL (Application des articles 18 et 19 de la loi n° 65-23 du 9 février 1965.)

INSPECTION RÉGIONALE
DE CASAMANCE

N° 109

SECTEUR (1)
de Ziguinchor

EAUX ET FORÊTS

Transaction Forestière

CONTENTIEUX

L'an mil neuf cent soixante six et le vingt-cinq novembre entre nous soussigné Bocar Fall chef de l'inspection forestière de la Casamance à Ziguinchor, agissant au nom de l'État du Sénégal d'une part ; et d'autre part Elvira Assine demeurant à Oukout quartier Etezlo départ. de Oussouye au préjudice duquel il a été relevé le dix sept Octobre 1966 par procès-verbal du dix sept Octobre 1966 une contravention à l'article 36 de la loi n° 65-23 du 9 février 1965 du Code forestier de la R. du Sénégal pour saignée d'un palmier à huile de 1,30 de hauteur

le sieur Elvira Assine susqualifié reconnaissant la contravention, il a été convenu que toutes poursuites à cette affaire seraient arrêtées moyennant avant la date du

(1) le paiement d'une somme de Deux mille quatre cents frs

(1) l'accomplissement de ---------- journées de travail pour ----------

Fait à Ziguinchor les jour, mois et an ci-dessus et avons signé après lecture faite (1) avec l'intéressé.

(1) avec les sieurs

requis pour assister le prévenu qui a déclaré ne savoir signer.

Signatures

(1) Biffer la mention inutile.

Aussitôt, le regard du vieux devint de feu :

« Mon fils, je te donne ma parole de Diola : je mourrai en prison, mais jamais je ne paierai cette amende des Eaux et Forêts. Si ces gens-là sont fous, moi je ne le suis pas. Ce palmier, c'est moi qui l'ai planté dans ma concession, devant

> ma case. Je l'ai arrosé tout le temps nécessaire. Et maintenant que je commence à bénéficier de son vin et de son huile, alors que je ne demande qu'à le faire vivre le plus longtemps possible pour jouir de ses bienfaits tant qu'il plaira à Dieu, voilà que ces fous venant de je ne sais d'où viennent me raconter des histoires qui n'ont ni queue ni tête. Comme si c'est à des Diola qu'ils vont apprendre à soigner et à protéger leurs palmiers, leurs Forêts, leurs Eaux et leur nature. Si ces gens sont fous, moi, je ne le suis pas. Mon fils, je te redonne ma parole de Diola : je mourrai en prison, mais jamais je ne payerai cette amende »

Silongdefu Sambou, Roi de Mulomp du Kasa, inquiété par l'Administration coloniale pour insuffisance de l'impôt en riz et en bétail dans son secteur fut incarcéré à Ziguinchor en octobre 1942.

Comme pour le cas du Roi Silongdefu Sambou avec l'administration coloniale, Ehaba Assine, victime des mêmes motifs, sera Jugé et condamné, puis emprisonné par les Tribunaux sénégalais d'après l'indépendance sénégalaise.

Le document ci-joint, en date du 25 novembre 1966 et relatif à un procès verbal datant du 17 octobre 1966, contentieux n°109, prouve à qui en douterait encore, la véracité de mes propos.

Silongdefu Sambou Roi de Mulomp du Kasa.

Oui, les plus fous ne sont pas toujours ceux que l'on pense. Et si la chèvre sénégalaise, destructrice de la forêt existe, les plus chèvres ne sont pas toujours ceux que l'on pense. Jugez-en.

Il existait à Cabrousse une Forêt sacrée très importante par sa dimension, sa végétation et le prestige du Sanctuaire animiste qu'elle renfermait.

Un jour de 1972, le chef d'arrondissement la rasa pour implanter une maternité.

Et voici que, le 9 avril 1972, pendant que nous étions à la table pour le repas de Midi, ce même chef d'arrondissement me dit d'un air très décontracté :

> « -Mon Père, voyez-vous ce beau travail ?
>
> -C'est vous qui avez fait ce massacre ? lui dis-je.
>
> -Toute la Population valide de Cabrousse – Hommes, Femmes, Garçons et Jeunes filles – tout le monde y a travaillé du matin au soir pendant plus de dix jours, et maintenant, l'essentiel est fait, puisque tous les arbres sont par terre.
>
> -Mais ne pouviez-vous pas implanter cette maternité à côté du dispensaire ? L'espace y est vaste et salubre pourtant !
>
> -Et si moi je veux que cette Maternité soit là ?
>
> -Dans ce cas, lui dis-je, il n'y a plus qu'à lever l'échelle ! Votre geste relève de la provocation et de l'aberration.
>
> Provocateur et méprisant, votre geste l'est assurément. Vous détruisez sans raison suffisante un des plus grands lieux de culte de nos parents animistes. Vous êtes musulman et moi chrétien. Imaginez que l'on vienne, sans raison suffisante, nous raser une Église ou une Mosquée très vénérée !
>
> -Mais, mon Père, l'Animisme n'est même pas une Religion ! »

Une ânerie de plus, ça ne coûte pas cher !

> « -Outre que vous dites une ânerie, vous faites preuve d'une intolérance et d'un sectarisme notoires. Aberrant aussi est votre geste. On nous crie sur tous les tons qu'il faut détruire la chèvre sénégalaise agent de déforestation et vous surpassez toutes les chèvres de Casamance et du Sénégal ! »

Oui, lors d'un congrès de l'Union Progressiste sénégalaise, le Président Senghor nous a crié :

> « Il faut détruire la chèvre sénégalaise ! »

Ainsi parla le camarade Senghor, et tout le monde d'applaudir, même les Députés casamançais. Il ne s'est trouvé personne pour lui dire :

> « Attention, camarade ! Nous aurons des problèmes avec nos électeurs casamançais : la Chèvre est un animal sacré ! »

Personne surtout pour lui dire :

> « Camarade Président, la chèvre sénégalaise dont tu demandes la suppression, la Chèvre sénégalaise a souvent deux jambes bien sûr, mais, le plus souvent encore, la Chèvre sénégalaise porte, en plus, un képi ou une casquette, et des galons. Donc le plus Chèvre là-dedans n'est pas toujours celui que l'on pense. »

On préfère toujours cacher la vérité au Président, et toujours chanter les louanges du Président ! Chantez ! Chantez sans cesse les louanges du Président : il en restera toujours quelque chose, même lorsque la pirogue sénégalaise prendra de l'eau surtout par le Sud.

Après l'indépendance sénégalaise, il y eut en Casamance un Homme de Commandement qui, trouvant que sa Résidence est un Repaire de génies, s'est mis à raser les deux tiers des arbres de ce Domaine. Dans son acte de vandalisme, notre homme a rasé tous les caféiers que les administrateurs coloniaux avaient plantés et entretenus amoureusement pour savoir si le caféier allait produire et bien réussir en Casamance.

Un deuxième Homme de Commandement, en saccageant les deux tiers de la végétation de sa Résidence, est parvenu à détruire son matériel de transmission, alors qu'il n'y avait pas péril en la demeure.

Un troisième homme de commandement avait, lui aussi, alors qu'il n'y avait point péril en la demeure, rasé les deux tiers des arbres centenaires, pourtant bien portants, de sa Résidence.

Un autre haut responsable m'avait, alors que nous attendions un bac, déclaré qu'il faudrait, dans un bref délai, raser tous les grands arbres du village d'Eloudia, parce que, quand on s'y trouve, on ne sait jamais à quel moment « couper » le Jeûne du Ramadan, à cause de la hauteur excessive des arbres. Je me contente de lui laisser la responsabilité de ses déclarations.

Je ne dirai rien de nos Forêts classées où nos Agents tournent en rond, en coupant sans cesse des arbres en grande quantité, en plantant peu, en réalisant moins que le Colon. Non seulement on saccage le Patrimoine hérité des Ancêtres et l'œuvre du Colon, mais encore on ne fait rien pour se porter à la rencontre du désert en plantant, en reboisant des espaces nus. On se contente d'endormir les casamançais qui se mettent à sourire béatement quand on leur parle de la verte Casamance, que l'on sabote de toutes les manières, et qui, en moins de trente ans a perdu plus de soixante quinze pour cent de sa forêt. Tout ça pour dire que :

> « Selon que vous serez puissant ou misérable, les jugements de la cour vous rendront blanc ou noir ».

L'écologiste Ehaba Assine a droit aux amendes et à la prison, parce que pauvre paysan d'un modeste village Diola où, avec des permis de complaisance, d'autres truands, parce que protégés, peuvent faire la pluie et le beau temps.

Pendant ce temps, les véritables Chèvres sénégalaises ont droit aux félicitations, aux décorations et aux avancements, avec de jolis képis, de jolies casquettes ! Encore une fois, je ne me suis pas fait Prêtre pour me tâter le pouls, mais bien pour dire Non quand c'est Non à tout le monde surtout aux grands de ce monde.

Heureusement pour les petits : il y a un Bon Dieu pour tout le monde. Et la Mère Casamance des Bois Sacrés sait parfois venger au centuple les injustices commises envers ses enfants. Que Dieu ait l'âme de notre Chef d'Arrondissement !

Il est temps cependant de terminer cet état de la question qui nous permet de mieux saisir le Phénomène Alinsiitowé, cette

Reine qui incarne les traits de la Femme Diola Flup dans son milieu traditionnel ; cette femme essentiellement :

1. Mère, porteuse, donneuse, gardienne de vie.
2. Maîtresse et Éducatrice.
3. Gardienne jalouse du Patrimoine Foncier.
4. Source de Prospérité matérielle du Foyer.
5. Agent actif de la création d'un Foyer.
6. Élément dynamique d'une action embrassant toute la vie de l'individu.
7. Vecteur d'un germe d'Universalisme inhérent à son Mariage.
8. Messagère et gardienne de la Paix.
9. Élément de contact avec toute source de vie ou de mort, pour le salut de l'individu ou de la communauté.
10. Personne jouissant réellement et pleinement de ses droits qu'elle entend faire respecter.
11. Personne jouissant d'une dignité réelle ou grande, que lui reconnaît et garantit la société Flup traditionnelle, qui ne lui conteste pas non plus son égalité avec l'Homme.
12. Personne courageuse et libre, totalement engagée dans la vie et le Développement de l'individu, du clan, de la cité et de la Nation.
13. Personne qui, à 18 ans, siège de droit, avec voix délibérative, et non pas consultative, au Conseil du Clan, donc de la grande famille.
14. Personne jouissant du Droit de son libre consentement, requis, pour la validité de son Mariage.
15. Personne disposant d'une dot au sens occidental du terme.
16. Personne jouissant du Droit de Divorce, au même titre que son Mari.
17. Personne protégée, car, si après de longues années d'attente, elle ne voit personne demander sa main, la coutume lui ménage des occasions de se choisir un mari, auquel elle s'impose donc, par le truchement du Mariage « Budyi ».

18. Gère effectivement et presque exclusivement le Capital Vivrier du Foyer.
19. La Femme Diola Flup dans son milieu traditionnel est responsable, et aussi bénéficiaire avec l'Enfant, de la Célébration des Fêtes du Mariage le jour de l'Introduction de l'Épouse dans la Maison conjugale. C'est la Famille de la Femme qui supporte tous les Frais du Mariage et de la Lune de Miel ;
20. La Femme compose les Chants des Défunts et enrichit ainsi l'Antiphonaire des Chants des Ancêtres.
21. Elle veille à la juste répartition des terres entre les différents héritiers. Elle s'acquitte de cette charge en collaboration avec tous ceux dont les Mamans sont originaires du Clan : les « Kusampul ».
22. La Lutte étant le sport-Roi au pays Kasa, la fille a le droit de lutter avec ses compagnes. Témoin la lutte des Jeunes filles, comme celle des garçons, durant le « Humoeboel », la fête royale de la fin des cultures.

Tous ces points ont été abordés dans « la Femme Diola Flup dans son milieu traditionnel », causerie donnée au cinéma « Rex » de Ziguinchor le 20 mai 1975, à l'occasion de l'Année Internationale de la Femme.

Comme vous le voyez, les plus sauvages ne sont pas toujours ceux que l'on pense. Nous autres, chrétiens et musulmans, dans notre complexe de supériorité, avons totalement négligé la collaboration de nos parents animistes.

Dans le silence et l'oubli dont nous les avons entourés, ils se sont réellement et malicieusement vengés de nous. En effet, souvent, le code de la famille ne leur a apporté rien de vraiment positif, dans le Kasa, qu'ils n'aient déjà obtenu de leurs ancêtres depuis de longues générations.

Oui, « s'il s'est dit beaucoup d'âneries à Alger », permettez-moi cette citation, il s'en dit, hélas ! bien davantage dans ce pays. Que d'âneries ne dit-on pas à la longueur de jours et d'années sur la Casamance et les casamançais, et l'on se comporte en conséquence vis-à-vis d'eux, abusant ainsi de la capacité d'encaissement des casamançais que l'on s'obstine à prendre pour des imbéciles et des canards boiteux. Bref, la paille casamançaise est plus facile à voir que la poutre de l'œil de l'observateur. Après ce panorama sur la vie et l'action de la femme Diola Flup dans son milieu traditionnel, évocation qui annonce la vocation et le Message de la Reine Alinsiitowé, c'est à un Blanc que nous faisons un emprunt qui servira de conclusion à cet exposé sur l'état de la question d'environnement du phénomène Alinsiitowé - nous citons :

> « Si la Mission Blaise Diagne remporte un succès certain en AOF, il faut reconnaître qu'en Casamance, elle ne suscite guère d'enthousiasme. Le Gouverneur Général Angoulvant, successeur de Van Vollenhoven est obligé de reconnaître qu'il a été amené à réduire le chiffre des recrues en Basse-Casamance en raison des groupes insoumis, particulièrement actifs ». [Archives du Sénégal, 4 D 74. Rapport du Gouverneur Général Gabriel Angoulvant le 26/09/1918. Archives citées par Monsieur Christian Roche, dans « Ziguinchor et son passé », 12 avril 1973, page 22].

Dans les annales religieuses de la Casamance, les missionnaires parlent de ces recrutements, nous citons :

> « La guerre n'a pas manqué d'avoir sa répercussion dans nos parages. L'ordre de mobilisation générale nous parvenait le 1er août et le 6, par le premier vapeur, tous les Européens mobilisables ralliaient Dakar avec beaucoup d'entrain.
>
> « Le Père Jacquin était du nombre des partants. Depuis lors, c'est-à-dire depuis bientôt deux ans, il n'a pu faire qu'une courte apparition : 15 jours de permission pour Noël 1915. Étaient mobilisés également les deux Pères de Bignona et ceux de Carabane.
>
> « Quelques jours plus tard, une vingtaine de Français, résidant en Guinée portugaise, arrivaient ici à pied malgré les chemins défoncés d'hivernage, afin de trouver une vapeur et de répondre plus tôt à l'appel de la patrie.
>
> « Peu après, s'embarquaient également, avec leurs cadres européens, la plupart des tirailleurs résidant en Casamance,

> pour aller, presque tous, tomber héroïquement sur les bornes de l'Yser.
>
> « On procéda, ensuite, à deux nouvelles levées qui fournirent presque un millier de tirailleurs casamançais.
>
> "La deuxième, décembre 1915, nous enleva une quinzaine de nos jeunes gens". [Annales religieuses de la Casamance, Archives 164 B]

Nous reviendrons un peu plus loin sur quelques-unes des raisons de l'hostilité du Kasa au service militaire.

En un mot, les Gouverneurs généraux Clozel en 1916, Van Vollenhoven en 1917, Angoulvant en 1918, tous ces fonctionnaires de la haute administration coloniale, connaissent encore des déboires avec ce petit peuple du Kasa, dans cette petite Casamance, Petite Nation au grand cœur. Et cela, cent ans après la pénétration française en Casamance.

Partout en Afrique Occidentale française, semblait régner la "Pax Gallica" ; l'Afrique semblait jouir de cette "Paix française", élément fondamental et facteur essentiel de la fameuse mission civilisatrice de la France. » Mais la Casamance, véritable « exception » et « anachronisme », selon l'expression du Gouverneur général Clozel, faisait exception. C'est dans ce contexte d'une Casamance conquise mais pas soumise, que, vers 1920, tout étant prêt pour une explosion, naquit à Her, autrement dit à Cabrousse, au quartier de Nialou, celle qui une vingtaine d'années plus tard, deviendra la Reine Alinsiitowé Diatta de Carabane, de son vrai nom Adjumbébé. Mais venons-en aux faits, très rapidement, avant d'aborder le message d'Alinsiitowé.

RÉSUMÉ

La reine-prêtresse, héroïne nationale : photo ci-dessus

Aïnsétou-Assétou Aline Sitoé DIATTA

Dans la cellule de la prison de Caravancérailles à Tombouctou en 1944. Sous-couvert de Mme BADJI, détenue politique Diola également que lui a transmise Mme Aïssatou BELLA Commerçante et nourricière de la Reine qui lui a été confiée par Bédo Commandant de Bataillon commandant le cercle de Tombouctou, signataire de l'acte de décès. Survenu le 22 Mai 1944. Acte signé le 26 Mai 1944 au Registre de la Mairie de Tombouctou retrouvé en Septembre 1983.

Signé
Fulgence SAGNA

Vie de la Reine Alinsiitowé Diatta

Vers l'an de grâce 1920, vivait à Her, autrement dit Cabrousse, au quartier de Nialou, un homme comme les autres. Son nom était Silosia. Le brave Silosia Diatta avait eu pour épouses Ailenko Diatta et Alakafren Diatta.

D'une part, Ailenko donna naissance à un garçon appelé Kualimo et à une fille nommée Silesi. D'une certaine Aguliso Diatta naquit à Kualimo un garçon appelé Marc Diatta, qui vit le jour à Cabrousse, au quartier de Nialou, le 19 mars 1968. Il est actuellement à l'école.

De son côté, Alakafren donna à Silosia une fille nommée Adjumbébé Diatta, plus connue sous le prénom de Alinsiitowé. Elle épousa Alugay Diatta sa coépouse se nomme Aseunaben Diatta. D'un certain Thomas Diatta de Cabrousse, Alinsiittowé eut une fille nommée Niawless alias Seynébou. Venue au monde comme tout le monde dans ce monde du Kasa, Alinsiittowé n'était nullement différente de ces autres filles de Cabrousse et d'Erammé que nous rencontrons à Ziguinchor, à Dakar et ailleurs ; que, dans un complexe de supériorité absolument idiot, nous méprisons souverainement, lorsque, comble d'abjection, noires comme elles, nous ne les exploitons pas de la façon la plus ignoble. Il n'est pas de colonialisme pire que celui exercé par un Noir sur un autre noir ; colonialisme abject encore exercé de nos jours par des Noirs sur d'autres Noirs, disons dans l'Afrique noire indépendante d'aujourd'hui, pour ne pas nous regarder de trop près, c'est-à-dire autour de nous.

Illettrée comme la plupart de ses Compatriotes, Alinsiittowé a vécu parmi le petit peuple des grandes villes, servant, à Ziguinchor et à Dakar, à l'instar de tant de jeunes filles de Cabrousse et d'Erammé, comme personne de maison, de « boniche » selon notre jargon méprisant. Elle n'a donc fréquenté ni la haute société, ni le monde intellectuel d'alors.

L'hypothèse d'une quelconque influence d'un milieu urbain révolutionnaire ou nationaliste subie par Alinsiittowé durant ses quelques déplacements temporaires en ville est à rejeter. Le contexte ne s'y prêtait d'ailleurs pas à une époque où l'on se souciait, dans ce milieu urbain, beaucoup plus de citoyenneté française et d'assimilation que de libération de l'Afrique du Joug colonial, surtout dans ce milieu sénégalais où, hier comme aujourd'hui, on méprise souverainement le Diola, je veux dire le casamançais et sa Casamance.

Pourtant, c'est dans ce milieu urbain, de Dakar surtout, que Alinsiittowé dit avoir commencé à éprouver plus intensément, à « voir » et à 'entendre' plus fortement ce qu'elle a été chargée de transmettre à son Peuple. C'est alors qu'Alinsiittowé fut intérieurement contrainte par une « force supérieure » à rentrer chez elle, à Cabrousse, pour livrer à la Casamance et à tous les hommes de bonne volonté son retentissant message que nous allons très brièvement évoquer dans quelques instants.

Dans notre exposé, nous ferons appel à quelques écrits des blancs et à la tradition Locale, plus ou moins vécue personnellement : j'avais alors quatorze ans, et me trouvais au Cours Moyen Première année au pré séminaire de Carabane. Donc Monsieur Louis-Vincent Thomas écrit, nous citons :

> « Une grande Reine Fétichiste - celle de Cabrousse – avait, par la suite d'une coïncidence inespérée, acquis un prestige remarquable : la veille d'une tornade que rien ne laissait présumer, elle avait fait un grand sacrifice pour implorer l'eau du Ciel.
>
> « Elle profita alors de son prestige nouveau sur les foules pour exciter les esprits contre l'autorité française. Or, en pleine occupation allemande, les importations de riz d'Indochine étant rendues impossibles et les relations commerciales avec la Métropole réduites à peu de chose, le Sénégal s'efforçait de découvrir des possibilités de ravitaillement.

> « L'intendant de Dakar, ayant appris par l'Administrateur de Ziguinchor que les Diola avaient des réserves de riz pour sept ans, exigea un déblocage immédiat de ces réserves. Mais il ignorait que tous les greniers étaient loin d'être pleins, que le riz avait, pour les Diola, une valeur sacrée (pour rien au monde ils ne voulaient le négocier), que les quantités demandées étaient excessives et que le temps imparti pour la livraison était ridiculement court, le décorticage du riz est une besogne longue et difficile. Aussi, un vent de révolte avait-il soufflé de Karounate à Cabrousse excité par la Reine fétichiste. Il aurait fallu agir avec tact et compréhension. L'autorité militaire décida de prendre la chose en main et de passer à la menace.
>
> « Un soldat français fut tué sur la route. Aussitôt, en guise de représailles, tout le village d'Effok fut détruit : on interdit aux populations de le rebâtir sur les lieux traditionnels de leurs fétiches et la Reine de Cabrousse fut recherchée. Par forfanterie, les soldats, à l'approche de Soukoudiak, tirèrent des coups de fusils en l'air. Les indigènes apeurés s'enfuirent en Guinée portugaise et n'en reviendront, timidement d'ailleurs, que dix ans plus tard. Trois mots résument la révolte des Flup : ambition d'une prêtresse indigène servie par les circonstances, maladresse incompréhensible de l'administration supérieure, attitude franchement ridicule et inqualifiable de l'autorité militaire ». [Louis-Vincent Thomas : « Les Diola », 1958, tome 1er, page 22 et suivantes].

Un peu plus haut, parlant des difficultés nombreuses et sérieuses rencontrées par la conquête française en Casamance, le Professeur Thomas écrit :

> « L'autorité française devait rencontrer dans cette tâche de grandes difficultés. D'ordre géographique en premier. La Basse-Casamance étant un long couloir entre deux colonies étrangères, le trafic d'armes est possible avec impunité. De plus, les forêts, les mangroves, la multitude des marigots rendent la pénétration très pénible, notamment en période d'hivernage.
>
> « D'ordre géographique ensuite. Les Diola sont des hommes forts, courageux, indépendants, mais orgueilleux et

rancuniers, capables, si on les excite, des haines les plus tenaces, des colères les plus violentes et agissant le plus souvent avec ruse. Ils vivaient, à cette époque, dans l'anarchie, et les villages se faisaient la guerre pour les prétextes les plus futiles.

« D'ordre administratif enfin. Pendant très longtemps, en effet, la France n'avait, en Basse-Casamance, élaboré aucune technique d'action bien précise. Le gouvernement de Saint-Louis, soit faute de moyens suffisants, soit par incompréhension, semblait se désintéresser de ce nouveau territoire. En outre, les interventions militaires au jour le jour, sans coordination aucune, qui le plus souvent allaient venger un affront un mois après que celui-là avait été subi, restaient maladroites et inopérantes. Surtout elles ne résolvaient pas le problème ». [Louis-Vincent Thomas : « Les Diola », tome 1, page 21].

Suit alors, à titre d'exemple, le petit récit des événements des années 1942-1943, qui provoquèrent l'exil sans retour de la Reine Alinsiittowé Diatta de Cabrousse, le 29 janvier 1943. Je souligne très rapidement deux faits très importants :

1. La persistance de la Résistance casamançaise en 1940-1943.
2. La persistance de l'état d'abandon dans lequel la France d'hier et le Sénégal d'aujourd'hui ont, de 1859 à 1978, de Pinet-Laprade en 1859, en passant par Angoulvant en 1916 jusqu'à nos actuels dirigeants sénégalais, la Casamance est laissée à elle-même, quand elle n'est pas pillée, saccagée, colonisée. Bref.

Venons-en donc aux faits. Toujours dans le souci d'apporter ma modeste contribution à une meilleure présentation du cas Alinsiittowé, il me faut revenir sur quelques mots et phrases du texte de Monsieur Thomas cité ci-dessus.

L'auteur nous parle d'abord de « coïncidence inespérée », de « tornade que rien ne laissait présumer », bien sûr, les « scientifiques » et surtout les « incroyants » mettent tout sur le compte du hasard. Qu'ils gardent leurs opinions et respectent celles des autres. Quant à nous, chrétiens et musulmans, imbus de notre complexe de supériorité, nous sommes souvent tentés de confisquer le Dieu unique à notre seul profit, à l'exclusion des animistes et autres, qui, à notre avis, ne doivent jouir d'aucune faveur de la part du Père qui est dans les Cieux, qui pourtant fait luire son soleil sur les bons et sur les méchants, tomber sa pluie sur les champs et les rizières des uns et des autres, sans aucune discrimination. Je ne vois pas pourquoi Dieu n'exaucerait pas les supplications des animistes qui le prieraient avec foi, espérance et amour. On oublie que la Cananéenne de l'Évangile n'était pas de la Maison d'Israël, ni le Centurion. Pourquoi donc interdire à Dieu de faire éclater sa puissance, sa clémence et sa miséricorde par l'intermédiaire de la Reine Alinsiittowé Diatta ou par le Roi Ahumusel Diabone ? Ensuite, lorsque Monsieur Thomas écrit : « *Elle profita alors de son prestige nouveau* », je pense qu'il ignore la simplicité, la modestie, la discrétion, l'ouverture et la prudence de cette Reine. Ce que Monsieur Thomas ne dit pas, c'est que la Reine Alinsiittowé s'est acquittée de sa Mission à corps défendant. Elle a fui son village de Cabrousse pour se perdre dans les grandes villes afin de n'avoir ni à parler, ni à agir, et pour échapper à tout ce qu'elle voyait et entendait ; pour tout étouffer, dissiper et noyer dans l'anonymat et le bruit intérieur et extérieur des grandes agglomérations urbaines. Rien n'y fit ! Bien plus, un déficit pluviométrique constaté dans le Kasa et de sérieux ennuis de santé furent interprétés comme d'impératifs avertissements du Ciel. Un troisième signe du Ciel risque de s'accompagner d'une catastrophe. Il fallait donc obéir. Ce qu'elle fit. Et d'abord en rentrant à Cabrousse. Et, lors de son arrestation, Alinsiittowé s'entendit réprimander par son Oncle, le Chef de Province Benjamin Diatta :

> « -Tu vois maintenant, ma fille ? Je t'avais bien dit de rester tranquille, et tu n'as jamais voulu m'écouter. As-tu vu et compris ce qui t'arrive maintenant ? »

Et sa nièce de lui répliquer :

> « -Père, tu sais toi-même que je ne voulais pas du tout de cette Mission. Mais c'est plus fort que moi : je n'y peux absolument rien. Je ne peux pas refuser : Dieu a parlé, il me faut obéir ! »

Oui, « il vaut mieux obéir à Dieu qu'aux hommes ! »

D'autre part, quand l'Intendant de Dakar exige un déblocage immédiat de ces réserves de riz des Diola, agissait-il en Casamance autrement que les Allemands ne le faisaient en France ? Pourquoi ce qui était mauvais pour les Français était-il bon pour les Diola de Casamance ? Deux poids deux mesures !

Non seulement on arrachait aux Diola leur riz sans contrepartie, sinon les coups et l'emprisonnement, mais encore on les forçait à le piler et le cuire gratuitement pour les soldats de Marianne III.

Le riz manquait dans le Pays, mais, lorsque les soldats se sont emparés du village d'Effok, ils ont fait des feux de joie avec des tonnes de Riz pris aux habitants et qu'ils n'ont pas pu ou voulu évacuer. Ce Riz a brûlé pendant plusieurs semaines, plus d'un mois, disent la plupart des témoins. Cela, les archives ne le disent pas, mais un fils de la Casamance doit le dire. Quand Monsieur Thomas écrit :

« Aussi un vent de révolte avait-il soufflé de Karounate à Cabrousse. »

Il est plus proche de la réalité que lorsqu'il parle du:

« Récit de ce que l'on a pompeusement appelé la révolte des Flups ». Il aurait dû être là, tout simplement, à la place de l'Administrateur Picandet, violemment pris à parti et proprement congédié par les Flup, eux qui n'attendaient qu'un simple signe du vieux Benjamin Diatta pour occire le Colonel, l'Administrateur, les blancs de leurs suites et tous les Noirs qui les servaient. Je ne sais de quel avis eût été le Lieutenant-colonel Sajous, qui, congédié à son tour, arriva un jour à Ziguinchor haletant et pantelant, dans le bureau d'un Témoin qui, malheureusement, vient de mourir, le Docteur Gabriel

Carvalho, mort le 20 janvier 1976. N'oublions pas que c'est seulement au cours de sa troisième promenade militaire que le colonel Sajous a osé mettre la main sur la Reine Alinsiittowé. Cela, les archives ne le disent pas, surtout lorsque cet officier fait l'histoire et la rédige en même temps. Un peu plus bas, Monsieur Thomas ajoute que : « Il aurait fallu agir avec tact et compréhension ».

Cela, c'était sans compter sur le poids, la petite taille, la tête puissante, et la mâchoire forte de l'Administrateur Picandet que j'ai connu à cette époque-là, donc en 1942. J'avais alors 14 ans. Pourtant, une quarantaine d'années plus tôt, le Père Esvan avait lancé un avertissement à qui voulait l'entendre, nous citons :

> « Si le Diola est bon, simple, il est aussi très fier et indépendant. Il se fait une conception de la vie qui l'empêche de supporter la moindre contrainte ou la plus petite atteinte à ses droits. »

« Historia Alma Magistral ! » Les autorités sénégalaises sont tellement bornées et entêtées, qu'elles ne peuvent pas comprendre qu'un Diola n'acceptera jamais qu'on lui dise doctoralement : « Casamance, tu n'as pas le droit de réclamer ton droit ». Et tout le monde sait que le droit souverain du peuple casamançais est tout simplement le droit à l'autodétermination. Droit réel, souverain, inaliénable, non négociable et imprescriptible. Et que tout le monde le sache : « On dialogue avec le casamançais ; on ne mâte pas le casamançais ». Reprenons la citation du Père Esvan rapportant ces propos d'un Chef indigène :

> « -Vas dire à ton maître : s'il est dans la nécessité, nous lui ferons volontiers la charité de quelques boisseaux ; s'il veut des champs pour les cultiver lui-même, nous lui en donnerons ; mais livrer sans raison du riz que nous avons travaillé de nos mains, jamais ! S'il le veut absolument, qu'il vienne le chercher lui-même. »

Le haut fonctionnaire chargé de la réquisition du riz pria le missionnaire d'aller dialoguer auprès des populations.

> « -Vous comprenez, mon Père, disait-il, j'ai de la famille et ne voudrais pas m'exposer ». [Père Esvan, dans les Annales de la propagation de la foi, 1905].

A ce moment-là, le casamançais avait encore des terres.

Ziguinchor et ses Terres

Il était, au Pays des Rivières, un petit village bien tranquille, étendu sur un tapis vert et or de rizières florissantes ; flanqué de fromagers, de caïlcédrats et d'autres géants de la Forêt dense ; levant vers le Ciel ses longs bras de Palmiers fiers pour accueillir, neuf mois sur douze, la Pluie fécondante ; faisant bon ménage avec une puissante mangrove aux huîtres savoureuses ; et baignant paresseusement ses pieds dans les eaux poissonneuses de la Rive gauche du Cours Inférieur de Kawungha-Le-Large.

Un jour de l'An de Grâce 1645, l'Homme blanc vint se fixer dans ce hameau peuplé de Baniunk et de Diola, que dès lors d'aucuns appelèrent Eboeboe, d'autres Intinia. Ainsi s'ouvrirent de nouveaux horizons pour la paisible Cité où se côtoyaient Bainnunka, Bandial et Djigosh, qui devint Ziguinchor.

Tant qu'il ne s'agissait que de commerce avec les autochtones, qui continuaient à gérer leurs propres affaires, une coexistence sinon pacifique, du moins tolérable, pouvait se forger.

Les difficultés sérieuses commencèrent avec les prétendus achats de terre, qui n'étaient le plus souvent que de réelles expropriations. Et le Blanc va trouver les Flup plus récalcitrants que les autres.

Le premier blanc s'en alla le 13 avril 1888, cédant la place à un autre blanc qui se montra beaucoup plus dur dans ses rapports avec les Natifs du Pays. Il commanda, tua, incendia, pilla, vola. Puis, après 72 ans de présence, il partit sans partir. Non seulement il assura ses arrières, dans ses propres intérêts, mais il laissa encore sur place des Fils spirituels qui sauront perpétuer son œuvre et même la surpasser.

Au Second Blanc succéda en effet un Blanc de manières, d'esprit, de méthode, mais de peau noire. J'ai nommé le Nouveau Conquérant : le sénégalais. Avec ce Blanc noir, le

Sénégalais pour ne point le nommer, la Casamance va « baver ».

Le Nouveau conquérant a si bien assimilé les leçons du Second Blanc, son Maître, que, finalement, il a surpassé son Patron en zèle et en mauvais procédés. En 150 ans de colonisation de la Casamance, les colons sénégalais, ont eu largement le temps de bien roder leur machine infernale qui se révèle aujourd'hui d'une efficacité indubitable et redoutable.

Avec le Gouvernement sénégalais, les expropriations de terres, de rizières et autres bien, vont se poursuivre dans les conditions que l'on sait :

Arbitraire, injustice, inconscience, désinvolture, morgue, machiavélisme, cynisme.

Les plus grandes victimes dans ces opérations, ce sont les descendants des premiers habitants de Ziguinchor trouvés sur place par les Portugais en 1645. De par la volonté des Sénégalais et de leur gouvernement, ces ziguinchorois ne sont plus chez eux. Sans terrain d'habitation, sans rizières, sans sources de revenus pour ces braves gens ; tout va bien à Ziguinchor, l'ordre règne en Casamance. Vive le Sénégal !

On leur a pris leur traditionnel lieu d'habitation pour bâtir des HLM, pas pour eux, bien sûr. Quand ils le pouvaient encore, ils sont allés se faire voir ailleurs : ce n'est pas le problème du Sénégal et de son gouvernement. Dites-moi combien de casamançais authentiques habitent aujourd'hui le Ziguinchor du temps des Portugais et des premières décades de la colonisation française. Et pourquoi cela ?

Si déjà du temps des Français la Fameuse Convention franco-portugaise de Paris du 12 mai 1886 a été bien égratignée, il faut se dire que, avec les Sénégalais d'aujourd'hui, nos Nouveaux conquérants, le dit accord est devenu moins qu'un chiffon de papier.

« Article 5 : les citoyens français dans les possessions portugaises sur la côte occidentale d'Afrique et les sujets portugais dans les possessions françaises sur la même côte seront respectivement, en ce qui concerne la protection des personnes et des propriétés, traités sur un pied d'égalité avec les sujets et les citoyens de l'autre puissance contractante ». [Convention franco-portugaise de Paris du 12 mai 1886].

Avec leurs terres et autres biens, les Bainunks, Diolas, Mankagnes et autres casamançais perdent leurs rizières ainsi que des terres qu'un lotissement et un partage capricieux, pour ne pas dire scandaleux, leur ont subtilisées.

Malgré les protestations des victimes, la machine colonialiste sénégalaise poursuit sa marche, impitoyable, imperturbable, décidé qu'est le Sénégal à réussir là où la France et le Portugal ont échoué en 315 ans de tentative pour mâter la Casamance. Pourtant, on dialogue avec le casamançais, on ne mâte pas le casamançais.

Mais il faut que je tire un grand coup de chapeau aux Colons sénégalais et à leur gouvernement : ils ont surclassé la France et le Portugal dans le maniement du rouleau compresseur en Casamance. En effet, ce que le colon n'a pu réussir par les armes, la carotte, la famine, l'intoxication intellectuelle, la destruction des ustensiles, des instruments de travail, et même des semences, le gouvernement sénégalais est en passe de la réussir par une solution ultra-radicale avec la suppression pure et simple des bonnes rizières casamançaises.

Ce sont ces bonnes rizières que les Colons sénégalais et leur gouvernement sont en train de supprimer pour mieux mettre la Casamance à la merci du Sénégal.

Avec une pluviométrie moyenne, ces rizières de Ziguinchor, sans aménagement particulier, produisent, bon an mal an, une bonne quantité de riz. N'en déplaise aux Rêveurs du Building. Oui, on s'en prend à ces rizières par toutes sortes d'infrastructures qui auraient pu et du trouver leur place ailleurs. Mais le colon sénégalais est logique avec lui-même. Réalisme politique oblige. En effet, en cas de « nécessité », avec quelques explosifs, on fait sauter des barrages ; puis en retenant quelques remorques de riz à Dakar, avec cette lente mort économique à laquelle on la voue, on jette toute la

Casamance aux genoux du gouvernement sénégalais. Il faut donc à la Casamance des rizières stratégiquement vulnérables.
Dépossédés de leurs rizières, de leurs terres, sans aucune source de revenu dans cette Casamance vouée à l'abandon et à la mort économique froidement provoqués, casamançais, vous êtes avertis, il ne s'agit pas des seuls ziguinchorois, oui, demain nous ne serons rien du tout ; moins que des esclaves du Sénégal et des Sénégalais que nous sommes devenus déjà depuis 150 ans. On nous berne et le Sénégal nous bernera toujours. Il ne manque aucun des coups bas qu'il peut nous porter à tous les points de vue. Et son Président viendra ensuite nous demander de voter pour lui, tout simplement, même ceux dont les rizières ont été confisquées par les autorités sénégalaises ; propriétaires légitimes dont j'ai vu certains d'entre eux revenir de ce qui fut leurs rizières en pleurant amèrement. Après cela, on leur dira d'applaudir, de crier « Vive le Président », « Vive le Sénégal », et pratiquement « A bas ! A mort la Casamance ! »
Au fond, c'est bien fait pour la Casamance : car c'est la faute à la Casamance.
Les Diolas, leurs rizières et leur riz, c'est tout un. Pour y toucher, il faut beaucoup de tact. Vouloir ignorer cette précaution, c'est prendre beaucoup de risques. Le Sénégal les prend plus hardiment aujourd'hui que le Colon hier.
Eh bien ! Le Sénégal me trouvera sur sa Route. Aussi, dans un premier temps, serai-je obligé de monter en première ligne, pour, le plus démocratiquement du monde, renverser de fond en comble l'actuelle Mairie socialiste de Ziguinchor, Mairie fantoche s'il en est, qui demeure, pour tout fils authentique de la Casamance, et pour un senghoriste de la première heure, réellement une honte humiliante, une provocation intolérable et une insulte impardonnable à la Casamance de nos Ancêtres.
Dès à présent, je demande à chaque Département de Casamance de publier un livre blanc sur le Colonialisme sénégalais dans son secteur de 1827 à nos jours ; de collecter

les noms de ceux qui désirent l'indépendance de la Casamance ; de constituer une délégation départementale en vue de la création d'une délégation régionale qui se rendra à Dakar pour demander officiellement à Monsieur le Président de la République du Sénégal l'émancipation immédiate de la Casamance. En cas de nécessité, au nom de la Casamance, je me porte déjà candidat pour diriger cette importante délégation casamançaise. Dès à présent, il faut se préparer à un meeting de cent mille casamançais à Ziguinchor.

Bref, de tact, Monsieur Picandet n'en avait donc pas. Et le Père Henri Joffroy ne m'aurait certainement pas contredit, lui qui, en tant que Directeur du Préséminaire de Carabane, en fit une amère expérience en 1943, l'année même où il prenait la direction de cet établissement. Dans le journal du Préséminaire de Carabane, à la date du 14 mars 1943, le Père écrit :

> « J'avais oublié de signaler ici que Monsieur Picandet, Administrateur de Ziguinchor, qui dirige l'approvisionnement, avait d'abord refusé de nous autoriser à acheter du riz à la SP (Société de Prévoyance). Ce digne homme voulait que les Parents des séminaristes nourrissent leurs enfants et nous envoient du riz pour cela. Si encore on nous avait dit cela au commencement de l'année scolaire !
>
> Et alors l'Administrateur a voulu que je lui donne dare-dare les noms de nos enfants, les noms de leurs Parents, leur village, leur âge ; et aussitôt ces renseignements en mains, ils ont envoyé des gardes chez l'un ou l'autre des Parents de nos séminaristes, les obligeant – et comment – à donner du riz. C'est odieux, surtout que les Parents croient que ce sont les Pères qui veulent leur extorquer du riz ». Fin de citation.

Je le souligne très rapidement : une fois de plus, nous voyons les Missionnaires réprouver les méthodes colonialistes de l'Administration coloniale. Les Missionnaires sont français, l'Administration est française, les Missionnaires sont des Frères de Sang des colons.

Logique oblige : il faudrait que de nos jours l'on accepte de voir les Prêtres africains dénoncer fermement les abus qui se trouvent dans le Pays, et, la parole ne suffisant pas toujours, qu'ils mènent activement le combat pour l'instauration de la vérité, de la charité, de la justice, j'insiste sur ce mot, et de la Paix. Et il ne faudrait pas qu'une mauvaise éducation civique, habilement entretenue, fasse exclure à jamais les Prêtres africains de tout engagement politique, au bénéfice d'une démission étouffante, sclérosante, aliénante, et hiératiquement affublée du manteau de la sagesse et de la prudence.

Pour l'instant, nous allons effleurer le cas du vieux Benjamin Diatta qui, dans cette affaire du riz, avait précisément conseillé à Monsieur Picandet de : « agir avec tact et compréhension ». Malheureusement, il n'y a pas de plus sourd que celui qui ne veut pas entendre.

Il avait vainement tenté d'obtenir de lui le temps de préparer le terrain, de persuader les populations très chatouilleuses lorsqu'il s'agit de la question délicate du riz dans une Casamance conquise mais pas soumise, car le Kasa plie et ne rompt pas. Rien n'y fit.

Ici, j'avais, d'un incident défavorable, donné une version atténuée que voici- je me cite :

> « A l'entêtement, Monsieur Picandet ajouta l'incorrection et la violence, au point de sauter de sa petite taille physique et morale pour atteindre dans les hauteurs de sa stature physique et morale 'le vieux papa Benjamin', qu'il gifla violemment ». Fin de citation.

Pris d'un certain scrupule d'honnêteté intellectuelle, il me faut à présent relater l'incident dans sa nudité, son authenticité et sa brutalité, sa sauvagerie de la part d'un Peuple qui se dit civilisé, apôtre des bonnes manières, qui fait du coup d'éventail d'un Bey ou d'un Dey un « casus belli ».

Il avait été reproché au vieux Benjamin Diatta sa carence et son inefficacité dans son travail ; son entêtement, son refus de collaboration dans la réquisition immédiate du riz, etc. Bref, il était le Bouc Émissaire, cause de tous les déboires de l'Administration Coloniale dans un Kasa en pleine effervescence. Nous sommes à Oussouye.

A un moment donné de l'entretien, la tension monta. Le Vieux Benjamin ayant voulu donner son point de vue sur une question, le Docteur Kerinfort fonça sur lui, et lui asséna une violente et retentissante gifle qui fit tomber le casque du vieux resté debout et impassible. Mais, dès que papa Benjamin se baissa pour ramasser son casque, Picandet bondit sur lui et lui donna par derrière un violent coup de pied qui fit trébucher le Vieux. 'Sache parler à tes Chefs!'.

Un sourd murmure indigné et réprobateur tonna dans la Résidence, gronda dans toute la cour et enflamma l'immense foule venue de tous les villages du Kasa. Redressé sur toute sa haute taille, le Vieux Benjamin ne fit qu'un geste de la main pour empêcher les Flup furieux de trucider et tous les Blancs et tous les Auxiliaires Noirs, aussi, sinon plus colonialistes que leurs Maîtres.

> « -Descends-le immédiatement ! cria à Benjamin son Épouse, la "Maman" Juliette-Ponde N'diaye. – Ta Poitrine constellée de décorations a-t-elle défié les balles allemandes et de tous tes autres ennemis pour qu'un petit colon vienne aujourd'hui te déshonorer au milieu des tiens ? »
>
> « Descend-le ! Descend-le ! Descend-le ! »,

lui hurla-t-elle, dans un cri de rage et de désespoir noyé dans les larmes et les sanglots.

> « Non ! »

lui répliqua calmement le Vieux :

> « Laisse-le : il verra ! »

La Maman Juliette en mourut de chagrin, dit une tradition, trois ans plus tard, en 1946, alors que se poursuivait encore dans le maquis du Kasa la Résistance active de la Nation casamançaise.

C'est ainsi que l'Administration coloniale récompensa un Homme qu'elle avait souvent, à tort ou à raison, compromis devant ses compatriotes. Le Vieux fut dégradé, envoyé en

Mauritanie, si ma mémoire est fidèle, d'où on ne le ramena, rétabli dans ses droits, que pour restaurer dans le Kasa une Paix française bien compromise.

Comme le Roi de Oussouye, Sihanghebil Sambou, il eut le temps de participer à mon ordination sacerdotale le 4 avril 1956 avant de mourir. Sihanghebil disparut en 1957, et Benjamin Diatta mourut en 1959.

Quant à Monsieur Picandet, il vit ce qu'il devait voir, à savoir : sa fuite devant le mécontentement et l'agitation des populations du Kasa, la tournure dramatique que prirent les événements, la tache d'opprobre qu'éclabousse à jamais sa triste mémoire.

Monsieur Thomas écrit ensuite :

> « L'autorité militaire décida de prendre la chose en mains et de passer à la menace ».

Cette Autorité militaire en Casamance, aveugle et brutale, est incarnée par le Lieutenant-colonel Sajous.

N'oublions pas que notre Territoire de la Casamance n'ayant jamais été complètement « pacifié », cette petite Casamance, petite Nation au grand cœur, a toujours été pour diverses raisons, déclarée zone militaire. D'où son régime autonome et militaire.

A une décade de l'Indépendance du Sénégal, le Cercle de Bignona avait encore à sa tête non pas un Administrateur Civil, mais un Officier de l'armée française qui, de la Capitale du Fogny, avait l'œil et l'oreille sur toutes les localités de cette turbulente Casamance.

Rappelez-vous que la situation hybride de cet Officier créait souvent des problèmes entre l'Armée, ses Chefs hiérarchiques, et l'Administration civile dont il remplissait aussi les Fonctions, et qui avait à sa tête un Gouverneur de la Casamance appelé Administrateur supérieur. Quand un vieux du Fogny déclare :

> « L'affaire fut portée devant le Capitaine »,

c'est la nature même du problème qui précisera s'il s'agit d'un cas relevant de l'Autorité militaire, ou si cet Officier de l'armée française remplit alors les fonctions civiles du Commandant de Cercle ou Chef de Subdivision de Bignona.

Avec la Guerre de 1939-1945, zone militaire conquise mais pas soumise, coincée entre des territoires « étrangers », la Casamance vit le militaire prendre le pas sur le Civil, l'Administrateur supérieur s'effacer devant le Gouverneur militaire de la Casamance en la personne du Lieutenant-colonel Sajous.

Celui-ci impressionnait tous ceux qui l'approchaient parce qu'il boitait et portait toujours un gant qui recouvrait l'extrémité du bras privé de main.

Pour nous les petits qui le regardions curieusement, c'était, à n'en pas douter, un blessé de guerre.

Au préséminaire de Carabane, en 1942, venu inspecter les troupes stationnées à Diogué, à Carabane et à Diémbering, il nous avait offert cent francs après nous avoir fait chanter par cœur trois couplets de la « Marseillaise » et, toujours par cœur, tous ceux de « Maréchal ,Nous-Voilà ! ».

Tel est ce personnage dont l'Histoire de la Casamance, en l'occurrence celle d'Alinsiitowé, perpétua la triste mémoire. Avec lui, l'ordre va régner en Casamance, comme à Oradour-sur-Glane, comme à Varsovie.

Une phrase laconique survient après, dans le texte de Monsieur Thomas – nous citons :

> « Un Soldat français fut tué sur la Route ».

Ce que ne dit pas l'auteur, encore moins les Archives, c'est que, au moment de partir de Oussouye pour une mission à Effok, le Sergent Maurice Scobry, car c'est de lui qu'il s'agit, avait juré de ramener à qui le voudrait, son « véhicule rempli de tête de Diola. »

Plaisanterie ou pas, l'homme propose et Dieu dispose. En effet, la Divine Providence ne lui permit pas de concrétiser éventuellement son projet satanique. Oui, il y a un bon Dieu pour tout le monde.

C'était en effet, sans compter sur la stratégie, le courage, l'adresse, le fusil de traite et la termitière de l'indomptable Arlabon, alias Kafandyen. Je précise tout de suite que ce brave Kafandyen n'était pas un Bastien Thiry, ingénieur en balistique, et ne possédait ni bombe, ni grenade, ni FM, ni PM, ni une vingt-deux long rifle. A peine le fusil de Kafandyen était-il en progrès sur la flèche qui atteignit le Capitaine d'Infanterie de Marine Protet, à Hilol, en Pays Karones, le 9 mars 1860, et sur la lance qui transperça le lieutenant Truché, à Soeloeky, le 1er décembre 1886.

Aujourd'hui encore, je suis fier que, durant la guerre de libération de la Guinée portugaise, lorsque les bombes et obus portugais pleuvaient sur nos villages et sur nos hommes, les valeureux descendants des Héros de la Résistance casamançaise n'aient pas été de ceux qui fuyaient en criant à tue-tête, dans une langue que je ne comprends pas :

« Way ! Suma Yay o ! »

Je ne sais dans quel état se trouve aujourd'hui la stèle qui fut érigée là où tomba, à 25 ans, en pleine brousse, le jeune Maurice Scobry.

C'était, je le précise, le 9 février 1943. Ses funérailles religieuses furent célébrées à la Cathédrale Saint-Antoine de Padoue, à Ziguinchor, le 10 février 1943. L'acte de sépulture religieuse, rédigé de la main du Père Jacques Février, figure au numéro 6 de l'Année 1943. Si ma mémoire ne me trompe pas, c'est à titre posthume que Maurice Scobry fut élevé au grade de Sergent.

Alinsiitowe partie, la lutte continua. Le Sergent Scobry est tombé 12 jours après le départ du Kasa de la Reine pour son Exil Sans Retour, le 29 janvier 1943. J'étais alors en pleine classe de sixième.

Je souligne en passant la surprise que me causent certains rapports militaires selon lesquels il n'y aurait eu que les casamançais, les Résistants casamançais, à mourir comme des mouches, alors que ces mêmes rapports qualifient certains combats de longs et durs ; estiment « l'ennemi intelligent, courageux, opiniâtre ». [Archives du Sénégal, 13 G 300. Rapport du Commandant supérieur de Gorée au Gouverneur.]

Entre les deux guerres, un jeune habitant du village Karones de Hilol a pêché à la ligne un fusil de guerre perdu par les Soldats français de Pinet-Laprade lors de la mémorable bataille de Hilol du 9 mars 1860. En fait de poisson, ça se pose là ! Mais c'est déjà une indication.

Malheureusement, ce fameux fusil a été démantelé par les villageois, chacun selon ses besoins. Plus aucune trace de cette arme !

Ironie du sort, ce même pêcheur, mobilisé plus tard, combattit courageusement pour la France durant la guerre de 1939 à 1945. Bref, les valeureux descendants des Héros de la Résistance casamançaise au secours de la Résistance française.

Dans de nombreux villages du Pays des Rivières, une des phases des grandes Initiations consiste à présenter aux Initiés les armes prises aux Soldats français, portugais ou anglais lors des grandes batailles de la Résistance. Les Français en savent quelque chose, eux qui ont eu du mal à récupérer la tête et le Canon du Lieutenant Truché après leur désastre et leur humiliation à Soeloeky, le 1er décembre 1886.

A propos d'Initiation, durant le soulèvement du Kasa, en 1942-1943, le cerveau du Conseil national de la Résistance, triumvirat composé de Kahlukum, Siguiloman et Kafandyen, réussit un exploit inédit dans sa réalisation comme dans sa transcription.

Il advint en effet qu'une nuit de cette Année terrible, pendant que les Soldats français se trouvaient au Camp tous feux allumés pour leurs ébats, à côté de leurs fusils disposés en faisceaux, ces trois Hommes firent irruption au milieu des militaires, capturèrent vivant un Soldat Blanc et disparurent avec lui dans la nuit noire. Aucun coup de fusil ne les atteignit.

Ils le transportèrent, toujours vivant, dans un village que je ne nommerai pas présentement. Là, ils le présentèrent et le remirent vivant à leurs Frères cadets, puis le leur laissèrent avec des armes déjà prises aux soldats français pour parachever leur initiation. Cette fois, ce n'est pas un Résistant casamançais qui est tombé. Mais je ne sais si les archives qu'on nous interdit de consulter en cette section ont gardé trace de ce haut fait.

J'aimerais également que les Français nous disent s'ils ont récupéré la dépouille du Sergent Maurice Scobry avec sa tête sur les épaules.

Certaines versions officieuses, sinon officielles, des événements d'Effok déclarent que Maurice Scobry ayant été mortellement atteint, le véhicule qu'il conduisait a roulé de lui-même une quarantaine de mètres avant d'aller se perdre dans la brousse.

Mais des gens, réquisitionnés à l'époque pour piler et cuire gratuitement le riz destiné aux soldats basés à la frontière, m'ont affirmé que : mortellement blessé, le Sergent Scobry fut éjecté par-dessus bord par son voisin de cabine qui prit alors le volant du véhicule pour gagner le Camp d'Effok à toute vitesse. Il fallut ensuite envoyer un contingent pour récupérer la dépouille du Sergent Scobry.

Pauvre Sergent Scobry ! Il a pris une balle à l'origine destinée au Colonel Sajous !

En effet, le brave Kafandyen, ayant perdu son fils durant cette guerre, voulut venger et son enfant et tout le Peuple casamançais en tuant le Chef des blancs rendu seul responsable de ces malheurs de la Casamance. Il prit donc le maquis avec l'intention d'abattre le Colonel Sajous. Il l'attendit donc à un tournant de la route, sachant que, là, son véhicule aurait ralenti pour amorcer le virage.

Au dernier moment, le Colonel ne prit pas la route, mais envoya chercher son repas. Cette mission fut fatale au Sergent Scobry. Sa tombe se trouve au cimetière catholique de Kandé, à Ziguinchor, et non pas sur la Route d'Effok où ne se trouve qu'une stèle commémorative érigée à l'endroit où il tomba.

Passons maintenant à une phrase qui traduit une naïveté ingénue lorsqu'elle ne reflète pas une mauvaise foi évidente :

> « Par forfanterie, les Soldats, à l'approche de Soukoudiak, tirèrent des coups de fusil en l'air. »

Je ne sais si vous pourriez obtenir un verre d'eau à boire en répétant cette phrase à six kilomètres au Sud-ouest de Oussouye, au village d'Emay, où les habitants pleurent encore le regretté Sihumbashiafa, tué dans la force de l'âge, alors que, paré de tout son attirail de grand lutteur en dernière année d'arène avant la fondation d'un foyer, il partait rejoindre tous les Jeunes gens et jeunes filles du village pour la grande danse de lutte : le légendaire « Ekonkone ».

Au lieu de l'allégresse pour tout le village, ce fut le grand deuil pour tout le Kasa, pour ne pas dire toute la Casamance.

Le seul tort de ce garçon avait été de se trouver incidemment, lui comme d'autres victimes, à la portée des fusils de ces Soldats qui, nous dit-on, « par forfanterie, tirèrent des coups de fusil en l'air. »

La vérité est que les Soldats avaient interpellé ce pauvre garçon qui se rendait à la danse qui devait réjouir tous les habitants du village d'Emay.

Docilement, le Jeune vint répondre, avec ses plumes, sa corne pour l'appel de ses collègues, son sifflet, sa flûte, sa queue de vache, son sabre, ses grelots, ses foulards, sa verroterie, etc.

« Voyez-moi cet imbécile ! », tonna une voix ; « il se déguise en Indien pour venir nous narguer ! » Et, d'un coup de revolver, ce sous-Officier dont je tairai le nom abattit le jeune Homme. En vérité, je vous le déclare : l'Histoire de la Casamance est, non seulement à écrire, mais encore à réécrire.

Une autre vérité est à redire : la Casamance est une Mère féconde, à la fois généreuse et jalouse du Sang de ses Enfants. Généreuse quand il faut les sacrifier pour les nobles causes, mais malheur à celui par qui aura été injustement versé le Sang d'un fils de la Casamance.

Dans son livre intitulé : Genèse du pouvoir charismatique en Basse-Casamance, 1969, page 222, Monsieur Jean Girard écrit, nous citons :

> « Un seul européen fut tué, le Soldat Scobry au cours d'un engagement des Flups contre un camion militaire. Encore ce militaire s'était-il diverti à tirer des coups de fusil sur les hommes qu'il apercevait dans la brousse. Il est donc assez significatif qu'au cours de cette période que l'Administration s'évertua à présenter comme très troublée, les seules victimes furent des commerçants, dont on n'ignore pas qu'ils s'étaient fait remarquer par leur cupidité malhonnête, et un soldat qui s'était comporté inconsidérément. Leur liquidation apparaît comme un acte justicier que les populations accomplirent elles-mêmes sans qu'il soit nécessaire de l'interpréter comme un signe d'hostilité contre l'autorité établie ».

Rappelons en passant que, chez les Diolas, les voleurs, on les « arrange ». Si, de nos jours, on agissait encore de la même manière envers nos crabes de nos hautes sphères gouvernementales, administratives et autres, je parie que le Pays aurait mieux marché.

Entre 1950 et 1956, les mêmes populations ont liquidé d'autres commerçants malhonnêtes qui les ont trompées pendant une huitaine d'années. Cet acte justicier valut des ennuis au Roi de Kaluhay, Sikakusel, avec l'Administration portugaise. Un peu plus loin, à la page 225, s'agissant de la Reine Alinsiitowé, Monsieur Girard poursuit - nous citons :

> « Sa case néanmoins hébergeait une vingtaine de personnes, jeunes gens et jeunes filles originaires de Guinée Portugaise. Réalisant que la maison était investie par l'armée, les occupants prirent peur et tentèrent de fuir. Il se produisit une échauffourée au cours de laquelle une femme est tuée ».

Certaines versions traditionnelles déclarent que les soldats avaient pris cette femme pour Alinsiitowé, et qu'il fallait donc l'empêcher de s'échapper.

Appréhension inconcevable de la part de dizaines de soldats ayant « bouclé » une case !
En outre, Monsieur Girard ne va pas jusqu'au fond des choses pour en stigmatiser toute l'horreur. Il ne précise pas que la femme avait tout simplement passé la tête par une fenêtre pour regarder ce qui se passait, que cet officier dont je tairai le nom l'a abattue volontairement, et que cette femme était enceinte ! Donc double crime ! Coépouse d'Alinsiitowé, elle était donc l'autre Femme d'Alugay. Son nom est Aseunaben Diatta.
Les archives ne disent pas si ce sont encore des coups de fusil tirés en l'air par forfanterie par la soldatesque du Colonel Sajous qui ont abattu cette pauvre Femme sans défense, qui plus est, une femme enceinte. Vraiment, l'Histoire de la Casamance est, non seulement à écrire, mais à réécrire. Revenons à Monsieur Thomas qui écrit :

> « Les indigènes apeurés s'enfuirent en Guinée portugaise ».

Il y a quelque chose que l'auteur ignore ou ne veut dire :

1. En Pays Flup, il suffit aux femmes d'entendre six coups de fusil successifs pour avoir droit de crier ou de pleurer, même si elles ne savent pas exactement de quoi il s'agit.
2. Les cris des femmes, surtout les pleurs, servent à annoncer les décès, les catastrophes, les grands événements ; à donner l'alerte ; servent à proclamer le Rassemblement. C'est le même message que transmet le Grand Tam-tam de guerre appelé « Kabisoe ».
3. L'on semble oublier que les événements du Kasa n'ont pas surgi d'un seul coup ; que la Résistance casamançaise s'est poursuivie, tantôt active, tantôt passive, durant toute la période coloniale ; et que le repli en Guinée portugaise faisait partie d'une stratégie séculaire bien élaborée et prescrite, concernant plus particulièrement les Femmes, les Enfants, les troupeaux et autres biens.

J'ai vu le mouvement inverse se produire vers les années 1933-1936, lorsque l'Administration portugaise fit la guerre au village de Djihunk, à la suite du massacre des occupants d'un avion français ayant effectué un atterrissage forcé en Guinée portugaise. Ma grand-mère paternelle, Salandi Sambou, petite sœur d'Akinumélob, avait alors hébergé une famille de réfugiés de Djihunk.

Le Père de famille avait amené sa femme, son fils et sa fille, les a confiés à mes Parents, puis, il est reparti en Guinée portugaise faire face aux événements, si bien que je le connais très peu, pour n'avoir fait qu'une brève apparition en Casamance.

Sur ce point de repli, je pense qu'à côté des raisons stratégiques, le souci de mettre les Grands Fétiches et le Roi de Oussouye à l'abri des engagements militaires a poussé les organisateurs de la Résistance, alors comme jadis, à déporter le théâtre des opérations du côté de la frontière.

Si je reviens sur cette phrase, en la reprenant intégralement, c'est que l'on semble faire des casamançais en général, et des Kasas en l'occurrence, des pleutres, des couards et des poules mouillées, alors que l'Administrateur Picandet et le Colonel Sajous ont eu l'occasion d'être persuadés du contraire, même si les archives ne le disent pas.

L'ennemi numéro un de la Casamance, dans la chronologie comme dans l'action, me donne raison déjà. En effet, rentré à Gorée le 19 février 1861 d'un voyage dans la région de Sédhiou, Pinet-Laprade écrit :

> « Nos troupes ont eu affaire, dans un pays très difficile et par une chaleur accablante, à un ennemi intelligent, courageux et opiniâtre ». [Archives du Sénégal, 13 G 300. Rapport du Commandant Supérieur de Gorée au Gouverneur.]

C'était après la bataille de Sandinièry.

Si les Diolas avaient eu connaissance de cette déclaration de Pinet-Laprade, ils auraient, de leur côté, bien apprécié ce Chef, parce qu'ils estiment beaucoup le guerrier qui sait reconnaître la valeur militaire, morale et humaine de son ennemi.

Quand le Diola dit : « Ain aw, an aine »,

il a tout dit : « Cet Homme est un Homme. »

Trois rues de Dakar commémorent le passage de Pinet-Laprade en Casamance. N'oublions pas que cet Officier du génie fut un des créateurs du Dakar moderne :

Rue de Karones : bataille de Hilol, le 09/03/1860.

Rue de Thionck : bataille de Thionck-Essyl, le 11/03/1860.

Rue Sandinièry : bataille de Sandinièry, le 10/02/1861.

La réflexion de Pinet-Laprade se situe donc après trois grandes batailles de la Résistance casamançaise. Une quatrième Grande bataille livrée en Casamance par cet Officier manque au tableau : c'est la bataille de Diémbering - le 3 février 1865.

Donc les casamançais ne sont ni des lâches, ni des canards.

En 1903, par exemple, de sa retraite du côté de la frontière, le Grand Prêtre Diamuyo Diatta, au témoignage des blancs eux-mêmes, ne venait-il pas, personnellement, en espionnage, se mêler à ceux qui étaient réquisitionnés par le commandant pour les corvées ?

En 1942, des Résistants du Kasa ont pris le maquis.

Durant la dernière guerre mondiale, donc à la même époque, les maquisards de la Résistance française venaient-ils en permanence danser sous la barbe des Allemands ?

Pourquoi demander aux combattants du Kasa des imprudences inutiles alors qu'ils ne luttaient déjà pas à armes égales ?

Encore une fois, durant la guerre de Libération de la Guinée portugaise, les valeureux descendants de ces Héros de la Résistance casamançaise, lorsque les bombes et les obus portugais pleuvaient sur nos villages et sur nos hommes n'étaient pas ceux qui fuyaient en criant à tue-tête :

« Way ! Suma Yay o » !

Traduisez-moi, s'il vous plaît !

Citons le texte une fois encore :

> « Les indigènes apeurés s'enfuirent en Guinée portugaise et n'en reviendront, timidement d'ailleurs, que dix ans plus tard ».

Oui, on accepte tout des combattants de jungle du pacifique trente ans après la fin des hostilités de la dernière guerre mondiale, et l'on refuse la prudence, la vigilance et la méfiance à ces Fils d'une Casamance qui a soutenu, contre la colonisation franco-portugaise, une Résistance tantôt active, tantôt passive, durant 315 ans. Je dis bien Trois Cent Quinze ans !

Les mathématiques ne sont pas mon fort, mais je crois que cela fait trois fois la fameuse guerre de cent Ans entre les Français et les Anglais !

Si, durant le soulèvement du Kasa, la forêt de Santhiaba Manjak a été saccagée par les militaires, déboisée sur plus de 50 mètres de chaque côté de la route, ce n'est sûrement pas pour occuper le temps de Soldats qui s'ennuyaient à cent sous de l'heure, ni pour ménager au Colonel Sajous des Champs-Élysées à la casamançaise, pour le défilé célébrant une victoire qui se faisait attendre trop longtemps.

Pourtant, le colonel Sajous avait voulu mener rondement les opérations et en finir en un mois. Mais, six mois après le début de l'expédition, le Kasa résistait encore. Oui, le Kasa plie et ne rompt pas.

Trois décades après le français Sajous, le portugais Spinola faisait, pour le compte du Portugal, la même expérience amère, en Guinée portugaise. Lui qui pensait, en un an, réduire nos frères de l'autre côté de la frontière, ne parvint pas, au bout de cinq ans, à réprimer leur résistance.

Il fut plus heureux avec la révolution des Œillets, que son expérience Coloniale contribua à déclencher par son livre.

Toujours est-il que le Colonel Sajous, de plus en plus persuadé de l'insuffisance de la solution militaire, pensa lui adjoindre celle du dialogue avec les populations du Kasa, dialogue préconisé un an plus tôt par le « Vieux Benjamin Diatta, l'homme de la situation, qu'il fallut rappeler ; surtout que, en haut lieu, on lui demandait d'œuvrer pour la conclusion d'une paix des braves. L'avenir est en effet plein d'interrogations.

Voilà les faits. Donc trois ans avant les événements du Constantinois de mai 1945, dans l'Algérie de Messali Hadj et de Ferhat Abbas, trois ans avant l'Indochine de Ho Chi Minh, la Casamance d'Alinsiittowé et d'Aloendiso avait dit Non à la France.

Elle peut en être fière et n'a de leçons de civisme et de patriotisme à recevoir de qui que ce soit. Surtout pas de ce Journaliste qui, parlant des cadres d'origine authentiquement casamançais dénonçant l'exploitation anarchique de notre forêt par les Nouveaux conquérants, écrit, dans une publication de la place en date du vendredi 6 mai 1977, nous citons :

> « Par ces prises de position qui dénotent une certaine immaturité d'esprit, ces responsables ont failli à leur devoir de citoyens, car c'est comme si l'exploitation du bois de la Casamance au niveau de Dakar n'avait de retombées économiques certaines sur l'ensemble du Pays, et, partant, de la région ».

En bon français, cela s'appelle « Coups de pied qui se perdent quelque part », puisqu'il y a des gens que le ridicule ne tue pas. Vraiment, des Fils de colonialistes et des colonialistes eux-mêmes, qui donnent des leçons de civisme et de patriotisme aux casamançais ! Quel comble ! Il faut croire que ni le mot pudeur, ni la réalité qu'il recouvre n'existent ni dans leur langue, ni dans leur vie. La France, présentant l'imminence d'énormes difficultés avec les colonies, voulait en finir au plus vite avec une situation casamançaise dont elle connaissait bien le commencement, mais dont elle n'entrevoyait pas les développements possibles, et surtout les éventuelles répercussions sur les autres Territoires de l'Empire.

En effet, de partout, l'on venait voir, entendre et consulter la Reine Alinsiittowé, « La Femme de Cabrousse », comme on disait souvent. On venait de la Gambie, du Sénégal, de la Mauritanie, du Soudan français, de la Guinée française, de la

Guinée portugaise, etc. Entre-temps, il fallait à la Reine Alinsiittowé subir son humiliant calvaire.

« Ayant vu son Mois, la Reine, selon la coutume séculaire, se retira dans l'« Afebedya », c'est-à-dire la case construite dans le village pour abriter les personnes se trouvant dans son cas. « Voir son Mois » signifie en général, pour les femmes, avoir ses règles, ou encore parfois accuser une perte de sang quelle qu'en soit (l'origine) la cause, par les organes.

Le Colonel Sajous, ne l'ayant pas trouvée chez elle, menaça de bombarder et de raser le village de Cabrousse.

Non loin de cette localité, le pauvre village de Diémbering n'avait-il pas jadis souffert des canons de Pinet-Laprade le 3 février 1865 ? Et, dans le Royaume Afiladyo, Département de Ziguinchor, Soeloeky, bombardé une dizaine de fois, n'est-il pas un village Martyr de la Résistance casamançaise ?

Avec les Français, je réprouve les massacres perpétrés par les Allemands durant la dernière guerre mondiale à Oradour-sur-Glane, tuant les 634 habitants du village, le 10 juin 1944. Mais ces mêmes Français avaient-ils le droit de raser le village d'Effok durant les événements que nous revivons. Une fois de plus, deux poids et deux mesures. Bien plus, Effok précédant Oradour-Sur-Glane, la tentation me vient de dire que les Allemands n'ont fait que venger les casamançais. La frontière étant toute proche, Alinsiittowé aurait pu gagner la Guinée portugaise sans peine. Elle ne le fit pas.

Le 28 janvier 1943, venue d'elle-même et présentée au Colonel Sajous, celui-ci se jeta sur la Reine et, de la main qui lui restait, la gifla violemment. Pourtant, la France nous a appris, dès le Cours élémentaire, qu'un simple coup d'éventail d'un Bey ou d'un Dey constituait, ipso facto, un « casus belli ».

Après Benjamin, l'oncle, c'est Alinsiittowé, la nièce. Picandet d'un côté, Sajous de l'autre. Un Coup de pied pour l'oncle, une gifle pour la nièce. Avec tout cela, malgré tout cela, nous devions encore chanter bien fort :

« Aimons notre France Immortelle.
Aimons-la tous, aimons-la bien. »

La Reine Alinsiittowé tomba par terre. Vu son indisposition, le sang lui coula le long des jambes. Elle eut cependant la possibilité de se laver dans sa case. Puis elle fut amenée sur une civière, ce fut ensuite le départ pour Oussouye et, de là, pour Ziguinchor où le cortège arriva le 30 janvier 1943. Que reprochait-on à la Reine ? Monsieur Thomas écrit à son sujet, nous citons :

> « Elle profita de son prestige nouveau sur les foules pour exciter les esprits contre l'autorité française. Aussi un vent de révolte avait-il soufflé de Karounate à Cabrousse, excité par la Reine fétichiste. Trois mots résument la Révolte des Flups : ambition d'une prêtresse indigène servie par les circonstances, maladresse incompréhensible de l'administration supérieure, attitude franchement ridicule et inqualifiable de l'autorité militaire ». [Louis-Vincent Thomas : « Les Diolas », 1958, tome 1, page 22].

Ce sont là les propos d'un blanc, d'un français, d'un lecteur des archives coloniales, qui sont peut-être sa seule source d'information.

Mais, en réalité, que dit le Message de la Reine Alinsiitowe Diatta ?

Sur les pas des Ancêtres

« Illi viri misricordiae sunt, quorum pietates defuerunt. » [Ecclésiastique, 44,10].

« Voici les hommes de bien dont les bienfaits n'ont pas été oubliés. »

Pour le Kasa, la Reine Alinsiitowe est une héritière spirituelle et politique des grands Rois Flup Ahumusel Diabone et Sihalébé Diatta. Mais, nul n'étant bon juge en sa propre cause, je me réserve de trop sur ces personnages qui sont un peu de ma famille. En effet, par sa mère, le Roi Ahumusel Diabone est un cousin de mon arrière grand-père paternel. Et, de temps en temps, ses descendants présents dans le Kasa ou tout au moins à Oussouye, envoient une délégation pour offrir des sacrifices aux fétiches de notre clan qui, à Senghalen, s'appelle Cissé.

Parmi ces ancêtres le Roi Ahumusel Diabone est le prêtre le plus renommé. Il est ainsi :

1. Grand-prêtre Ahumusel Diabone

« Des hommes exercèrent l'autorité royale et furent renommés pour leurs exploits. D'autres furent avisés dans les conseils et s'exprimèrent en oracles prophétiques. D'autres régirent le peuple par leurs conseils, leur intelligence de la sagesse populaire et les sages discours de leur enseignement ». [Ecclésiastique, 44, 34].

Le Roi Ahumusel est l'incarnation de la Nation Flup, il est pour ainsi dire le plus prestigieux, le plus puissant et le plus grand des Rois Flup. Certains faits que la tradition rattache à la vie et à l'action du Roi Ahumusel ne laissent personne indifférent.

Oui, le roi Ahumusel est le Prêtre par excellence. Placé au sommet de la hiérarchie religieuse, il est le grand réformateur du code sacerdotal et de toute la liturgie traditionnelle du Kasa animiste. Il interdit les derniers sacrifices humains, très rares, il est vrai, à son époque déjà. Il jugeait la vie humaine d'une valeur inestimable, dont Dieu seul est l'auteur et le Maître

Souverain ; qui peut seul en disposer. En lieu et place d'un sacrifice humain, là où il était jadis requis, le Roi Ahumusel prescrivit un sacrifice de six Bœufs.

Six, le chiffre parfait, le chiffre royal par excellence, symbole de la perfection, de la plénitude.

Le Bœuf, surtout à l'époque, c'était tout une fortune. En demander six à la fois, c'est exiger l'impossible.

L'on mesure dès lors l'importance du geste du Roi Sibilluyan Diédhiou qui, lors des funérailles de sa maman immola plus de deux cents bœufs.

Le Sang des bêtes avait coulé à flots dans la concession circulaire, au point de submerger deux bœufs qui, oubliés alors, ne furent découverts et dépecés que bien après les autres.

Par cette interdiction des sacrifices humains, le Roi Ahumusel voulut montrer que la vie humaine est inestimable malgré les contingences qui l'affectent parfois, puisque le plus souvent on immolait les captifs et les voleurs. C'est la nature et la personne humaines que l'on considère dans ce cas.

En passant, notons cette ouverture sur la Lettre aux Hébreux, piste exploitable éventuellement pour une catéchèse et liturgie en milieu traditionnel Kasa : le Sang des bêtes, le sang Humain, le Sang du Christ, etc.

2. Grand thaumaturge.

D'après la tradition, selon la couleur blanche ou noire de la queue de vache dont il se servait pour « signer » les quatre points de l'horizon, le Roi Ahumusel faisait tomber la pluie ou l'arrêtait, en amoncelant ou en dissipant les nuages.

La couleur noire évoque la pluie. La couleur blanche symbolise le beau temps.

Toujours selon la tradition, le Roi Ahumusel pouvait passer sous des trombes d'eau sans jamais se mouiller : les gouttes s'écartaient pour lui frayer le passage à sec.

S'il venait à passer dans les rizières par temps d'orage, les mamans se hâtaient de déposer autour de lui leurs enfants pour les protéger de la pluie.

3. Grand chef politique

Le Roi Ahumusel Diabone sut faire l'unanimité des cités autour de sa personne. Il mena une action énergique contre les villages turbulents, et leur imposa sa paix :

la paix royale, la paix dans l'ordre et la démocratie.

Il fit comprendre aux individus comme aux collectivités que leur liberté et leur droit s'arrêtent là où commencent ceux des autres qu'il faut reconnaître et respecter.

Il rassembla les villages du Kasa pour mener une expédition punitive contre les villages qui le méritaient, comme celui d'Essaout. Cependant, pour toute affaire importante, le Roi devait, et il le faisait, consulter le Conseil de la Nation, seul détenteur des pouvoirs législatif et judiciaire ; tandis que le Roi ne disposait que du seul pouvoir exécutif. « Que vous êtes ensembe » - avait-il demandé aux cités avant la marche contre Essaout. Régime démocratique, monarchie élective, Royauté de disponibilité, de service, d'immolation, du don de soi, voilà qui témoigne de la vie, de la solidité et la santé d'un peuple que l'on dit sauvage.

4. Grand-prophète

Le Roi Ahumusel a annoncé la fin du Pouvoir Temporel des Rois Flup, par l'arrivée et l'action des colons. Il prédit l'arrivée des Missionnaires.

> « Je vois venir, dit-il, leurs frères : des Hommes Blancs, tout de blanc vêtus, prêchant la Vérité, la Charité, la Justice et la Paix ; la vie dans la concorde et la solidarité ; la fidélité à la Loi de Dieu et aux vertus et qualités de nos Pères.
>
> « Ces Hommes, tout de blanc vêtus, ne nous feront pas souffrir comme leurs frères, mais au contraire, soigneront,

> sans jamais se lasser, nos esprits, nos âmes et nos corps, en nous apportant la Lumière, la Paix de Dieu et la santé »

Le Roi Ahumusel aurait également annoncé les souffrances de ces éventuels successeurs et de toute la nation Flup sous le régime colonial.

D'après certains « Vieux «, il aurait même proposé de surseoir à l'élection immédiate de son futur successeur Sihalébé Diatta ; doutant même que cette élection pût avoir lieu, puisqu'il voyait venir la fin de l'Ordre ancien.

Toujours après certains « Vieux », dans le cas ou l'on s'obstinerait à lui trouver un successeur, le Roi Ahumusel aurait déconseillé aux « Anciens », donc au Conseil Restreint, le choix de Sihalébé Diatta qui n'était pas de tempérament à s'entendre avec les blancs, mais de jeter leur dévolu sur celui qui prit la succession du Roi : en l'occurrence (le Roi) Sibilluyan Diédhiou.

A mon avis, le Roi Ahumusel voyait la fin du Pouvoir Temporel des Rois Kasa et la fin de l'Animisme Traditionnel.

Mais, et j'insiste bien là-dessus, le Roi Ahumusel a demandé aux Populations, d'où qu'elles soient, sur cette Terre de Casamance, de « regarder le Ciel », de prier, d'espérer, et d'attendre avec foi et patience la fin des souffrances du Peuple par sa propre Libération.

Il fallait donc au Peuple casamançais résister, souffrir, lutter pour rester lui-même, et retrouver, à l'Heure fixée par la divine Providence, la Plénitude de sa Souveraineté, que nul au monde n'a le droit de lui contester, sous quel que prétexte que ce soit.

Malheureusement, malgré les avertissements prémonitoires du Roi Ahumusel Diabone, Sihalébé Diatta finira par être désigné successeur de ce grand Prêtre.

Sihalébé Diatta

« Tous hommes dont le cœur ne fut pas infidèle. Et qui ne se détournèrent pas du Seigneur,

Que leur souvenir soit en bénédiction ! Que leurs ossements refleurissent dans la tombe,

Que leurs noms, portés de nouveau, conviennent aux fils de ces hommes illustres ». [Ecclésiastique, 46, 13-15].

Le Roi Sihalébé Diatta est un peu de ma famille. Par sa mère, il est un cousin de mon Grand-père Paternel.

Je me suis laissé dire par mon Papa, que précisément, c'est en rentrant de chez nous, où il venait de passer la journée avec mon Grand-père et mes Grands-oncles, que Sihalébé a été intercepté et « saisi » comme Roi de Oussouye. Son village d'origine est Kahindoe, quartier Batetik.

Le Roi Sihalébé Diatta est un symbole de la Résistance casamançaise, tantôt active, tantôt passive. Il incarne, le courage, la détermination, la dignité, la lucidité d'esprit, la maîtrise de soi, la franchise, la loyauté, le respect, le sens de l'honneur et de la Parole donnée, la droiture, l'énergie de fer, la fidélité aux Ancêtres. Sacrificateur et Victime, il est le Bouc-émissaire qui souffre et porte les fautes et les souffrances de tout le Peuple. Il se livre, lui seul pour le salut de toute la Nation Flup.

Sa Royauté n'est pas un pouvoir absolu, arbitraire, dominateur, tyrannique, mais une Royauté de Service, de disponibilité, de don de soi, d'immolation, d'attention et d'assistance, à la disposition de tout individu et de toute communauté le jour comme la nuit ; fonction qui interdit au Roi toute absence et tout éloignement notables de son lieu de résidence et des autels qu'il dessert.

Le Roi Sihalébé consomme son Sacrifice par l'Exil Sans Retour auquel le condamne le Colon, ainsi que par sa Fidélité aux Lois et Traditions héritées des Ancêtres. On le donne en spectacle aux générations futures, puisque le docteur Malaud, alors Administrateur supérieur de la Casamance, fit don de son squelette au Muséum de Paris où il le fit enregistré sous le Numéro 19822.

Quand on sait que le colon internait nos Grands-Prêtres, quand on sait que des Administrateurs coloniaux prenaient un malin plaisir à brûler les Fétiches et les Sanctuaires animistes sur leur passage, parce que « noyaux de la Résistance » anticoloniale, quand on sait que la Reine Alinsiitowe œuvrait à la Restauration du Culte et de la Tradition dans leur Authenticité première, point n'est besoin d'être sorcier ou prophète pour prédire un conflit, à plus ou moins brève échéance, entre ces deux forces : donc entre l'autorité coloniale, temporelle et militaire, d'une part, et la puissance indigène, spirituelle et culturelle, pour ne pas dire idéologique et patriotique de l'autre.

> « Deus vénérant gentes inhereditatem tuam, polluerunt tem sanctum tuum, redegerunt Jerusalem in ruinas. » [Psaume 79, 1]
>
> « ô Dieu, les Nations ont envahi ton héritage, elles ont souillé ton saint Temple, elles ont fait de Jérusalem un tas de ruines ».

Or, en Casamance, qui dit invasion dit Résistance. Oui, on résiste, confiant que :

> « Si quelqu'un détruit le temple de Dieu, celui-là, Dieu le détruira : car le temple de Dieu est sacré ». [1 corinthies, 3, 17].

Active ou Passive, du vénérable Roi Sihalébé à la noble Reine Alinsiittowé, en passant par le vaillant et insaisissable Diamuyo, le Grand-Prêtre de Diandé, cette Résistance du Kasa est digne de celle des héros de l'écriture, tout en nous permettant de mieux situer dans leur contexte, en mesurant mieux leur impact sur les populations du Kasa, les événements de 1903-1920-1942-1943.

> « Lorsque des combats eurent lieu dans la contrée, Simon, fils de Mathias, descendant des fils de Joarib, et ses frères, se sont exposés au danger et ont tenu tête aux ennemis de leur Nation, afin que leur sanctuaire demeurât debout ainsi que la foi de

> Simon et la gloire... le peuple vit la foi de Simon et la gloire qu'il se proposerait de donner à sa Nation ». [Premier des Macchabées, Chapitre 14, du verset 29 au verset 35].

Pouvions-nous mieux faire que d'intituler notre Hommage à la Résistance casamançaise « Foi et Patriotisme » ? Et nous savons que le Roi Sihalébé aurait pu dire, avec le cadet des sept frères :

> « Pour moi, je livre volontiers, comme mes Frères mon corps et ma vie pour les Lois de mes Pères, suppliant Dieu de se montrer bientôt favorable à notre Nation. » [2ème livre des Macchabées, Chapitre 7, verset 37.]

Qu'a-t-on surtout retenu du Roi Sihalébé, sinon qu'il a choisi de périr d'inanition plutôt que de violer les saintes et Vénérables Lois des Ancêtres ? Oui :

> « Si je quitte maintenant la vie avec courage, je me montrerai digne de ma vieillesse, ayant laissé aux jeunes le noble exemple d'une belle mort, volontaire et généreuse, pour les vénérables et saintes Lois » [2ème livre des Macchabées, chapitre 6, verset 27 et 28]

Qu'un blanc fasse une grève de la faim et aussitôt son geste provoque une levée de boucliers parmi les blancs.

Mais ces mêmes blancs trouvent très normal de parcourir des milliers de kilomètres à travers les mers pour venir déposséder un Roi africain de son Pouvoir et de le soumettre à un régime de détention incompatible avec la religion, le statut social et politique hérité de ses Ancêtres. Intolérance !

Le Roi Sihalébé disparu en 1903, c'est après cinq ans d'interrègne que, en février 1908, le Conseil Restreint lui trouvant un successeur en la personne de Adyunebay Diédhiou qui prit le nom de Sibilluyan, celui-là même qu'avait proposé le Roi Ahumusel Diabone.

Pourquoi une si longue vacance ? Outre que la période était fort troublée de par la guerre de « pacification » du Kasa, il fallait aux « Anciens » la certitude que le Roi Sihalébé exilé à

Sédhiou, alors capitale de la Casamance, n'était plus de ce monde.

Contenu du message de la Reine Alinsiitowé Diatta

> « Deus, auribus nostris au divimus, pater nostri narraverunt nobis opus quod operatus es diebus eorum, antiquis ». [Psaume 44 ,2-3].
>
> « ô Dieu, nous avons entendu de nos oreilles, nos Pères nous ont raconté l'œuvre que tu as accomplie de leurs jours, aux jours des Anciens, de ta propre main ».

Nous avons dit que, pour le Kasa, la Reine Alinsiittowé est une héritière spirituelle et politique des grands Rois Flup Ahumusel Diabone et Sihalébé Diatta.

Le message de la Reine Alinsiittowé Diatta de Cabrousse est essentiellement l'annonce des temps nouveaux, par le Renouveau de la Nation Flup, prélude à un Renouveau plus vaste ; celui de la Nation casamançaise qu'elle était en train de bâtir, non par des armes meurtrières, mais par union des cœurs et des esprits, dans un commun vouloir de vie commune : la Nation casamançaise.

Renouveau temporel, bien sûr, mais surtout renouveau spirituel qui doit s'entendre à tous les Hommes de bonne volonté dans un Amour sans frontières.

Ce message est religieux, culturel, économique et politique.

Message Religieux

1. Le renouveau religieux de la Nation se manifeste dans la vie et l'action de la Reine Alinsiittowé par un effort de Restauration judicieuse du Culte Animiste, de la Tradition antique dans la pure fidélité aux anciens.
2. Alinsiittowé préconisa également la promotion, le développement et l'enrichissement du culte, grâce aux Sacrifices du « Husila », Charité dont la célébration doit toujours attirer une foule considérable de gens, sans distinction de race, de culture, de sexe, de condition, d'âge et autres, pas même de religion, dans une assemblée communautaire par excellence, vivante, fraternellement unie et priant demandant au Ciel la pluie nécessaire à la Prospérité temporelle du Pays, débouchant sur une Prospérité spirituelle.
3. En outre, la Reine Alinsiittowé procéda à la Remise en Honneur de la Semaine animiste de Six jours, avec le respect scrupuleux du jour royal « Huiay », qui est le Sixième jour et jour de Repos en quelque sorte sabbatique.
4. D'autre part, la Reine Alinsiittowé œuvra l'Enrichissement de l'Antiphonaire traditionnel, donc du Répertoire des Chants Religieux Anciens et Nouveaux, Culturels ou profanes.
5. Ensuite, Alinsiittowé ne se départit point du Respect de la Liturgie, des Prêtres et autres Chefs Religieux Traditionnels ou non.
6. Enfin, loin de la renier, Alinsiittowé a indéfectiblement maintenu sa Foi traditionnelle au Dieu unique, pur Esprit, infiniment parfait, Éternel, Créateur, Souverain Maître de toutes choses et Providence.

   Sa Foi aux Esprits « Ushin », bons ou mauvais, créés par Dieu. A l'origine tous étaient bons, et servaient d'intermédiaire entre Dieu et les Hommes.

   Les uns sont bons et fidèles à leurs missions ; d'autres ont dévié du droit chemin en voulant détourner à leur seul profit tout ce que les Hommes leur confiaient à remettre à Dieu.

Aussi Dieu les a-t-il punis en les mettant sur la touche, et en leur retirant toute fonction.

Toujours dans le domaine dogmatique, Alinsiittowé a maintenu sa Foi en l'Immortalité de l'âme humaine qui est spirituelle, donc immatérielle. Également sa Foi en l'Au-delà : vie future, qui peut être vie de Bonheur au « Husandyun », séjour des Bienheureux, c'est-à-dire ceux qui sont morts en état d'amitié parfaite avec Dieu. Sa Foi en une « vie d'attente » au « Kuhuka », « Huk signifiant « Nuit », séjour des ombres et lieu de Purification dans une vive aspiration au Bonheur des Bienheureux de « Husandyun »

Vie de Châtiment quand on « sort » en « Afurafur » pour souffrir sans repos nulle part dans un monde qui n'en est pas un : celui des « Errants ». Et ce, parce que l'on est mort en rupture d'amitié avec Dieu. On devient Revenant.

7. Quand Alinsiittowé disait de rester calme et confiant, de prier Dieu et de compter sur ce Père du Ciel aimant, Clément et Miséricordieux, qui écoute ses Enfants de la Terre, elle prêchait à sa façon la Foi, l'Espérance et la Charité, l'abandon lucide à la Divine Providence.

Message Culturel

Dans une perspective d'enracinement, la Reine Alinsiittowé préconisa la Remise en honneur de tout ce qui est vie, chants, vêtements, vases, nourriture, jeux et Sports, ornements ustensiles et instruments traditionnels, bref, tout héritage positif du passé.

Dans un contexte d'ouverture, sa largeur de vue lui a fait préconiser l'acceptation judicieuse de tout apport positif de l'extérieur. Exemple, le vin rouge qu'elle faisait servir à ceux qui le désiraient, tout en prescrivant le vin de palme pour les Sacrifices.

Alinsiittowé demanda à ses compatriotes d'être fiers d'eux-mêmes, de leurs corps, de leur âme, de leur esprit et d'en prendre soin par des activités d'ordre physique, intellectuel et moral. Fiers de leur pays, fiers de leurs ancêtres et tout ce qu'ils nous ont légué. Fiers de leur langue, de leur civilisation et de leur culture ; la perte de sa langue étant un signe de la perte de son identité culturelle entraînant tout le reste, donc le déracinement. En avait-elle souffert à Ziguinchor et surtout à Dakar ? Je ne puis l'affirmer.

Alinsiittowé demanda aux casamançais de pas avoir honte des faiblesses ou insuffisances de toutes sortes de leurs Ancêtres, mais en transcendant ces contingences, d'être digne d'eux, en s'efforçant de les égaler en qualités et vertus telles que : courage, longanimité, magnanimité, lucidité, amour du bien et de la beauté ; elle-même, malgré sa petite infirmité qui la faisait boitiller, était d'une beauté remarquable. Elle demanda encore de faire preuve de sagesse, de rectitude de jugement, et d'équilibre, et de tant d'autres valeurs dont devraient se souvenir de nos jours ceux qui se renient jusqu'à avoir honte de cette Casamance leur Pays, et son passé pourtant glorieux : Renégats que fustige la rengaine satirique bien connue de tout danseur de « Bugoer ».

O Soli Burama
Ampai Awagna
Ampai Awaa
Nyayi Ateba butune
Nyayi Ateba vyad
Av none Kawolofenor !

N'oublions pas que la Reine Alinsiittowé était illettrée, âgée de moins de trente ans, n'avait fréquenté ni milieu nationaliste, ni cellule révolutionnaire. Mais elle est casamançaise, et, en tout casamançais sommeille un nationaliste farouche.

J'aimerais savoir combien de nos « Prophètes » actuels de ceci et de cela, avaient, en 1942, face au Colon et dans les colonies, la possibilité et surtout le courage de parler solennellement de Négritude, d'authenticité, de Retour aux sources et que sais-je encore ?

Oui, pendant que certains, militaient dans les Salons parisiens pour ceci et cela, Nous autres casamançais, y compris nous les adolescents d'alors, étions pourchassés parfois tués par le Colon, pour avoir revendiqué, affirmé, défendu notre liberté, notre indépendance et notre identité casamançaise.

C'est pour moi l'occasion de redire que la Négritude se vit et ne se pense pas : car la Négritude est d'abord une Vie.

Nous avons des Ministères de la Culture, de l'Éducation Nationale, de la jeunesse et des Sports, et malgré cela, on ignore Alinsiittowé qui préconisait le soin du corps, ainsi que l'acquisition de la sagesse, l'éducation, le développement de l'intelligence par l'instruction, en un mot le soin de l'âme, du corps et de l'esprit. Alinsiittowé fait peur ! Il faut que l'on dise aux casamançais pourquoi elle fait peur. Sinon pourquoi ce mutisme, ce silence qui enveloppe sa mémoire ; pourquoi vive ou morte, Alinsiittowé doit rester exilée depuis 1943 loin de son Pays, sa Patrie. Pourquoi ne pas retrouver sa Casamance natale pour éventuellement reposer parmi ses Ancêtres ?

Je somme le Gouvernement sénégalais de s'expliquer clairement là-dessus.

La Casamance ne se gargarise plus de mots.

Message Social

1. Partant du principe que tous les Hommes sont frères, Fils d'un seul et même Père qui est dans les Cieux, la Reine Alinsiittowé préconisa le maintien et le développement de l'entraide fraternelle, de la Solidarité en toutes circonstances, de l'esprit communautaire, de l'hospitalité envers tous les Hommes, de la générosité dans le partage sans regret et sans espoir de contrepartie, de tout ce que Dieu nous donne et met entre nos mains.
2. Toujours selon la Reine Alinsiittowé, ces vertus doivent se concrétiser par les sacrifices dont le plus solennel et plus populaire est celui du « Husila », ou « sacrifices de la

charité », qui réunit obligatoirement au moins tous les habitants du village, même les étrangers de passage.

A cette occasion, pas de cuisine à la maison, mais seulement sur la Place Publique du Sacrifice. Une même mesure de riz pilé à cotiser, à la portée de tous, était imposée à chaque foyer comme participation aux frais du sacrifice. Ainsi évitait-on :

- D'humilier les pauvres.
- De faire du gaspillage.
- De gaver les familles nombreuses.

Tout devait se consommer sur la place publique : riz, viande, farine de riz vin de palme, miel, etc.

Rien ne devait être introduit dans les cases. Donc point de fraudes éventuelles malgré ce grand concours de peuple.

Ainsi ne savait-on point si ceux qui se trouvaient sur la Place pour ces prières, ces agapes publiques et fraternelles, avaient du riz à la maison ou pas.

Grâce à ces Repas Sacrés, le pauvre qui avait faim pouvait pendant les six jours que devait durer au moins ces sacrifices du « Husila », manger à sa faim, sans recourir à la mendicité toujours mal vue et honteuse en milieu Diola traditionnel.

Un Pauvre pouvait ainsi, puisque les célébrations n'avaient pas lieu à une même date partout, se rendre de village en village, pour prendre son repas, en y passant éventuellement toute l'octave.

Sa présence devait obligatoirement être interprétée comme un acte posé en esprit de communion fraternelle physique, morale et spirituelle : un souci de solidarité communautaire. Un Pauvre pouvait, de cette façon, assurer une partie de sa subsistance en période de soudure. Précisons que le Fétiche « Husila » est antérieur à la Reine Alinsiittowé. Son existence remonte à la nuit des temps.

La Reine a tout simplement redonné plus de vitalité et de solennité à son culte alors très vivace et prospère en Guinée portugaise, mais qui tendait à s'estomper en cette Casamance, alors plus sujette à diverses influences.

A l'occasion des Sacrifices du « Husila », la Reine priait et faisait prier pour la Nation casamançaise, pour tous les Étrangers présents à Cabrousse et en Casamance, pour les Hommes de bonne volonté, et pour tous les Habitants de la Terre : les Hommes étant tous des Enfants de Dieu. Elle demandait à Dieu de changer le cœur des Méchants, tout en les traitant selon sa justice et sa Bonté.

La Reine Alinsiittowé insistait beaucoup sur la Prière pour toute la Casamance ; pour son unité, pour sa prospérité, sa liberté, pour la Paix et la Concorde entre tous ses Fils ; pour la santé, la protection et le bonheur de tous ses habitants qui ne doivent jamais tourner le dos à Dieu sous peine de connaître les pires malheurs. Unité, liberté, solidarité, vaste et beau Programme en ce milieu traditionnel Kasa où l'on ne vit pas seul. Il y a en effet toute la Communauté, clanique, villageoise, nationale, qui vous porte dans un réel élan de partage, de solidarité dans la joie et dans la peine. Oui, que cette Communauté soit familiale, ou encore le Clan, la Cité, la Nation, ou encore la Communauté Religieuse, la Classe d'âge, la Société de Travail, ou toute autre entité, on ne vit pas seul, on ne se sent pas seul. On est solidaire dans la récompense comme dans la Châtiment, tant dans le domaine temporel que du point de vue spirituel.

Recours aux Repas de « Husila » et au Grenier Collectif détenu et géré par le Roi voilà un bel exemple de Solidarité vivante et agissante qui ne se gargarise pas de mots vides dans ce Pays ou l'on parle beaucoup et agit peu.

La Reine Alinsiittowé a préconisé, pour l'acquisition, le maintien et le développement des vertus sociales, l'Amour et le Respect des Parents, de la Parole Donnée, de sa Patrie, du Travail, et l'Amour de la Terre, surtout la Terre des Ancêtres qu'il faut préserver et mettre en valeur.

Nous avons un Ministère de la Santé et des Affaires Sociales, de la Promotion Humaine, de la Condition féminine ; nous avons des femmes dans le gouvernement, et même, pardonnez-moi ce mot qui n'est ni agressif ni irrévérencieux, une idole ; des femmes à l'Assemblée Nationale, dans les Conseils Municipaux ; où donc ne sont-elles pas : nos Mères, nos Sœurs, nos épouses et nos filles ? Et, malgré cela, on ignore Alinsiittowé, elle fait peur.

Qui a peur d'Alinsiittowé a peur de la Casamance. En tout cas la Casamance ne renoncera à aucun de ses Droits pour les beaux yeux du Sénégal qui, de nos jours encore, lui en fait voir de toutes les couleurs.

Il est temps que le gouvernement sénégalais, champion des Droits de l'Homme, s'explique devant le monde en général, et en particulier, devant la Casamance qui réclame le retour de son Enfant.

Je somme le gouvernement sénégalais de s'expliquer sans ambiguïtés sur le cas Alinsiittowé.

Que la Presse Nationale et Internationale parle comme elle l'a fait pour le cas Ben Bella. Elle est grosse, n'est-ce pas, la paille algérienne ? Je dénonce cette complicité du silence à tous les niveaux.

Le multiforme contentieux entre la Casamance et le Sénégal doit être réglé de façon claire, juste et définitive.

Président Senghor, vous avez la parole.

Message Économique.

Peut-on exister, subsister, et s'épanouir physiquement, intellectuellement, moralement et même spirituellement sans un réel Développement Économique ?

« Il faut un minimum de bien-être pour servir Dieu correctement », nous disent certaines personnes.

D'autres nous proclament :

> « primum vivere, dein de philosophari ». « Vivre d'abord, philosopher ensuite ».

Et moi, très prosaïque peut-être, je suis avec le petit peuple qui constate tout bonnement que :

> « Ventre affamé n'a point d'oreilles »

Je demande à ceux qui seraient tentés de se remplir les poches au détriment du Peuple de prendre garde aux explosions plébéiennes ; à ceux qui le gavent de slogans idéologiques, électoraux et autres, de commencer par remplir, bourrer le ventre du Peuple ; ensuite, ils pourront tout obtenir de lui.

Le slogan du Peuple est très simple :

> « Nourrir-Soigner- Eduquer »

Le reste n'est que verbiage. Autrement, les slogans les plus beaux ne seront que du vent à ses yeux, à son avis.

La Culture de l'Esprit passe par la Culture de la Terre. Personne ne pourra me persuader du contraire.

1. Très ouvert aux problèmes de l'heure, Reine Alinsiittowé, sans tourner le dos au progrès, insista sur la Remise en honneur des produits locaux : à commencer par l'utilisation du Miel, d'abord pour les Célébrations Liturgiques, ensuite parce que produit du pays, à son avis plus naturel, et aussi plus sain, plus nutritif, semble-t-il, de préférence au sucre, jugé d'autre part dispendieux et difficile à se procurer.
2. En outre, la Reine Alinsiittowé recommanda l'abandon progressif de l'Arachide, Culture importée, imposée : nourriture d'esclaves, parce que pauvre ; nourriture des esclaves parce que cultivée par eux et pour eux ; nourriture d'esclaves, donc de gens privés de liberté, entendez Colonisés et bois d'ébène.

   Arachide, Culture importée et surtout imposée dans le Kasa ? Oui ! dans mon jeune âge, j'ai vu imposer la culture de l'Arachide à mes compatriotes. On leur imposait les semences sous la menace des cravaches qui s'abattaient souvent sur eux.

   Outre qu'ils étaient encore en pleine Résistance tantôt Active, tantôt Passive, les Kasa entendaient aussi

> poursuivre la Culture des Denrées traditionnelles : Riz, Manioc, Patates, Haricots etc. Et voilà qu'on les obligeait à saccager leurs Forêts et bois sacrés pour cultiver les arachides.
>
> Beaucoup de Compatriotes, après avoir été contraints de prendre leur sac de semences, préféraient s'en dessaisir, quitte à troquer ensuite d'autres produits pour se procurer deux sacs d'arachides à rembourser à la Société de Prévoyance, cette fameuse « SP ». Nous, les petits, nous pouvions voir les coups de cravaches pleuvoir sur nos Parents pour Refus de prendre de l'Arachide à Cultiver. Cela marque fortement un enfant de six à douze ans, qui ne se trouvait ni en ville, ni dans les Salons parisiens, mais bien sur le terrain et de la Culture des denrées, et des opérations d'un colonialisme forcené.
>
> Nos Parents ont été lents à se mettre à la Culture de l'Arachide, et l'on veut, à présent, les remettre du jour au lendemain à une Diversification intensive et extensive des Cultures ! Les plus fous ne sont pas toujours ceux que l'on pense. Et souvent, nos bourreaux d'hier deviennent nos conseillers et Experts d'aujourd'hui.
>
> Ils jugent les Paysans casamançais irrécupérables et réfractaires à toute « conversion des mentalités » quand eux-mêmes, dès les débuts de toutes opérations, ont été indécrotablement incapable d'avoir les « deux » pieds sur terre.

Tout en déconseillant la culture de l'Arachide, la Reine Alinsiitowé avait, pour sa part, mené une campagne intensive et persuasive ; en faveur de la Diversification des Cultures ; du travail acharné manuel ou intellectuel. Malheureusement, le blanc, en l'arrêtant et en l'exilant, n'avait pas permis à la reine de mener à bonne fin son action ni de donner toute sa mesure. Elle bâtissait une véritable nation casamançaise. Oui, elle existe bel et bien dans toutes ses réalités cette Nation casamançaise qui fait tant peur au Sénégal et l'agace allergique ment.

3. Oui, la Reine avait préconisé la Remise en honneur des Cultures Traditionnelles : Riz, Manioc, Patates, Haricots, etc. car :

   > « Cette Arachide, véritable Reine par laquelle on détruit nos Bois Sacrés et nos Forêts, cette Idole des Blancs, connaît la Mévente. Une fois redevenus Maître de notre pays, cela ne tardera pas beaucoup, cette Arachide nous restera entre les mains : nous ne saurons qu'en faire »

   Au plus fort des Festivités du « Husila », certaines personnes « saisies par une force irrésistible et invisible », imposaient silence à la foule pour déclarer :

   > « Voici ce que j'ai vu : Si nous refusons de Cultiver l'Arachide, si nous ne donnons pas notre riz, si nous désobéissons en tout au blanc, il va venir et détruira notre Nation »

   Bref, c'était, avant la lettre, déjà l'Évangile et le Mouvement Charismatique en bon ménage.

   > « D'accord, proclamait solennellement la Reine Alinsiitowé ; continuez à cultiver l'Arachide !
   >
   > Donnez votre riz au blanc, comme on vous l'exige. Eh ! Bien voici que le Ciel sera fermé et vous n'aurez plus assez d'eau pour renouveler vos Réserves de Riz comme aux Temps anciens. »

   Le Kasa a bougé, il a été inquiété, avec l'intervention de l'armée française dans la région. Un village récalcitrant, comme celui d'Effok, a été entièrement rasé. Mais, le Riz ayant été versé, par contrainte, il est vrai, il faut le dire le Pays, dès cette époque, a connu la sécheresse ; et les habitants ne parviennent plus à reconstituer leurs Réserves de riz comme aux Temps anciens.

4. Le meilleur remède à la sécheresse ne serait-il pas de faire revenir Alinsiitowé dans sa Patrie casamançaise ? Le Sahel, qui fut, un moment du moins Terre de Détention de la Reine Alinsiitowé, n'est-il pas, ou plutôt ne serait-il pas, actuellement, en train de payer très cher un crime du gouvernement français, ainsi qu'une collusion et un Silence coupable du gouvernement sénégalais ? Il est permis de se le demander. Le plus fort de la sécheresse ne fut atteint

qu'une trentaine d'année après la Proclamation de la Reine Alinsiitowé. Pourquoi un si long délai ?

a) Un voyant ne vous dit pas toujours de façon précise à quel moment se produira tel événement.
b) Pour un fils du terroir, l'explication est bien plus simple. Le Déficit pluviométrique, au cours des années, est allé croissant, pour atteindre son point culminant une trentaine d'années après Alinsiitowé.
c) Pendant ce temps, le Kasa rognait sur les réserves vivrières. Étaient-elles si importantes, ces réserves de riz ?
d) En milieu Diola-Flup traditionnel, pour mariage, la jeune fille dispose d'une dot au sens occidental du terme ; quote-part qu'elle apporte au même titre que le garçon, composée essentiellement de Riz offert par son Clan d'origine.
e) Le Nouveau foyer commence par utiliser le riz de la Jeune fille avant d'entamer celui du garçon.
f) Pendant ce temps, le Jeune Couple continue à cultiver ses terres et rizières pour maintenir et, si possible, augmenter, son capital vivrier.
g) Or, j'ai des cousines animistes qui avec leur dot en riz, ont nourri le ménage pendant plus de 8-10-12 ans. Et pourtant, entre-temps, de nombreux enfants sont nés dans le foyer.
h) Pour épuiser totalement la dot de la fille, celle du garçon, et tout le riz cultivé par le jeune couple, un délai de trente ans n'est pas excessif ;
i) Ce qui explique pourquoi en milieu Diola traditionnel, les greniers de riz n'ont été complètement vides que vers les années 1972-1974, c'est-à-dire donc au plus fort de cette fameuse sécheresse.

« Voici que le Ciel sera fermé et vous n'aurez plus assez d'Eau pour renouveler vos Réserves comme aux Temps anciens ».

5. Dans notre jargon d'aujourd'hui, nous parlons de diversification des cultures, de détérioration des Termes de l'échange, de sécheresse, et même de sécheresse cyclique. Alinsiitowé ne savait ni lire, ni écrire ; n'a pas fréquenté une école de Part, ni n'était Diplômée de telle faculté de sciences politiques et économiques. Mais avons-nous trouvé

et dit mieux que cette femme qui n'était pas ingénieur Agronome ou Météorologue ?

6. Alinsiitowé conseilla également la culture du riz rouge, parce que autochtone, léguée par les Ancêtres, seuls à l'utiliser dans les célébrations Liturgiques ; plus résistant aux fluctuations pluviométriques ; plus hâtif et demandant moins d'eau et moins d'entretien, donc d'un appoint important pour la soudure, et assurant, bon an mal an, une récolte convenable.
7. Eh bien ! Nous avons des Ministères de l'Agriculture, du Commerce et de l'Industrie ; malgré cela, on ignore Alinsiitowé. On veut l'ignorer totalement.

   Du point de vue économique, ce que la Reine a dit est-il vrai ou faux ? Important ou négligeable ? Urgent ou pas ? La Casamance attend la réponse claire du gouvernement sénégalais.

Si ce que la Reine a dit est faux, négligeable ou pas urgent, pourquoi en tenir rigueur à une pauvre femme qui radote, à une « minus habens » ? Pourquoi ne pas laisser rentrer chez elle une pauvre imbécile ?

Le Sénégal n'a pas à dire que ce n'est pas son affaire. Ce serait très grave. Le Sénégal a pris la relève de la France. Or Alinsiitowé a été officiellement exilée par le gouvernement français. Donc le Sénégal doit officiellement faire la lumière sur le cas Alinsiitowé, et surtout prendre les mesures urgentes et nécessaires pour que, vive ou morte, Alinsiitowé, soit rendue à la Casamance, sa Patrie.

Si ce que la Reine a dit est vrai, important, urgent, qu'a fait le gouvernement sénégalais depuis l'Autonomie interne pour remédier au mal ? Pourquoi lui en tenir rigueur ? Il faut qu'elle revienne à tout prix.

Alinsiitowé fait peur ! Et pourquoi ? Elle n'a pas eu affaire avec le Sénégal. Et pourtant, jusqu'à ce jour ce n'est pas son Message politique qui dissipera cette crainte.

Si le Sénégal en fait une affaire d'État, c'est son Problème et non pas celui de la Casamance qui revendique son droit, rien que son droit. Droit à l'Autodétermination.

Droit réel, inaliénable, non négociable et imprescriptible. Et je dénie à quiconque la prétention de dire à la Casamance, par quelque manière que ce soit :

> « Casamance, tu n'a pas le droit de réclamer ton droit. »

Personne ne doit non plus dicter à la Casamance ce qui est bon ou mauvais pour elle. Il faut que cela soit clair pour tout le monde. Et quiconque nourrit ces prétentions me trouvera son chemin. Je suis casamançais jusqu'au bout de mes cheveux, des ongles et des dents.

> « On ne vous demande pas de produire, on vous demande de prouver que c'est possible »,

vient de dire à un technicien en fonction en Casamance une haute autorité bien décidée à pratiquer méthodiquement le sabotage économique de la Casamance.

Message Politique

1. Les Contemporains de la Reine Alinsiitowé ne semblent pas avoir été toujours d'accord sur l'interprétation d'une partie de son Message politique.

   Certains disent en effet que la Reine Alinsiitowé aurait prêché une Résistance active contre la France coloniale : lutte armée, Refus systématique du service militaire, des corvées, de l'Impôt sous toutes ses formes, surtout l'impôt en riz, Refus de toute collaboration avec l'Administration coloniale et avec ses auxiliaires indigènes.

   Sur les Cinq Impôts exigés annuellement dans le Kasa, un seul devait être payé solidairement par chaque collectivité villageoise. C'est l'Impôt en bétail et volaille (bœufs, chèvres, porc, poulets, canards, etc.).

   Quant aux quatre autres Impôts, chaque foyer kasa devait payer chacun d'eux : impôt en argent, miel, caoutchouc, et surtout riz. Il faudrait y ajouter une autre corvée considérée aussi comme un Impôt : la capture de la mouche tsé-tsé. Il fallait les apporter vivantes, en plus grand nombre possible, dans des bouteilles ; l'impôt en bétail humain pour le Front, pour les canons de Adolf Hitler.

   La Thèse de la Résistance Active fut la position de la majorité des villages du Kasa Sud .De plus, la Reine Aloendiso Tendeng, dans le Royaume Afiladyo, et la Reine Awentorébé, à Siganar, ont été accusées, et inquiétées par l'Administration Coloniale, d'avoir opté pour cette position radicale tout en se réclamant du Testament Spirituel de la Reine Alinsiitowé.

   A Youtou, et à Effok, la Reine Gnakoueousso fut inquiétée pour les mêmes raisons, au point de passer pour une émule de la Reine Alinsiitowé. De Youtou son village, elle se réfugia en Guinée portugaise. Plus tard, ses enfants participeront activement, au sein du Paigc, à la guerre de libération de la Guinée-Bissau.

Je saluerai volontiers le premier Chercheur qui nous fournira un travail très sérieux sur la « Participation des femmes à la Résistance casamançaise ».

Dans le Journal du Pré-séminaire de Carabane, à la date du 30 Janvier 1943, donc le jour même du départ définitif du Kasa de la Reine Alinsiitowé, le Père Henri Joffroy écrit- nous citons :

> « On recommande aux séminaristes l'âme d'un bon catéchiste d'Oussouye, Augustin Manga, qui a été tué sauvagement par les gens d'Effok, près de Santhiaba Manjak, où il faisait le Catéchisme.
>
> Les Pauvres gens d'Effok, on leur pardonne, il le faut, sont affolés, car les tirailleurs cernent leur village parce qu'ils se sont sauvés : on voulait leur réquisitionner du riz. Ces sauvages refusent de rentrer chez eux comme font les gens de Youtou, alors c'est la guerre ».

D'autres habitants du Pays soutiennent, au contraire que la Reine Alinsiitowé a préconisé une Résistance plus modérée dans sa forme aussi efficace, donc sélective, plus proche de la Résistance passive, déconseilla donc la lutte armée.

Cette attitude prévalait dans la majorité des villages du Centre et du Nord du Pays Kasa. Elle fut souvent celle de la Reine Sibeth de Siganar, qui pensa plus habile d'insister beaucoup, pour ne pas dire essentiellement, sur l'héritage spirituel de la Reine Alinsiitowé.

La position de retrait apparent adoptée par Sibeth, jointe à son humour parfois noir, réaliste et quelque peu cynique, ont largement contribué à rendre plus énigmatique encore la forte personnalité de cette femme déjà fort inquiétante pour ne pas dire troublante.

2. Une chose est cependant certaine : l'unanimité se fait parmi ces populations du Kasa, et de toute la Casamance, pour affirmer que la Reine Alinsiitowé était pour le principe du Refus de toute Domination Extérieure exercée, soit directement, par le blanc en personne, soit indirectement, par les Cadres Auxiliaires indigènes au Service de l'Administration coloniale.
3. Alinsiitowé n'était pas non plus pour la Domination du Pays des Diola par d'autres noirs envoyés par des noirs agissant pour leur propre compte. En ce domaine, ce qui était valable hier, l'est encore aujourd'hui plus que jamais. Oui, le temps où n'importe qui faisait n'importe quoi impunément en Casamance est définitivement révolu.

> « Je vois venir le jour, dit Alinsiitowé, pas très lointain, où le blanc qui nous commande quittera notre Pays. Il remettra l'Autorité aux fils du Pays noirs, aux Habitants de la Casamance qui en disposeront.
>
> « Comme aux Jours Antiques, tout pouvoir Étranger sera banni sous toutes ses formes. Désormais plus d'impôts de servitude, plus de corvées ; plus de régime discriminatoire de toutes sortes ; plus de travaux forcés ; plus de capture de la mouche tsé-tsé.
>
> « Alors le Pays ne saura que faire de cette Arachide importée par le blanc, laissé par le blanc, qui nous restera entre les mains et nous donnera beaucoup de soucis : Car elle connaîtra la mévente.
>
> « Ayez confiance en Dieu, et ayez confiance en vous-mêmes. N'ayez pas peur : Car l'Heure de la Libération est proche. N'oubliez pas Dieu et Dieu ne vous oubliera pas. Servez-le chacun selon sa foi, mais toujours dans l'unité, la Concorde, la paix, la Solidarité, la Vérité et la Justice, la Charité et l'Amour du Bien.
>
> « Ainsi bâtirez-vous, dans la Liberté et dans la Prospérité, le Travail et le Don de Soi, une Casamance

> Libre, Belle et Forte, riante et glorieuse, comme aux temps de nos ancêtres.
>
> « Voilà une partie de ce que j'ai entendu et que Dieu me charge d' annoncer »

4. La Reine Alinsiitowé ne savait ni lire ni écrire ; elle était âgée d'environ vingt cinq ans. Elle ignorait notre jargon actuel ! Souveraineté Nationale, Indépendance, ou Autodétermination, Liberté d'Association avec d'autres Pays, etc.

   A chacun d'apprécier, selon ses critères, sans cependant l'altérer, la Valeur de ce Message politique de la Reine Alinsiitowé, tel qu'il se transmet de bouche à oreille, en Casamance, depuis l'année 1940 jusqu'à nos Jours.

   Personne n'est obligé d'y croire, mais que chacun, spontanément sache respecter l'opinion des autres. C'est, je crois, le principe de toute Liberté, de toute tolérance et de toute véritable Démocratie.

5. Chose plus troublante encore, des versions de témoins contemporains, et même oculaires, affirment que pour prouver l'origine extra terrestre de son Message, la Reine Alinsiitowé offrait des Sacrifices pour faire tomber la Pluie, même en saison sèche.

   Si surprenant que cela puisse paraître, au moins une chronique des éphémérides de la Mission catholique de Oussouye tend à corroborer ces témoignages.date du février 1942, donc l'année même du soulèvement du Kasa, le Journal de Communauté des Pères du Saint-Esprit à Oussouye relate :

   > « Un grand événement : une grosse pluie tomba toute la soirée ».

   Quand on sait que les missionnaires de l'époque étaient peu suspects de sympathie pour

   Alinsiitowé, ce témoignage n'a que plus de valeur objective.

Donc, au moins une Pluie s'est abattue sur tout le Kasa en pleine période sèche, le 5 février 1942, au plus fort de la Puissance de la Reine. Faut-il l'attribuer à la prière sacrificielle de la Reine Alinsiittowé de Cabrousse ? La question reste posée.

Une bonne Grand-mère, âgée de plus cent ans me disait tout récemment :

> « Si ma mémoire ne me trahit pas un Manque d'eau a précédé l'Avènement de la Reine Alinsiittowé. Cela en signe et en punition de ses hésitations à répondre positivement à Dieu qui lui demandait d'aller proclamer son Message ».

Je demande à nos Météorologues de nous dire si, vers l'année 19420-1942, le Pays a accusé un Déficit Pluviométrique.

6. Ce que je sais moi, c'est que depuis plus de trente ans, une formation domine la Vie politique du pays ; l'a mené à l'indépendance ; le gouverne avec le concours de femmes influentes, dont une Idole, encore une fois, pardonnez-moi ce mot qui n'est ni agressif ni irrévérencieux ; et cela en ignorant totalement Alinsiittowé, une de nos femmes les plus engagées, dont les aspirations profondes ont préparé les cœurs à la naissance et au succès de ce BDS pour l'appeler par son nom. Un chat devant être appelé un chat, j'appelle cela Ingratitude !

   Oui, Alinsiitowé a préparé les cœurs des casamançais et de beaucoup d'autres Africains au succès du Bloc africain, à la naissance du Mouvement des Forces Démocratiques de la Casamance, du Mouvement Autonome de Casamance, du Bloc Démocratique sénégalais.

   Depuis 1945 que je suis la vie politique de ce pays, donc depuis l'âge de 17 ans, après avoir risqué, trois fois à Ngasobil et trois fois au Soudan Français, d'être renvoyé du séminaire pour l'intérêt porté à la vie politique du Sénégal et de l'Afrique, je suis profondément ulcéré par cette ingratitude notoire du Bloc Démocratique sénégalais.

On me disait « fervent adepte du Bloc africain et admirateur inconditionnel d'un certain Léopold Sédar Senghor ». Bien sûr, « amicus leo, sed magis amica veritas ».

Les senghoristes de la dernière heure peuvent passer leur temps à chanter les louanges du Président au lieu de lui dire la Vérité. Pour ma part, je lui dis que sa Pirogue sénégalaise prend de l'eau, à commencer par le Sud qui en a « ras-le-bol » et veut redevenir lui-même en usant de son Droit légitime, dans une opération en douceur.

Que ce Parti change de Vêtements pour devenir, à partir du BDS, successivement BPS, UPS, PS, la réalité demeure la même, et son Ingratitude aussi notoire.

Voilà comment on remercie la Casamance dans ce Sénégal d'hier et d'aujourd'hui.

7. Mais, la négritude et authenticité au lieu de l'assimilation, diversification des cultures et Abandon progressif de la culture de l'arachide, indépendance nationale alors qu'il s'agissait d'Empire français, tous les éléments étaient réunis pour provoquer une explosion fatale au maintien d'Alinsiitowé en Casamance : car, quoique vaincue, la France de 1940 n'avait nullement envie de partir de la Casamance, alors que Cabrousse devenait un pôle d'attraction.

   En effet, on venait voir la Reine et la consulter, non seulement de toute la Casamance, mais encore du Sénégal, de la Gambie, de la Mauritanie, du Soudan français, de la guinée française, de la guinée portugaise etc.

C'est pourquoi, depuis le 30 janvier 1943, date de son Exil Sans Retour, une complicité du Silence systématiquement entretenue par les Autorités sénégalaises, entoure, comme au temps colonial, la mémoire d'Alinsiitowé.

Il plane sur le Sort d'Alinsiitowé une mystérieuse complicité du silence que le gouvernement sénégalais entretient pour raison d'État, sans doute, mais dont la Casamance ne fait pas son problème. La Casamance veut récupérer son enfant, un point, c'est tout.

Le reste n'est pas son problème, et elle ne s'en embarrasse pas. La vérité, rien que la vérité sur la Reine Alinsiitowé qui doit revenir immédiatement en Casamance, voilà le seul problème d'un fils authentique de la Casamance.

- Président Senghor, la Casamance vous réclame Alinsiittowé !
- Président Senghor, la Casamance vous réclame son propre statut !
- Président Senghor, la Casamance vous somme de vous expliquer.
- Président Senghor, la Casamance a fait de vous ce que vous êtes ; la Casamance vous demande des comptes.

8. La Casamance constate que, dans ce Pays, on rappelle sur tous les tons le Retour d'Exil de tel ou tel personnage religieux ou politique, local ou étranger, vivant ou mort, mais que l'on ne fait rien, absolument rien, pour Alinsiitowé. Pourquoi ce silence et pourquoi cette discrimination ? Je somme le gouvernement sénégalais de s'expliquer.

   La réponse, je la connais cependant. Elle est simple : la Casamance, ce n'est pas le Sénégal.

Pour une fois, je suis d'accord avec le gouvernement sénégalais. La Casamance n'est pas et ne peut pas être sénégalaise. Je suis absolument d'accord là-dessus.

Mais alors, pourquoi fatiguer les casamançais avec Lat-Dior et autres Héros Nationaux sénégalais ? C'est purement et simplement un Impérialisme Culturel : la Mère de tous les autres Impérialisme. C'est pourquoi, même après ma mort, je combattrai en Casamance tout Impérialisme Culturel.

Quand nos grands personnages vont à l'étranger, ils se rendent volontiers à tels et tels lieux, comme en pèlerinage, pour raviver le Souvenir de telle personnalité ou tel héros.

Jamais rien pour Alinsiitowé. Jamais une personnalité sénégalaise ne s'est officiellement souciée, au cours d'un voyage à l'étranger, d'une éventuelle visite à un lieu de séjour ou de repos de la Reine Alinsiitowé.

La Casamance en prend acte. Et par ma voix, elle demande des comptes au Sénégal, en attendant qu'un jour, elle en tire les conséquences.

Le sort que le Sénégal fait subir à Alinsiitowé est absolument regrettable, ingratitude et Injustice, voilà ce qu'il faut avoir le courage de dénoncer dans cette attitude du gouvernement sénégalais.

Pourtant, lorsqu'elle partait pour l'Exil, Alinsiitowé bâtissait une véritable Nation.

Une Résistance de 315 ans en avait forgé le corps, il fallait une Âme.

Non qu'elle en eût point, mais, par de là les diversités ethniques, culturelles, religieuses et autres, Alinsiitowé voulait insuffler à la Casamance une âme nouvelle, un esprit nouveau.

Donc un Renouveau et un Dénominateur Commun qui fussent l'élément moteur de ce Commun Vouloir de

Vie Commune, dans le Respect de chacun et des Valeurs traditionnelles, lui permettant de projeter sur un Monde en profonde Mutation un regard lucide, dans une action intelligente, dynamique et efficace.

Alinsiitowé n'a pas créé le Problème casamançais qui lui est antérieur, elle n'a pas à en subir les conséquences.

9. La Casamance constate encore que, même la Presse Locale s'intéresse au sort de Ahmed Ben Bella. C'est son rôle d'informer. Mais pourquoi ce mutisme absolu sur Alinsiitowé ? On voit la Paille de l'Algérie et l'on ne voit point la Poutre du Sénégal. Bien sûr, on a bonne conscience de dire que c'est la France qui a exilé Alinsiitowé.

   C'est une solution de facilité qui n'en est pas une. Je dénonce le Ponce Pilatisme du gouvernement sénégalais et la vassalité des Journalistes de salons et de Climatiseurs quelque peu conditionnés comme l'air qu'ils respirent, orientés, si vous le préférez, qui se font dire et disent n'importe quoi, quand ils ne se taisent au lieu de parler.

   Bien sûr Alinsiitowé n'est pas une citoyenne sénégalaise : ce n'est qu'une simple Diola, entendez une casamançaise, alors pourquoi s'en faire ? La Casamance en prend acte et attend patiemment son heure. Elle finira bien par sonner, peut-être plus tôt qu'on ne pense.

   Bien plus, avec amertume, la Casamance constate que cette même presse locale se fait l'écho du cas d'un Rudolf Hess. Qu'elle fasse son travail d'informer.

   Mais alors, pourquoi se taire sur le sort de la Reine Alinsiitowé ? Bien sûr, Alinsiitowé n'est pas une citoyenne sénégalaise : elle n'est qu'une simple Diola ; alors pourquoi s'en faire ? Le Sénégal a d'autres chats

> à fouetter que de perdre son temps et son argent à rapatrier une Diola illuminée et agitatrice démagogue.

Alinsiitowé a été internée et exilée bien avant la capture des criminels Nazis. Pourquoi la presse sénégalaise ne s'intéresse-t-elle qu'aux cas de Ben Bella et de Rudlof Hess ? Bien sûr Alinsiitowé n'est pas une citoyenne sénégalaise : ce n'est qu'une simple Diola.

Pourquoi le gouvernement sénégalais observe-t-il un mutisme plus coupable encore que celui des Autorités coloniales françaises ?

En internant et exilant Alinsiitowé, la France, qui n'avait rien à faire en Casamance, a violé les Droits de l'Homme. En marchant fidèlement sur ses traces, le Sénégal se laisse éclabousser par ce crime.

Oui, Alinsiitowe est une épine dans le géant sénégalais qui se veut Champion des Droit de l'Homme.

Qu'est-ce à dire ? Il faut être logique et en tirer les conséquences : ça suffit ! Alinsiitowé n'est pas une Criminelle. Elle n'a jamais eu non plus, de problème avec le gouvernement sénégalais.

Donc, qu'on nous la rende : la Casamance réclame son enfant. Qu'on nous rende Alinsiitowé !

L'Authentique Alinsiitowé, et non pas une Pseudo-Alinsiitowé. Je prends soin de le préciser, car, avec les politiciens, on ne sait jamais : il faut s'attendre à tout ! C'est un monde qui n'est souvent pas beau !

Le seul tort d'Alinsiitowé est d'avoir prôné - Rappelons-nous bien - c'est très important pour la conclusion :

1. La Pureté de la Foi et des mœurs au lieu de l'athéisme, du matérialisme et de la licence.
2. La Négritude, l'Authenticité, le Retour aux Sources, au lieu du déracinement, de l'aliénation et de l'assimilation.
3. La Charité, la Solidarité, la Concorde et la Paix, au lieu de la haine, du racisme et de la guerre.

4. Le seul tort d'Alinsiitowé est d'avoir préconisé la Diversification des Cultures, la Constitution de Réserves de Vivres, l'autosuffisance alimentaire, l'Abandon progressif de la culture l'arachide. Elle a eu tort d'avoir annoncé la sécheresse et la Détérioration des termes de l'Échange.
5. Enfin, crime abominable s'il en est, impardonnable, Alinsiitowé a osé prôner ou annoncer l'Autodétermination des Peuples, l'Indépendance Nationale, la Liberté d'Association dans le contexte d'une égale Souveraineté Internationale.

Ces crimes le Sénégal ne saurait les pardonner à Alinsiitowé. Oui, tels seraient pourtant les raisons que pourrait évoquer le gouvernement sénégalais pour maintenir la personne d'Alinsiitowé hors de sa Patrie casamançaise.

Qu'est-ce à dire donc, sinon que ça suffit ? Oui !

- La Casamance, par la force de mon bras, frappe vigoureusement du poing sur la table : Non !
- La Casamance, par la puissance et l'éclat de ma voix s'écrie : ça suffit !
- Nous avons des députés casamançais, il faut qu'ils interpellent le gouvernement sénégalais sur le cas Alinsiitowé avant les prochaines échéances électorales. Ainsi saurons-nous ceux qui veulent réellement le bien de la Casamance.
- Finie la période de la poésie !
- Finie l'ère du sentimentalisme !
- Finie l'époque de l'injustice et de l'impérialisme culturel !

Une page de l'histoire de la Casamance vient d'être tournée ! Il nous faut aujourd'hui en écrire celle de notre génération, aussi belle et si possible même, plus belle que celle de nos valeureux ancêtres, afin de ne pas les faire hésiter à l'authentifier de leur signature : la signature de leurs qualités et vertus.

La Casamance exige des gouvernants sénégalais que tous ses héros nationaux soient honorés tous, par tout le monde, au même titre que tous les autres.

Il n'est pas normal que les jeunes casamançais d'aujourd'hui, citoyens nous dit-on connaissent moins l'histoire de la Casamance que nous autres, sujets français, du temps de l'époque coloniale. Un casamançais du Cours élémentaire deuxième année en savait plus qu'un jeune universitaire d'aujourd'hui.

Comme quoi toute évolution n'est pas nécessairement « progressive » : elle peut, hélas ! être « régressive ». Avis aux Latinistes !

Il est vrai que le Régime du Territoire Autonome de la Casamance explique partiellement l'avance de l'Ancien conquérant sur le nouveau conquérant.

Cela ne fait qu'augmenter la gravité d'un contentieux déjà lourd, car il n'y a pas de pire impérialisme que l'impérialisme culturel. Il est la mère de tous les autres. Malheureusement beaucoup de casamançais d'aujourd'hui sous-estiment les menaces que le Sénégal fait peser sur la Casamance leur Patrie. Ce sont des dangers tous azimuts.

Dans le cas présent, c'est la faute au Ministère de l'Éducation Nationale qui ne nous donne pas des Manuels d'histoire embrassant, à mesure égale, toutes les réalités historiques du pays.

Il est des gens qui se donnent bonne conscience en disant que je ne représente que moi-même. Ils feignent d'ignorer que je dis tout haut ce que pensent tout bas les casamançais authentique : c'est-à-dire celui qui est casamançais de cœur, d'âme, d'esprit, d'idéal et d'action.

Nous avons un Ministre de la Culture qui fut Père fondateur du Mouvement Autonome de Casamance, du Pra-Sénégal, Ministre de l'Éducation nationale, Ministre des Affaires étrangères, qui est secrétaire général de l'Union Régionale de

Casamance du Parti Socialiste, donc du Bloc Démocratique sénégalais nouvelle forme : qui est Député de la Casamance ; enfin, si je ne m'abuse, qui est Agrégé d'Histoire.

A ces divers titres, il aurait pu, et surtout il aurait dû mener, à tous les niveaux, une action dynamique et efficace pour que, vive ou morte, Alinsiitowé soit immédiatement rendue à la Casamance, sa mère patrie, au lieu de se faire complice du mutisme du Président Senghor.

> J'accuse.
>
> J'accuse le Gouvernement sénégalais.
>
> J'accuse Monsieur le Ministre de la Culture.
>
> La Casamance lui a fait confiance depuis très longtemps, maintenant, la Casamance demande des comptes au Ministre de la Culture.
>
> Vous avez la Parole, Monsieur de la Culture. La Casamance vous réclame un bilan clair, net, complet de votre action en faveur de vos électeurs et de leur Pays, la Casamance.

Après vingt ans d'indépendance sénégalaise, le Casamance ne supporte plus cette complicité du silence qui enveloppe le sort de la Reine Alinsiitowé.

La Casamance par ma voix et par ma plume, la Casamance redemande des comptes à Monsieur le Ministre de la Culture, qu'il s'explique, il le faut, mais la Casamance ne peut pas se contenter d'explications ! Que les Autorités sénégalaises lui redent Alinsiitowé : un point, c'est tout. La Casamance ne se gargarise plus de mots.

Je n'ai pu m'empêcher de Sourire en entendant certaines déclarations récentes, sur la Casamance, à la fois tonitruantes et non exemptes de préoccupations électorales, trop belles pour être vraies, quand on connaît les gens de ce Pays, à la fois trop malins, mais aussi hélas ! Trop naïfs, qui prennent toujours, non seulement leurs paroles pour les actes, mais encore, les casamançais pour des imbéciles ou des canards boiteux.

J'ai souri, mais d'un sourire crispé, hélas ! Car je connais de ces gars, beaux, élégants, jeunes, galants, qui ont courtisé assidûment la Dame, pour ne pas dire la Fée Casamance : puis après l'avoir séduite et envoûtée, c'est le moins que l'on puisse dire, l'ont purement et simplement poignardée dans le dos, et vendue à l'encan.

Malheureusement, on les applaudit toujours : Car la Casamance, qui sont en train de perdre les Vertus de leurs ancêtres, se vendent pour une sucette.

Il est temps que la Casamance fasse le décompte et de ses fils authentiques, et des ses vrais amis. Il nous faut débusquer et démasquer les loups vêtus de peaux de brebis.

Alors, nous demandons au Seigneur de nous préserver de uns pendant que nous nous chargerons des autres. En effet :

> *« Même l'homme qui était mon intime, en qui j'avais confiance, qui mangeait mon pain, lève le talon contre moi ».* [Psaume 40, 10]

Laissez-moi paraphraser en mêlant l'Évangile aux Psaumes :

> *« Celui qui mettait la main avec moi dans le plat a osé perfidement me tendre un croc-en-jambe, et m'a donné un bon coup de pied ».*

Quand on connaît le colonialisme sénégalais en Casamance, comment du plus grand au plus petit, le sénégalais s'est comporté comme en Pays conquis ; quand, tuant toute décence, toute pudeur, toute reconnaissance, tout respect de l'hospitalité reçus, le sénégalais, du plus grand au plus petit, se met à appliquer systématiquement en Casamance le principe du « ôte-toi de là que je m'y mette », il faut reconnaître que la coupe est pleine.

L'union fait la force. Et les casamançais savent que l'union est leur seule condition de salut : mais l'Union dans la Paix, la Concorde, l'Amour, le travail et la Solidarité, la Liberté et la Justice.

Tout casamançais, et plus particulièrement tout Député, persuadé du contraire et voulant donc prendre le contre-pied de ce que je dis devra, obligatoirement, me convoquer à un Débat au pays, devant le peuple casamançais, et autant que possible, en période électorale, même si je ne suis pas candidat, et surtout devant ses propres électeurs. Le verdict nous viendra du Peuple casamançais lui-même qui pense tout bas ce que je dis haut.

Ce serait peut-être pour moi l'occasion, devant cette Majorité Silencieuse, de démystifier une fois pour toute le prétendu « Régionalisme casamançais » ; bien que, malgré le manque de force dans mes bras, et de puissance intellectuelle dans ma grosse tête, si l'on ouvrait mon cœur, on y trouverait, tissé en lettre de chair, le « Casamance ».

Dans tous les cas, la Casamance vaincra.

Femmes fortes

Dans cette Casamance de nos Ancêtres, la société Diola Flup étant fondamentalement démocratique, il n'est pas étonnant que, au sein d'une communauté ivre d'indépendance, de liberté, d'égalité et de solidarité, des Femmes se soient levées, disons aient surgi, qui en aient imposé aux Hommes, et même aux Rois.

La Reine Alinsiitowé Diatta de Cabrousse en demeure une des plus brillantes incarnations.

Nombreuses sont cependant les femmes casamançaises qui, en pleine Résistance active ou passive, ont acquis un réel prestige, une influence considérable au sein de leur Société, au point de causer de sérieux problème à l'Administration coloniale.

Un rapport administratif de juillet 1917 note que, dans le Kasa, région « la plus intéressante et la plus délicate du Cercle à administrer en raison du caractère particulier des Flup qui l'habitent », les habitants réglaient eux-mêmes leurs propres affaires, sans se soucier de qui que ce fut. Les femmes influençaient les Hommes par des insultes, ajoute le rapport, et des sarcasmes sur leur vérité, ce qui les exaspérait. Il est aisé de deviner la substance des propos tenus par les femmes aux hommes :

> *« - Si vous n'avez rien entre les jambes, donnez-nous vos armes, passez derrière nous et laissez-nous combattre âprement le Blanc » - « Vous n'êtes bons qu'à faire des Enfants ».*

Résultats : Karounate fit échouer le Recrutement organisé en décembre 1915. Effok congédia le lieutenant Lemoine avec son escorte. Diembering partiellement désarmé ne paya l'impôt que sous la pression des tirailleurs. Mais, en décembre 1917, il chassa de la Rocca, qui dut son salut à la force armée du capitaine Vauthier, commandant du nouveau Cercle de Koemoeboel.

Pour briser la Résistance du village de Balinghore, le Cercle de Bignona, l'Administrateur supérieur Benquey suggéra l'arrestation des Féticheurs, des Notables influents et quelques femmes qui, par leurs conseils ou agissements, poussaient leurs maris et fils à résister. Et Benquey d'ajouter : Ce n'est pas la peur des blancs qui les font agir comme ils disent, mais la volonté bien arrêtée de ne pas obéir. Et cela dure ainsi depuis que nous occupons le pays, c'est-à-dire depuis 50 ou 60 ans environ » [archives du Sénégal 13 G 384].

Nombreuses sont donc les femmes qui exercèrent une influence considérable sur leur milieu ou sur toute la Casamance.

Dans le Kasa les Femmes célèbres, nous pouvons citer :

1. Akinumélob Sambou, à Oussouye
2. Ayimpen, à Siganar
3. Awentorébé, à Siganar
4. Sibett, à Siganar
5. Aloendiso Tendeng, à Soeloeky
6. Niakuhuposso, à Youtou.

Akinumélob Sambou

Née Aboshing Sambou, celle qui s'illustra sous le prénom sacerdotal de Akinumélob est la grande sœur de Salandi Sambou, qui n'est autre que la grand-mère paternelle d'un certain Abbé Augustin Diamacoune Senghor.

Aboshing connut d'abord des difficultés nombreuses suscitées par son époux, le fameux Diamuyo Diatta, une des grandes figures de la Résistances casamançaise.

Il advint en effet que Aboshing fut élue Reine de « l'Ehunya », grand Fétiche de la Fécondité Redoutant les frais qu' allait lui coûter l'installation de son Épouse dans ses nouvelles et hautes Fonctions, Diamuyo ne trouva rien de mieux que de faire opposition à l'Élection de Aboshing.

Le Conseil des Anciens maintint son choix. C'était méconnaître la détermination et l'entêtement d'un Diamuyo qui prit alors une décision quelque peu surprenante : Répudier Aboshing.

Mais à têtu, têtu et demi. Rien de plus coriace qu'une femme, surtout une femme Flup. La nouvelle se répandit alors comme une traînée de poudre dans ce milieu qui aime à la faire parler éloquemment.

Aussitôt, toutes les femmes valides du Kasa, comme un seul « Homme », montèrent assiéger la demeure de Diamuyo, Prêtes à lui donner l'assaut final en cas de réponse négative. Par des invectives et autres propos amènes ces femmes sommèrent Diamuyo non seulement de garder son Epouse, mais encore de ratifier leur choix à Elles, et, qui plus est, de s'acquitter scrupuleusement de toutes les prescriptions et autres obligations afférentes du Rituel et autres exigences du cérémonial et des manifestations.

> « Comment ! Tu es Grand-prêtre et tu ne veux pas que ta femme soit, elle aussi, desservante suprême d'un Grand Autel ? Renonce à ton Sacerdoce, si toutefois tu le peux ; à tes fonctions si tu le veux, mais laisse la paix totale à ta femme ».

« Ce que femme veut, Dieu veut ». De ce fait, ce que les femmes voulurent, eh ! bien ! Après Dieu, Diamuyo le voulut finalement, et fit grandement les choses.

A cause de cet incident tragi-comique, et peut-être aussi en prémonition des événements futurs, au moment, selon la coutume, de changer de prénom lors de son intronisation, la brave Aboshing prit le Nom très significatif de Akinumélob. C'est un Prénom très dense, et de ce fait, très difficile à rendre fidèlement, et dont une des traductions pourrait être :

> « Celle qui habite
> Par la palabre
> Avec la palabre
> Dans la palabre. »

Aux yeux de bon nombre de gens, cette attitude de Diamuyo paraît pour le moins étrange de la part d'un Prêtre d'une si grande envergure.

Aussi certaines personnes ont-elles immédiatement vu le doigt de Dieu dans le schisme, heureusement temporaire, consécutif à l'Exil momentané de Diamuyo, départ relatif aux exigences de la Résistance casamançaise.

En effet, le « Schisme » Religieux, appelé « Flisinda », s'était réellement produit à cette époque dans le Kasa. Son évocation nous donne l'occasion de faire un rappel Historique.

Il existe à Oussouye un Grand Fétiche appelé « Dianghande ». La forme contractée de ce nom est Diande ».

Ce Fétiche vient de Kaeme, village d'Eramé, en Guinée portugaise. Il fut amené par un certain Udienek, un homme du village de Dyoent.

Il installa d'abord « Diande » dans une petite forêt de Dyoent, appelée « Ahlenfeko ».

« Diande » fut ensuite transféré dans la Forêt de « Kaeme », sur la Route de Mulomp.

De « Kaeme », Diande fut transféré dans une petite forêt appelée « Dyilemboeshin », aux environs de "Buenten »' sur la Route d'Eloenkin.

De là, « Diande » fut enfin transférée dans la Forêt « Sidiak » l'actuel emplacement de ce fétiche à gauche dans la rizière, sur la Route de Oussouye à Hukut.

Avant Diamuyo, il y avait, comme Desservant de « Diande », le Grand-prêtre Sambou Diatta dont le nom de Pontificat est Ediolubay.

Rappelons tout de suite que la succession des Prêtres se fait entre deux concessions :

> Hadiam-Hoemoek, celle de Diamuyo Diatta, et Eluboeshin, celle du Grand-Prêtre Ufuloel Diatta.

Donc, la « disparition » par exemple d'un Prêtre de Hadiam-Hooemoek, ipso facto un homme d'Eluboeshin lui succédait, et ainsi de suite.

Diamuyo Diatta, « Aloémboe », c'est-à-dire Grand-prêtre de Diande, avait donc comme épouse Aboeshing Sambou, dont le nom de Pontificat est Akinumélob, de laquelle lui naquirent comme enfants :

1. Esufa, père d'une fille appelée Waé, épouse convertie à l'Islam.
2. Alilo, Baptisée sous le nom de Anna, épouse de Joseph Pereira de :
    a) Jean-Pierre Pereira
    b) Marguerite Pereira
    c) Dominique Pereira
3. Ashinoe, père de Dyikombolina, baptisée sous le nom de Suzanne.
4. Kumutay, baptisée sous le nom de Marie, épouse de Hyacinthe Diatta de la Pointe-Sainte-Georges, et mère de :
    Henri Diatta
    Frédéric Diatta.

Comme chacun le sait, Diamuyo fut contemporain du roi d'Oussouye Sihalébé Diatta, originaire du village Kahindoe, quartier Batétik.

En 1903, lors du retrait de Diamuyo sur Kaluhay Diatta, en Guinée Portugaise, le nommé Ufuloel Diatta lui succéda sur le siège du Fétiche Diande. Il était un « Anghatak » c'est-à-dire « Second » de Diamuyo.

Mais, puisque l'on ne peut pas recevoir le « Dyiloemb », donc être titularisé au sommet du Service d'un Autel du Grand-prêtre en titre, Ufuluoel immola, en sacrifice d'expiation, six bœufs, avant d'assumer la Fonction de Grand-prêtre de Diande.

Le Schisme était consommé : car les légalistes ne furent pas de son avis. Cette Rupture fut appelée « Frisinda »

Pendant ce temps, avec son ami et allié le fameux Hulikabang, alias Fodé Kaba, roi Kaluhay, notre Diamuyo administra quelques bonnes raclées aux Portugais et aux français du côté de la frontière.

Cependant, à son retour de Kaluhay, le Grand-prêtre Diamuyo ne reprit pas ses fonctions sacerdotales à l'autel de Diande. Mais il continua sa route sur Esulalu (région de Kaguinol, Mulomp, Kagnout, Samatit, donc dans le Kasa proprement dit), d'où il ramena le Fétiche appelé « Alingona ».

Mais les villageois désavouèrent sa démarche et le refoulèrent, lui et sa famille. Cependant à la mort naturelle ou pas, de Ufuloel, le brave Diamuyo rendit le Fétiche « Alingona » et reprit son ancien Fétiche de Diande.

Voilà donc une vie mouvementée qui illustre parfaitement le choix fait par Aboshing du prénom Sacerdotale de Akinumélob.

> « Celle qui habite avec, par et dans des problèmes, des difficultés. »

A la mort de Diamuyo Diatta, c'est Assine qui lui succède sous le nom de Sibanusel Diatta.

Sibanusel mort, lui succède de Moesoe Diatta.

A la mort de Moesoe, lui succède Awulaho Diatta.

A la mort d'Awulaho c'est Esufa Diatta, fils de Diamuyo, qui prit le fétiche de Diande. Mais il ne régna que quatre mois.

Noter en passant le prénom du fils de Diamuyo et de Akinumélob, qui signifie « chaleur » ; allusion évidente à la vie mouvementée de ses parents et du foyer en général.

A la mort d'Esufa, lui succède Simalibuyem Diatta.

A la mort de Simalibuyem, c'est Amfa, alias Diakoshomby Diatta qui lui succède.

Son nom de pontificat est Siwulihank.

Il est l'actuel « Aloémboe », c'est-à-dire le Grand-Prêtre de Diande.

> « Dyiloemb », signifie Sacerdoce, Pontificat.
> « Dyoeyi », signifie Royauté
> « Kokyi », Forêt Sacrée où réside le Roi
> « Kuyi », Chants des Rois, les Rois
> « Huyinum », Rizière mise sous la gérance du Roi
> « Asaanum » (littéralement : le Riche), signifie fils de Roi.

Donc, depuis bientôt un siècle, les Grands-Prêtres de Diande ont été -chronologiquement :

1. Sambou Diatta, dont le Nom de Pontificat est Ediolubay
2. Diamuyo Diatta, 1er Tour
3. bis Ufuloel Diatta
4. ter Diamuyo Diatta, 2ème Tour
5. Assine Diatta, dont le Nom de Pontificat est Sibanusel
6. Moesoe Diatta
7. Katim Diatta, dont le nom de Pontificat est Awulaho
8. Esufa Diatta, né Sibanyobo, fils de Diamuyo Diatta
9. Simalibuem Diatta, né Kateh
10. Amfa, dit Diakoshomby Diatta, son Nom de Pontificat est Siwulihank. Il est l'actuel Grand-prêtre de Diande.

Tant de grand-prêtres en un seul siècle, cela paraît excessif. Mais si nous regardons du côté de l'Église Catholique, dans le même temps nous avons :

1. Léon XIII (1810 - 1872 - 1903)
2. Pie X (1855 - 1903 -1914)
3. Benoît XV (1854 - 1914 - 1922)

4. Pie XI (1857 – 1922 - 1939)
5. Pie XII (1876-1939 - 1958)
6. Jean XXIII (1881-1958-1963)
7. Paul VI (1897 – 1963 - 1978)
8. Jean Paul 1er (1912 – 1978 - 1978)
9. Jean-Paul II (1920 - 1978-)

Donc, en une centaine d'années, une huitaine de Grand-prêtres se sont succédés sur le siège du fétiche Diande, et un peu plus de Papes sur le trône de Saint-Pierre. Et maintenant, pour revenir à Akinumélob, épouse du Grand-prêtre Diamuyo, elle vécut réellement dans la mouvance de la palabre et des difficultés de toutes sortes.

Le prénom de son fils - Sibanyobo - devenu Esufa, laisse entendre que l'enfant serait né pendant la récolte du riz, ou pendant une fuite, au risque pour le riz mûr d'être la proie des vaches laissées en liberté à la fin de leur temps de fermeture.

Après ses démêlés avec son époux lorsque les femmes Flup la choisirent pour assurer le service du fétiche « Ehunya » ; après avoir connu ou vécu les péripéties du Schisme « Flikisinda » (dont la forme contractée est « Flisinda »), consécutif au repli de son époux Diamuyo sur la frontière, la brave Akinumélob va rencontrer d'autres problèmes relatifs à la conquête du Kasa par la France coloniale.

C'est alors qu'elle se distingua par son indéfectible fidélité à son mari, le Grand-prêtre Diamuyo Diatta, qui lors de l'Exil Sans Retour du Roi Sihalébé Diatta, en 1903, par les Français, fut l'âme de la Résistance, tantôt Active, tantôt Passive du Kasa, la conquête coloniale.

Animée d'une Foi Patriotique extraordinaire, jamais cette nouvelle Pénélope n'accepta de dévoiler les lieux de Refuge de son mari, même lorsque l'Officier français qui commandait les opérations vint fixer sa tente et sa lampe sous le toit de leur Case.

Ayimen

Beaucoup de fortes personnalités du Kasa, parmi lesquelles la Reine Ayimen de Siganar, sont nées de Femmes issues de la famille Diamacoune, qui constitue le quartier appelé Cissé, dans le village de senghalen. Exemples :

1. Ahumusel Diabone, Roi de Oussouye, originaire d'Oussouye. Par sa Mère, il est cousin de mon arrière-grand-père.
2. Sihalébé Diatta, Roi de Oussouye, originaire de Kahindoe quartier Batatik. Par sa mère, il est cousin de mon grand-père.
3. Sihannghebil Sambou, Roi de Oussouye, originaire de Kaloebone, quartier Bata-Humoeboel. par sa mère, il est cousin de mon père.
4. Bulisebé, Roi de Kalobone.
5. Ayimpen, Reine de Siganar, par sa mère elle est une cousine de mon grand-père.

Contemporaine de Sihalébé, Diamuyo, Hulikabang, de Kaluhay, Sibéssondo d'Essyl, Djignabo, Aloendiso, Fodé Kaba Dumbuya, Alpha Molo Baldé, Moussa Molo, etc., la Reine Ayimpen porte la marque de son temps. Elle mena la Lutte sur deux fronts. Dans le cadre de la Résistance casamançaise, elle se mit au devant de l'action active ou passive contre les blancs et à leurs auxiliaires noirs qui faisaient la conquête du Pays. Elle prêta main forte au Grand-prêtre Diamuyo.

Aidée des autres Résistants de la Région d'Eyun (Karounate, Siganar, Niambalang), la Reine Ayimpen fit échouer les Recrutements de Soldats de Décembre 1915 et décembre 1917.

Femme d'une énergie de fer, Ayimpen fut à la tête d'une guerre victorieuse de Siganar contre le village voisin de Niambalang. Sibeth, sa fille ayant de qui tenir, se fera un jour connaître à sa façon.

Awentorebé

Toujours à Siganar, le flambeau de la Résistance casamançaise passa de la Reine Ayimpen à la Reine Awentorebé. femme de courage et de sang-froid, elle fut inquiétée par l'Administration coloniale qui lui reprochait Sa complicité dans le refus des populations de se présenter pour la conscription. Son fils, rentrant de travail, se prévalut de son titre d'Ancien combattant pour obtenir sa libération, ainsi que celle de ses Parents arrêtés avec elle.

> « J'ai, dit-il, exposé ma poitrine aux balles allemandes pour le salut de vos Pères, de vos Mères, de vos frères, de vos sœurs. Vous avez, grâce à l'aide reçue des noirs, conservé vos villages, vos terres, vos rizières et vos forêts ; et vous osez, de mon vivant, devant moi sous mes yeux, porter atteinte à la liberté de ma Mère et de tous mes Parents ?
>
> « Nous vous avons secourus, pour ne pas dire libérés, pour que vous veniez aujourd'hui nous rendre esclaves de cette même France que nous avons sauvée et qui se dit Libératrice et Émancipatrice des Peuples ?
>
> « Libérez-les immédiatement ! car votre geste est criminel, impensable, inadmissible ! » Ce qui fut fait.

Sibeth

Immortalisée par les « Anti-mémoires » d'André Malraux, la Reine Sibeth de Siganar, par son humour et humeur, demeure un personnage quelque peu énigmatique.

femme remarquable et habile, elle se réclame de l'héritage spirituel de la Reine Alinsiitowé Diatta de Cabrousse, de qui elle tient son Fétiche « Husila ».

Avec l'humour qu'on lui connaît, et qui lui est bien propre, elle sait, c'est bien le cas de le dire, se moquer royalement de ceux qui veulent se moquer d'elle, et se distraire à ses dépens. Il n'est pas sûr qu'elle ait toujours été bien comprise. A mon avis, son prénom de Sibett ne serait pas une déformation du prénom français Élisabeth, mais viendrait tout simplement du verbe diola « Kabet » qui a double sens :

- Reverser (exemple les bœufs qui renversent ou font tomber une Clôture) = richesse en bétail.
- Pondre = signe de richesse en volaille.

De même, le prénom de Sané ne provient de Jeanne, mais du mot Diola « Yan », qui signifie « branche », allusion par exemple aux tiges de manioc. D'où signe de richesse en fruits de la terre. « Saan » n'est qu'un pluriel : « branches, tiges ».

Aloendiso Tendeng (Bassène)

Un combat entre vieux adversaires est toujours difficile. Aloendiso, quant à elle, est une vieille connaissance de l'Administration française qui lui a fait, à tort ou à raison, dès 1918, une réputation d'empoisonneuse, ou tout au moins a largement contribué à l'accréditer et à l'amplifier.

Quand on veut noyer son chien, on le dit enragé. Nous sommes à la période antérieure à l'année 1920, donc en pleine phase active de la première partie de la Résistance casamançaise.

En 1912 et 1916, les Missionnaires catholiques de Ziguinchor notent dans leurs rapports à Monseigneur Jalabert, Vicaire Apostolique de la Sénégambie, que le Pays, entendez la Casamance, surtout à l'ouest de Ziguinchor, n'est pas pacifié.

C'est dans ce contexte d'une Casamance en pleine Résistance active qu'il faut replacer les démêlés de la Reine Aloendiso avec l'Administration coloniale française.

En effet, arrêtée à Etama, avec sa Garde, dont certains vivent encore en ce Septembre 1978, Aloendiso fut condamnée par le Tribunal de Cercle de Kamoboel à la déportation perpétuelle, avec une dizaine de complices.

Bien sûr, je réprouve énergiquement tous les crimes perpétrés par les tyranneaux négro-africains, véritables bouchers de l'Afrique.

Mais je condamne, avec autant d'énergie, les Lois autorisant, légalisant les avortements, lois votées par des Parlements et ratifiées par des Chefs d'État de Pays dits civilisés, qui jettent pudiquement un voile de raisons prétendues humanitaires sur ce véritable génocide qui ne dit pas son nom, qui fait périr jusqu'à plus 300.000 êtres innocents dans certains états développés, ou dans des Pays du tiers-Monde influencés et persuadés par des Pays dits civilisés et développés.

Bien sûr, je vais paraître vieux jeu aux yeux de certains auditeurs, mais les plus barbares ne sont pas toujours ceux que l'on pense.

Je ne puis m'empêcher de citer un Missionnaire de l'époque, le Père Eugène Jacquin, en 1920, pourtant peu suspect de sympathie pour Aloendiso :

> « Un après-midi, j'allais voir des prisonniers qui travaillaient à rétablir de la route du poste militaire de Kamoebeul à Essigne. Des tirailleurs sénégalais, le fusil en bandoulière, une houssine à la main, les gardaient et les faisaient se dépêcher. Une Femme était là à piocher la terre durcie.
>
> « Voyez-vous, me dit l'adjudant, pour l'instant ingénieur des Ponts-et-Chaussées, voyez-vous cette femme ? Nous l'appelons Proserpine. Proserpine, Reine des enfants ! Au travail, elle met plus d'énergie que les autres prisonniers. Ils ont pour elle du respect sacré. D'elle seule, ils attendent leur délivrance : c'est la sorcière. »
>
> « Je savais déjà qu'une femme venait d'être condamnée à la prison perpétuelle : je la voyais pour la première fois. Ne vous imaginez pas une vieille sorcière édentée et grimaçante. Cette sorcière, emprisonnée pour la vie, une femme de 25 ans, bien musclée, tête fière, grands yeux hardis sur un visage brun aux traits réguliers. Ses lèvres gardent un sourire indifférent car elle sait que bientôt son bakine viendra la délivrer. Quel crime a-t-elle commis ? Puisque son histoire vous intéresse, je vais la raconter.
>
> « Kamoebeul se trouve à 24 kilomètres à l'ouest de Ziguinchor. En 1914, les Missionnaires avaient commencé à évangéliser le village de Séleuki (2 000 habitants environ) situé à 5 kilomètres de Kamoebeul et déjà le catéchiste voyait chaque soir la chapelle se remplir de catéchumènes. Or au mois d'octobre 1918, le Père Esvan, resté seul à Ziguinchor pendant la guerre, reçoit une lettre du catéchiste : « Venez-vite, écrit ce dernier, une femme ordonne de jeter les médailles et frapper les catéchumènes ». Père saute sur sa bicyclette et se rend à Séleuki.
>
> « Ce grand village se compose de plusieurs quartiers, les cases Diola y sont construites en terre, les murs ont 20 à 30

centimètres d'épaisseur : un couloir, ordinairement flanqué de chambres, à droite et à gauche, conduit à une cour intérieure, autour de laquelle s'ouvrent de nombreux appartements ; chacun a son plafond de bois dur couvert d'une épaisse couche de terre. Un immense toit recouvre les diverses chambres et s'abaisse vers la cour intérieure où soutenue par des piliers, il forme une sorte de Cloître circulaire.

Ces cases énormes semblent étranges ; à l'entrée, souvent, deux ou quatre grosses colonnes en terre rappellent assez un portique égyptien. Toute une forêt de palmiers, de fromagers géants, de baobabs séculaires qui étendent leur fraîche verdure au-dessus des murs de terre rougeâtre et des toits aux tons d'or bruni.

« Le Père Esvan, arrive, apprend qu'un Bakine (esprit) apparaîtra sous la forme d'un Européen, dans un village voisin, Etama. Cet esprit exige que les adolescents et des jeunes filles lui soient consacrés ; il veut des sacrifices et des libations ; ordonne que chaque jour 9 jeunes gens et 6 grandes filles de Séleuki traversent la morne étendue des rizières et viennent à Etama lui présenter des offrandes ; des nuits entières sont passées devant lui en des rites secrets, en des chants mystérieux et très anciens ; les initiés communient aux sacrifices et boivent le sang des porcs immolés. Comme ces soldats, les vieux et les vieilles voient l'apparition de l'esprit ; le Bakine leur parle, il s'affirme maître du soleil et de la pluie.

« Il faut, dit-il, qu'on abandonne le catéchisme, qu'on jette les médailles ; lui seul aidera à se défendre contre le poste militaire de Kamoebeul ; quiconque lui résistera aura le ventre percé d'un épieu ».

« Plus tard, son culte comportera des rites obscènes et du sang, toutes les horreurs du vieux paganisme que les Grecs nous ont voilées sous les fleurs de leur littérature.

« Une femme de 24 ans, née à Bandial, mariée à Etama, est la grande prêtresse de l'esprit. Elle a choisi 12 jeunes hommes, quelques dévoués pour exécuter les ordres du Bakine ; son autorité est absolue ; tout lui cède, hormis quelques catéchumènes fidèles, véritables martyrs. Sur 200 qu'ils étaient, 10 ou 12 osent encore, au crépuscule, venir à la case-chapelle du lieu. Bientôt, l'église sera complètement déserte.

« Cette sorcière commande d'amener de force devant le Bakine les jeunes gens qui ne veulent pas piler devant elle. A hauteur des épaules, on leur place horizontalement une lourde barre de fer, à l'extrémité de laquelle sont attachés leurs poignets ; ainsi, les bras en croix, ces malheureux sont amenés à 4 kilomètres environ, enfermés dans la case du Bakine. Là, on les étend par terre et on les frappe de verge, on les garde jusqu'à ce que les parents payent leur rançon : de l'argent, du riz, des porcs, des bœufs.

« Quel est donc cet esprit qui se présente sous l'apparence d'un Européen ? Les détails précis de son nom, de son costume, du moment des apparitions, rapportés par des témoins fort différents, ne laissent guère de doute sur la réalité de ces apparitions. La possibilité des apparitions diaboliques est admise par les théologiens et la réalité de beaucoup d'entre elles nous est affirmée par les Saints. Il est certain que cet esprit parle et agit contre les catéchumènes, le Missionnaire, la religion ; il est vrai aussi qu'il excite les vieux contre les Européens du poste de Kamobeul et malheureusement les prétextes ne lui manquent pas. Le 2 décembre 1882, un officier amenait devant Séleuki, un canon avec des marsouins et une troupe de tirailleurs.

« Les Diolas prirent le canon et mangèrent le lieutenant, les marsouins et les soldats nègres. Depuis lors, les militaires de la région n'eurent jamais beaucoup de sympathie pour les gens de Séleuki qui le leur rendirent.

« Le Père Esvan, voyant ses catéchumènes terrorisés et traînés de force devant le Bakine, alla porter plainte auprès du Capitaine de Kamobeul. Cet officier, nouvellement arrivé, homme juste et de bon sens, est un glorieux blessé de la Grande guerre. Précisément, il était irrité contre Séleuki à cause, disait-il, d'un homme qui aurait été mangé par de ce village.

« Les violences contre les catéchumènes s'aggravent encore. Le catéchiste lui-même est porté de force devant le Bakine. Déjà les meilleurs jeunes gens étaient venus secrètement lui demander de les baptiser d'urgence. « Dans peu de temps, lui disait-il, nous serons tués ou empoisonnés et nous voulons aller au Ciel ». D'autres se préparent à quitter le village.

« Le Missionnaire, accompagné du catéchiste, part alors à Etama, visiter l'endroit des apparitions du Bakine. La sorcière s'est cachée. A l'intérieur de la case, le Père aperçoit diverses offrandes et sièges pour les adorateurs. Dehors gisent, nombreux, les ossements des porcs et des bœufs sacrifiés. Laissant le catéchiste dehors et seul dans la case, le Père récite une formule d'exorcisme.

« A son retour à Séleuki, il va chez le Chef et lui commande de réunir les vieux, pour un grand palabre.

« Je viens, dit-il, envoyé par Dieu pour vous apprendre ce qu'est Dieu, ce qu'il a fait pour vous, comment vous devez l'adorer, ce qu'il fera après la mort pour les justes et les méchants. Je ne vous demande ni riz, ni bœufs ; je ne force personne à venir au catéchisme, ni surtout que vous frappiez les catéchumènes ».

« A ces justes paroles, les vieux, qui ont peur des tirailleurs et encore plus du Bakine et de la sorcière, ne savent que répondre ; ils protestent de leur innocence : ils n'auraient jamais empêché personne de venir à l'église bien au contraire, etc.

« Or, la nuit suivante, le Bakine apparaît une dernière fois, pour annoncer qu'il part en voyage. Voilà ce qui est étrange.

En 1917 déjà, donc un an auparavant, le Père Esvan exorcisa, près de Séleuki, un bosquet sacré, résidence du grand fétiche de toute la contrée. Personne que Dieu et le Missionnaire ne connut cet ordre donné au démon, In Nomine Jésus Christi.

Cependant, le fétiche resta muet, à partir de ce jour. De même, la veille, à Etama, le Père laissa le catéchiste hors de la case du Bakine et seul, il prononça à nouveau, sans témoin, à voix basse et en latin, la formule sacré du rituel, donnant une seconde fois au démon l'ordre de partir et c'est, aussitôt après, la nuit suivante, que le Bakine déclara qu'il partait en voyage.

« Est-ce que le démon, maîtrisé par l'exorcisme du Prêtre, ne se sent plus en force pour continuer la lutte ? Toujours est-il que d'après les gens de Séleuki, depuis la venue du Père à Etama, le Bakine reste invisible et muet ; les apparitions ont complètement cessé. La sorcière a beau affirmé qu'il reviendra, le Bakine n'est plus revenu.

« Nous sommes ici en face d'un fait certain et humainement inexplicable. La sorcière affirme les apparitions d'un esprit. Or, dès que le Prêtre, au nom de Jésus Christ, commande à Satan de partir, par un ordre donné à voix basse, sans témoin et en latin, aussitôt la sorcière, ignorant absolument l'acte du Prêtre, annonce que son bakine est réellement parti. L'esprit a-t-il indiqué à cette femme qui le faisait partir ? On serait tenté de le supposer, parce que la sorcière, furieuse, commença à répandre de nouvelles calomnies contre les catéchumènes, le catéchiste et le missionnaire lui-même.

« Le Père voulait retourner vers le capitaine, demander une enquête. Mais ces pauvres sauvages étaient tellement terrorisés qu'il doutait, ayant une longue expérience des Noirs, de pouvoir trouver un seul témoin osant appuyer ses réclamations. Des villages entiers viennent en pèlerinage présenter de nouvelles offrandes. La sorcière ordonne des pratiques immorales et les violences se multiplient.

« Enfin, vers la fin de janvier 1919, une femme de Séleuki accourt devant le capitaine de Kamobeul. Elle ne craint plus rien. Cette femme, en larmes, crie vengeance pour son fils que la sorcière vient de faire tuer.

« Une enquête est aussitôt commencée. De toutes parts, les plaintes jusqu'alors contenues par la peur, affluent au poste militaire. Trois jeunes gens ont été tués, d'autres cruellement frappés. Les extorsions de riz, de porcs, de bœufs et d'argent sont considérables.

« La sorcière est arrêtée et, l'un après l'autre, ses douze apôtres. Trois chefs de grands villages Diolas, entre autres celui d'Oussouye, village de 6.000 habitants, sont appelés au poste, au début mars, pour constituer le tribunal indigène.

« Les accusations, précises et nombreuses, montrent que la prêtresse satanique a tout dirigé et que les douze acolytes, fanatisés, ont aveuglément exécuté tous ses ordres.

« Le verdict est sévère : la sorcière et huit de ses complices sont condamnés à la prison perpétuelle. Les quatre autres ont de 10 à 15 ans de prison. Ce jugement, approuvé par l'Administrateur supérieur de la Casamance, a été ratifié par le Tribunal de Saint-Louis au mois d'octobre 1919.

> « Les femmes d'une dizaine de villages environnants avaient rassemblé la somme de 30 000 francs (?) pour la délivrance de leur sorcière. La réponse du Capitaine fut :
>
> > Cet argent est inutile, puisque le bakine, dites-vous, a toute puissance, qu'il vienne délivrer sa protégée.
>
> « Et maintenant, un revirement s'est produit : la jeunesse dans tous ces villages réclame la venue du missionnaire, et le nouveau chef de Séleuki est fier de porter une médaille ». Fin de citation.

Je laisse au Père Jacquin la responsabilité de toutes ses déclarations. Je lui laisse également toutes ses erreurs historiques.

J'ai aussi exprimé mon avis sur les fameux cas d'anthropophagie, de cannibalisme, de nécrophagie que l'on voulait voir partout et dont on avait la hantise, la psychose.

Je laisse en outre à qui le veut le soin d'établir une comparaison entre le Père Jacquin d'une part, et d'autre part le Père Jean-Marie Esvan qui nous a dit ailleurs ce qu'il pense des noirs, qui a tenté d'obtenir la libération de la Reine Aloendiso, et aussi le relâchement des fils du Kasa finalement fusillés par l'Administrateur Maubert en 1927. Bref !

Mais abordons à présent les véritables causes des ennuis de la Reine Aloendiso avec l'Administration coloniale française. En effet, dans une autre période de sa vie, Aloendiso fut de nouveau inquiétée par l'Administration coloniale parce qu'elle revendiquait ouvertement l'Héritage Spirituel et surtout Politique de la Reine Alinsiitowe Diatta de Cabrousse.

Cette Doctrine, d'après la Sûreté générale de Dakar, selon une fiche de renseignements transmise à Saint-Louis « pour information », le 28 avril 1943, peut se résumer en quelques mots :

> « La Terre appartient aux Diolas ».
>
> « Les blancs vont se trouver obligés de quitter la région ».
>
> « Les casamançais seront enfin maîtres chez eux ».
>
> « La casamance aux casamançais ».

Je ne sais quel casamançais resterait indifférent devant ces propos dont l'impact fut grand sur les populations casamançaises d'hier et d'aujourd'hui.

La Reine Aloendiso nous intéresse à plus d'un titre. Non seulement parce qu'elle résista très longtemps, toute sa vie, à l'Administration coloniale, mais encore parce qu'elle a persécuté les chrétiens dans le Royaume Afiladyo.

La Reine Aloendiso est l'Homme non seulement de la chance, mais encore de la providence. « Foi et Patriotisme », c'est bien le cas de le dire. Elle a joué sur les deux tableaux, et, à chaque coup, elle a gagné.

Par son Patriotisme, pendant plus de quarante ans, elle a lutté activement et passivement contre la France Coloniale. De sa Résidence surveillée de Djibelor, la Reine a savouré les prémices de sa victoire en disant son « Nune Dimittis » :

Maintenant, Seigneur, laisse ta servante s'en aller en Paix.

En effet, Aloendiso s'endormit dans le Seigneur sous la mouvance de l'Autonomie Interne, lorsque, à l'horizon, resplendit de tout son éclat, l'Aube de l'indépendance nationale. Ainsi vit-elle, en digne Héritière, se réaliser pleinement la prédiction d'Alinsiitowé Diatta, Reine de Cabrousse. Par sa Foi, Aloendiso s'efforçait de servir la cause de Dieu en préservant la Religion de ses Ancêtres. Le Ciel récompensa son zèle.

En effet, au terme de son existence terrestre, la Reine Aloendiso demande le Baptême catholique que lui conféra le père Louis Le Hunsec, ainsi que la Sépulture Ecclésiastique à laquelle l'admit le Père Paul Groell qui bénit sa tombe où elle repose au 2ème Cimetière catholique de Brin, depuis la mi-juin 1955. Cela ne se fit pas sans mal d'ailleurs car, comme le brave Ananie pour le cas de Saint-Paul, les braves chrétiens du Royaume Afiladyo n'avaient eu la mémoire courte. Mais la grâce du Christ eut raison de leurs véhémentes protestations.

Parce que, précisément, ils n'avaient pas la mémoire courte, le Père Groell eut tôt fait de rappeler que Jésus, le Fondateur de la Religion chrétienne, avait, du haut de la Croix où on le tuait, demandé pardon à Dieu pour ses bourreaux en s'écriant :

> « Père, pardonne-leur, car ils ne savent pas ce qu'ils font ». [Luc, 23, 24].

Quand à Saint-Étienne, le premier martyr chrétien, il a demandé pardon à Dieu pour ceux qui le lapidaient, en s'écriant :

> « Seigneur, ne leur impute pas ce péché ». [Actes des Apôtres, 7, 60].

A la paroisse de la cathédrale Saint-Antoine de Padoue à Ziguinchor, l'acte de baptême de la Reine Aloendiso est ainsi rédigé :

> « N° 429
> Baptême de Marie-Alandiso Tendeng.
> L'An 1953, le 24 Octobre,
> Je, Louis Le Hunsec,
> Ai baptisé une adulte
> Née en 1890 à Bandial
> Mère de “Diop”
> Qui a reçu le nom de Marie
> A été confirmée le 27 Mai 1954
> A Ziguinchor ».

Suit la signature du Père Louis Le Hunsec qui a lui-même rédigé de sa propre main l'acte de Baptême de la Reine Aloendiso-Marie Tendeng. Quant à l'acte de sépulture religieuse célébrée à Brin par le Père Groell, ce Document fait actuellement défaut, car, dans le Registre des Sépultures de la Mission de Brin, il existe un vide regrettable du 15 Août 1953 au 1er Janvier 1961.

Ainsi furent récompensés la Foi et le Patriotisme de la Reine Aloendiso qui, pendant plus de quarante ans, par sa Résistance active et passive, donna du fil à retordre non seulement à la France coloniale, mais encore à l'Église catholique en Terre de Casamance.

Fils authentique du « Pays des Rivières », disons à Dieu :

« Seigneur, accorde à ta Servante le Repos Éternel, fais briller à ses yeux la Lumière sans déclin ».

Causes du Refus

Résister, c'est dire Non.

La Casamance est le Pays du Refus. Pourquoi le Kasa a-t-il dit non ? Les Raisons sont nombreuses et nous en avons déjà donné quelques-unes.

Il me faut à présent, afin de contribuer à une plus grande compréhension de l'impact considérable du Message de la Reine Alinsiitowé sur les Masses du Kasa, revenir sur quelques reproches souvent faits aux casamançais en général et aux Diolas Flup en particulier.

Parmi ces griefs, je relève l'Impôt, l'Hôpital, l'École, l'Armée. L'on fait fréquemment état de l'attitude systématiquement négative des Kasas à leur égard.

Si la femme Diola Flup est courageuse, pourquoi en a-t-elle une si grande peur ? Pourquoi cette attitude nullement « constructive » des Diolas à leur encontre ?

« La Lettre tue, l'esprit vivifie », dit la Bible [2ème Lettre aux Corinthiens, chapitre 3, verset 6].

En effet, il faut d'abord replacer ce Refus dans le contexte général de la Résistance Diola à toute pénétration coloniale évidente ou sournoise. Que ce colon soit blanc ou noir, même attitude.

Il faut ensuite connaître les conditions dans lesquelles la collaboration et la participation active des Diolas étaient, non pas suscitées par la persuasion, mais exigées par la violence là où un simple dialogue aurait pu prévaloir, car on dialogue avec le casamançais, on ne mate pas le casamançais. Il faut que tout le monde le sache par les temps qui courent.

A côté des raisons inhérentes à tout contexte de Résistance active ou passive, il existe donc des motifs assez particuliers d'hostilité farouche à l'Impôt, à l'Hôpital, à l'École, au Service militaire etc.

I. Impôt

Pour ce qui est de l'Impôt, au moment de l'Avènement de la Reine Alinsiitowé de Cabrousse, la France de 1940 était vaincue. Une main avait signé l'Armistice, une voix avait lancé l'Historique Appel à la Résistance.

L'Année cruciale qui nous intéresse ici est 1942, peu de temps avant le Débarquement des Alliés en Afrique du Nord, le 8 novembre 1942.

Lutte pour lutte, libération pour Libération, le rapprochement n'est pas osé. Et puis, l'Indépendance et la Servitude n'ont pas de Couleur. L 'indépendance n'est pas blanche et la Servitude Noire.

Nous avons entendu Monsieur Louis-Vincent Thomas nous donner la raison du Soulèvement du Kasa : à savoir l'impôt en riz.

Toujours au sujet de l'impôt, en tant que Fils du Pays, je me dois de vous donner des précisions que Monsieur Thomas ignore ou veut méconnaître, et qui pourtant, ont largement contribué à provoquer ce que l'on pourrait appeler familièrement le « Ras-le-bol casamançais ».

En effet, le Kasa payait en cinq impôts, à savoir :

> Impôt en argent, impôt en miel et cire, impôt en caoutchouc, impôt en bétail, impôt en riz

Je ne sais quelle partie du Sénégal avait été soumise à un pareil régime.

J'ignore également si la Haute Administration coloniale était toujours au courant de tout ce que l'on exigeait des populations du Kasa.

Il s'agit, par exemple, de la Capture de la Mouche tsé-tsé que l'habitant devait rapporter vivantes, en plus grand nombre possible, dans des bouteilles.

Dans certains villages, il a été demandé aux habitants d'aller en brousse poursuivre des biches à pied, de les capturer et de les ramener vivantes. Le plus fort est qu'il s'est trouvé des Hercule pour réaliser ces performances.

1. **Impôt en Argent**

Le Kasa pouvait être d'accord avec le Christ pour dire :

> « Rendez à César ce qui est à César et à Dieu ce qui est à Dieu » [Matthieu, 22, 21].

Oui, rendons au blanc ce qui est au blanc, et à la Casamance ce qui est à la Casamance, c'est-à-dire la Liberté, l'Indépendance, la Souveraineté.

Le blanc nous a montré, donné ou imposé son argent, débarrassons-nous du blanc et de son argent, même si nous sommes quelque peu lésés par la présence, l'action et les exigences injustifiées de cette occupant étranger.

2. **Impôt en Miel et Cire**

Passe encore pour l'Impôt en argent, mais demander aux Kasa de fournir au blanc, entendez à l'Autorité Administrative, du miel et de la cire, gratuitement encore, cela devient plus difficile à supporter. Ça grogne. Finalement, on s'exécute en se faisant tirer l'oreille par le Commandant appuyé par la force armée, si l'on ne réussit pas à s'éclipser en désertant le village, ou même la contrée pour un certain temps.

Rappelons-nous que, lorsque les Anglais ont intercepté, capturé et dirigé sur Freetown, vers 1941, le fameux « Oued Grou », le courrier maritime qui faisait la navette entre Dakar et Ziguinchor, ce vapeur transportait beaucoup de tonneaux de miel et aussi de la Cire. Je parie que les sujets de sa Majesté britannique George VI ont ainsi bénéficié d'une partie du fruit de tant de sueur et de tant de larmes versées par nos compatriotes du Kasa.

3. **Impôt en Caoutchouc**

Le ton va monter avec le troisième impôt, celui du caoutchouc. Les relations entre le Kasa et le blanc, qui n'étaient déjà pas cordiales, ni même de bon voisinage, vont s'altérer davantage avec l'obligation de la cueillette du caoutchouc imposée au Kasa.

Ces braves gens n'étaient pas du tout contents de perdre un temps considérable à recueillir cette sève, alors que d'autres occupations, rentables à leurs yeux celles-là, ne pouvaient pas s'exercer.

On leur prenait le caoutchouc sans contrepartie aucune, sinon qu'il leur fallait en fournir à chaque fois davantage.

Ce que les papiers des blancs, disons les Archives ne disent certainement pas, c'est qu'une partie du moins de ce caoutchouc du Kasa a été, à cette époque, détournée sur la Guinée portugaise. Je ne puis vous dire si c'était pour le compte de la France que s'effectuaient ses opérations alors que de nombreux bateaux desservaient régulièrement le port de Ziguinchor.

Toujours est-il que nos braves compatriotes ont ainsi vu une partie de leur caoutchouc prendre la direction de la ville de Suzana, en Guinée portugaise, pour la joie des sujets du Dictateur Salazar.

4. Impôt en bétail

Datant des premières années de l'occupation du Kasa par le Blanc, l'Impôt en bétail et volaille, le 4ème des cinq Impôts demandés aux Flup en ces années 1942 et 1943, était des plus impopulaires, et les réactions qu'il provoqua contribuèrent à précipiter l'explosion que nous connaissons.

Donc, de 1903 à 1943, le blanc demandait gratuitement du bétail ou de la volaille à chaque adulte, à chaque famille, à chaque quartier, à chaque village, ou encore à chaque canton, ou à l'ensemble du Kasa une contribution chaque fois fixée par l'Autorité Coloniale ou par ses Cadres Auxiliaires aricains évidemment étrangers au Kasa.

Tant qu'il s'agissait de fournir des poulets, cette exigence se tolérait mal, mais n'entraînait pas trop de conséquences pour des fils de la Résistance. Dès que le colon ou ses sbires réclamaient des chèvres ou même des porcs, les refus étaient plus fréquents et les sanctions plus sévères. Inutile d'envisager le cas où les courtiers de l'Administration coloniale demandaient alors au Kasa des bœufs à livrer gratuitement. Les sévices, en cas de refus de fournir cet Impôt sur le bétail s'abattaient inhumainement sur l'ensemble des populations, ou sur quelques personnes.

1. Le vieux Bulombon Badiate, mon grand-oncle maternel, a eu sa barbe blanche brûlée parce que le quota de Bétail et de Volaille fourni par le village de senghalen dont il était le chef « officiel », donc devant l'Administration, ne suffisait pas aux yeux de la soldatesque.
2. En cas de refus de payer l'impôt en bétail et volaille, les récalcitrants étaient saisis, enchaînés ou ligotés, roués de coups de cravache puis on leur mettait du tabac ou du piment pilé dans les yeux, le nez, les oreilles, la bouche et dans les parties les plus intimes du corps. Ces hauts faits de l'Administration coloniale, les Archives ne les relatent pas. Pourtant ce sont des exploits dignes des fiers Enfants de la Gaule. Mais un fils du Kasa doit les révéler aux casamançais d'aujourd'hui pour la honte de ceux qui ont prêté main forte au blanc dans cette triste besogne.
3. Toujours en cas de refus de payer l'impôt, la valetaille colonialiste organisait des descentes dans les quartiers ou même les villages du Kasa. On brûlait les Fétiches, les cases, la vannerie, le riz, sans oublier de brûler les semences. On brûlait aussi les « Kadiandu », on brisait tous les ustensiles de cuisine, toute la vaisselle, tous les instruments de travail.

   Tout le monde, parmi les jeunes, a entendu parler du fameux « Dyihumadyu », « la destruction, le Sac ».

   Oui, ne pouvant venir à bout de la Résistance casamançaise, la France a discrètement pratiqué dans le Kasa la Politique de la Terre brûlée, en tentant de réduire les Flups par la famine.

   Pour y parvenir, il eût fallu assécher la Casamance, le Rio Cacheu et la Gambie, puisque ces Fleuves communiquent entre eux, tous les Cours d'eau poissonneux, ainsi que toutes les Forêts de Casamance riches en fruits et animaux de toutes sortes. C'était autrefois. Les Nouveaux conquérants en ont disposé autrement aujourd'hui.

Ce martyre du Kasa, les Archives des blancs ne le relatent pas, J'ai vécu ces événements dans mon jeune âge, voilà pourquoi, malgré le silence des Archives, un Fils du Kasa se doit de dire la vérité à ses frères de Casamance, Cette valeureuse Casamance dont les Sénégalais se moquent encore royalement de nos jours.

Et le gouvernement sénégalais se moque tellement de la Casamance qu'il s'est montré encore plus radical que le colon qu'il a surclassé en s'attaquant directement aux sources de production telles que les Rizières de Ziguinchor que le gouvernement du Sénégal est train de détruire avec beaucoup de désinvolture, d'inconscience.

Quant aux plus jeunes des casamançais, à chacun je répète ce verset de l'Écriture :

> « Rappelle-toi les jours d'autrefois, considère les années d'âge en âge. Interroge ton Père, qu'il te l'apprenne : tes Anciens, qu'ils te le disent » [Deuteronome, 32, 7].

5. Impôt en riz

Je ne dirai, quant à moi, rien de plus sur l'impôt en riz dont nous ont suffisamment parlé les Pères Jean-Marie Esvan et Henri Joffroy. Pour rien au monde, le Diola n'accepterait, surtout sous la contrainte extérieure, de soustraire gratuitement de ses greniers, de grandes quantités de riz ; pas même pour les beaux yeux de Marianne. On connaît en effet le culte du Diola pour son riz et son bétail. Là-dessus, tout dialogue est difficile, pour ne pas dire impossible.

L'on comprend dès lors, l'obstacle de taille que devait franchir en ces années 1942-1943, l'Administrateur Picandet pour se faire livrer gratuitement et le riz et le Bétail du Kasa. De plus, on exigeait de chaque Kasa plus du double du quota de riz demandé à chaque Agriculteur de Casamance.

Survienne une forte personnalité pour galvaniser toutes ces énergies et volontés de Résistance, et l'affrontement devint inévitable. C'est alors que surgit des profondeurs de l'anonymat la Reine Alinsiitowe Diatta de Cabrousse. On connaît le reste.
Dispensez-vous, ici comme, ailleurs, d'entrer dans des détails précis pour appuyer mes paroles. En effet, la Résistance active casamançaise est trop récente, surtout celle du Kasa, pour que je touche des personnes encore vivantes, à leurs Pères ou à leurs grands-pères.
A côté des raisons inhérentes à tout contexte de Résistance active ou passive, nous pouvons aligner des motifs assez particuliers d'hostilité farouche à l'Impôt, à l'École et au Service Militaire.

II. Hôpital.

Pour ce qui est de l'Hôpital, je n'irai pas jusqu'à dire, comme certains de mes Élèves, que « le Blanc nous a soigné dans le seul but de se prémunir contre nos nombreuses maladies ».
Ce qui expliquerait le « Bouclage » systématique des villages par l'armée, la Chasse à l'Homme pour permettre au service de santé « l'Assistance Médicale Indigène », de procéder aux vaccinations générales et à d'autres soins de santé.
Si au cours de la colonisation française, des personnes soignées par des équipes ou groupes sanitaires ou mobiles ont pu, par entêtement, ignorance ou encore par imprudence, provoquer des complications fatales, il faut cependant avouer que, très souvent, des agents sanitaires ont manqué de conscience professionnelle ou même de compétence : d'où, doses excessives ou insuffisantes, instruments peu ou pas du tout stérilisés et servant à plusieurs personnes de suite, manque de soin ou de vigilance, de diligence, etc. D'où, de nombreux accidents mortels, pas toujours signalés à l'autorité compétente.

C'est pourquoi, « Chat échaudé craignant l'eau froide » ces Kasas d'Effok des années 1942-1943, se souvenant des vaccinations du temps jadis, et pour d'autres raisons encore, refusèrent d'accueillir une Mission de Service de Santé. Pour ces nombreuses raisons et pour d'autres encore, plus terre-à terre parfois, mais intolérables à leurs yeux, les Kasas disaient Non à l'Hôpital.

Les procédés de rassemblement des populations suffisaient, à eux seuls, à leur rappeler la mémorable et odieuse Traite des Nègres.

Alors, pour des gens épris d'indépendance et de liberté, il fallait dire Non à l'Hôpital.

III. École

Quant à l'École, je n'insisterai pas sur les protestations, fréquentes, onéreuses et obligatoires, en volaille et denrées de toutes sortes, exigées des Élèves Kasa uniquement.

On nous disait toujours que c'était pour l'école, précisons notre école locale, et nous n'en voyions jamais la couleur. Et pourtant, nous cultivions aussi des légumes, des arachides, nous coupions des régimes de palmistes, etc.

Pour s'acquitter de leurs obligations imposées par le Maître et échapper aux coups de fouet et de bâton, certains élèves allaient voler dans le village ce qu'il leur était demandé à l'école et qu'ils ne possédaient pas à la maison.

Nous devenions, malgré nous, apprentis-voleurs. Ainsi, l'école devenait-elle pour nous, non pas une École de vertu, mais un Centre d'Initiation au Vol, au Mensonge et au Vice.

Un soir, un de nos Camarades, qui plus tard devint très gros, au point de s'entendre appeler « Le Gros », apporta au Maître un gros coq qu'il venait de voler dans le village pour assurer sa quote-part et s'épargner les sévices de « Monsieur ».

Le trouvant magnifique, « Eh ! Bien ! S'écria le Maître ! Celui-là, Monsieur le Directeur, c'est-à-dire le représentant de l'inspecteur de l'Enseignement en Casamance, le Directeur ne le verra pas ».

Aussitôt le Maître l'envoya apprêter pour son repas du soir.

Devant nos railleries, le Camarade pleura amèrement en songeant à sa mésaventure, aux risques qu'il avait courus, au sort fatal réservé à « son » Coq splendide.

Le plus cocasse de l'affaire, c'est que le Camarade, sur le chemin du retour de l'école, rencontra Abay qui cherchait « son » Coq. Il le lui demande avec insistance, pour ne pas dire suspicion et menace. Cet homme est un dur et ne badine jamais. L'âge ne l'a pas bonifié ;

Feignant de tout ignorer, notre petit voleur proposa « candidement » à sa victime de l'aider à chercher partout « son » Coq perdu. L'oncle accepta.

Je ne ferai que mentionner les soûleries de certains de nos enseignants qui tombaient parfois d'ivresse, loin de l'école, et que nous étions obligés de transporter à bras d'homme pour les jeter dans leur lit avant de nous retirer à la maison pour rester peut-être une huitaine ou quinzaine de jours sans classe.

Si l'on y ajoute les nombreuses et longues absences injustifiables de nos Maîtres, dans une école pratiquement unique pour toute l'étendue du kasa ; une école qui ne poussait pas plus loin que le Cours élémentaire deuxième année, l'on aura déjà réuni de quoi dégoûter quelqu'un d'une école déjà peu estimée et peu désirée. « Un musulman dont la fonction principale est de toucher son traitement tous les trois mois, tient l'école du gouvernement ». Bulletin de la congrégation des Pères du Saint-Esprit. N 154, nov. - déc. 1899, p. 258, fin du N3.

Quand on a vu trois Messieurs fort respectables, parmi eux le Maître d'École, s'envoyer, à la Compagnie française de l'Afrique Occidentale, quelques bonnes bouteilles, puis regagner l'éscale seulement revêtus de leur veste, même en ne voulant pas noircir le tableau, que peut-on faire d'autre ?

Je passe sous silence, du point de vue moral, le contre témoignage de plusieurs de nos Éducateurs qui demandaient parfois à leurs petits élèves des traitements de faveur.

J'en arrive aux services qui terrorisaient et leurs élèves et leurs Parents.

J'ai vu un Maître jumeler deux règles d'élève en bois et les briser sur la tête de mon voisin de table-blanc qu'il frappait sauvagement.

J'ai vu très souvent des Maîtres pratiquer ce que l'on appelait couramment le « par Quatre », pour cela, le Maître ordonnait à des élèves de tenir le camarade par les quatre membres, de telle sorte qu'il pût taper tout son soûl sur le postérieur de ce Camarade.

J'ai vu souvent un Maître faire retenir derrière le dos les mains des élèves qu'il voulait gifler sauvagement tout son soûl.

J'ai vu souvent un Maître demander aux élèves qu'il frappait, de baisser les bras le long du corps ; pour mieux gifler à sa guise ; puis, exiger d'eux qu'ils ouvrissent la bouche afin qu'il y crachât à volonté, puis, les obliger à la fermer sous sa surveillance, c'est-à-dire devant lui, et les forcer ainsi à avaler entièrement la salive du Maître.

J'ai vu des Maîtres confisquer à leur seul profit, et sans contrepartie aucune, le modeste goûter de leurs jeunes élèves.

Un refrain d'injures était célèbre et sortait souvent de la bouche d'un Maître :

> « Cochon ! Orang-outan ! Macaque ! Guenon ! AÏ AÏ Chimpanzé ! »

Il fallait aux élèves, souvent obligatoirement, sous peine de coups, aider le Maître à insulter l'infortuné Camarade, en répétant à qui mieux le célèbre refrain.

Pour faciliter la besogne à tout le monde, ce Maître avait divisé la Classe en deux parties égales, de manière à former deux chœurs.

Imaginez un peu une classe de cent élèves donc répartis en deux chœurs de cinquante poitrines chacun.

Le Maître debout, le dos au tableau noir, face aux élèves. Puis, il tombe la veste. Et quand il dit en solo : « cochon », Il a les deux poings fermés, et en même temps, il projette violemment devant lui les deux bras en les joignant.
C'est le signal de la canonnade. Tout le monde en fait autant en direction de l'Élève à signaler, en réitérant le geste du Maître à chaque décharge d'injures :

> Le 1er chœur lui répond : « Orang-outan ! » »
> Le 2éme : « Macaque ! »
> Le 1er : « Guenon ! »
> Le 2ème : « AÏ - AÏ ! »

Les deux chœurs reprennent ensemble : « Chimpanzé ! »
Et ce refrain se répète selon la volonté du Maître.
Quand cet Artilleur improvisé juge l'élève suffisamment agoni d'injures, il arrête le bombardement en se mêlant au « Tutti » pour tirer une derrière salve sur la victime, en répétant, avec les cent bouches : « Chimpanzé ! »
C'est à n'en pas douter, l'Hallali.
Le plus fou n'est pas toujours celui que l'on pense. Un fou trouve toujours un plus fou qui l'admire.
L'autre jour, je rappelais ces souvenirs à un confrère que je recevais ; et il se trouvait en notre compagnie un de mes condisciples de cette époque héroïque, qui n'était pas allé plus loin que le Cours élémentaire Première Année, et qui me disait :

> « Quand tu énumères les injures, n'oublie surtout pas « Macaque » et « Aï-Aï ».

J'ignore combien d'Auditeurs savent ce que c'est que « Aï ».
Bref, nous ne sommes pas en cours de Zoologie.
Mais si vous êtes à l'université et que ne sachiez pas le sens du mot « aï », interrogez mes compatriotes kasa de Oussouye, âgés d'une cinquantaine d'années ; ils auront au moins la consolation et la joie de vous dire qu'ils ont entendu ce mot plus de mille fois dans leur vie, et souvent à leur adresse.

Je laisse de côté les multiples injures, moqueries, blasphèmes et autres attaques des Maîtres contre les religions des Élèves chrétiens et animistes.

Il me faut abréger ces longues, tristes et macabres litanies de violences en ajoutant tout de même l'un ou l'autre fait vécu.

J'ai vu un Maître frapper un élève jusqu'au sang, puis s'efforcer, dans sa rage, de l'enfermer tout entier dans l'armoire à fournitures de l'école. Dieu merci, il ne put y tenir ! Surtout que l'adolescent résistait de toutes ses forces, et que personne parmi nous n'était disposé à prêter main forte au Maître dans sa triste besogne.

J'ai vu un Maître frapper un élève jusqu'à évanouissement de celui-ci. Je précise qu'il l'avait d'abord mis à genoux, les bras en croix. Et c'est dans cette position qu'il l'avait frappé jusqu'à effondrement ;

Un de mes cousins a été sauvagement battu par un Maître. Rentré à la maison, il s'est couché pour ne plus se relever. Il est mort dans la semaine.

Une de mes cousines, qui n'avait pas voulu « se donner », a été frappée par le Maître en classe jusqu'à fracture du bras.

Une élève est décédée d'une infection consécutive à l'absorption d'un abortif administré par le Maître qui l'avait engrossée.

Je peux révéler les noms des compatriotes concernés ou de leurs Parents. Je peux épingler les noms des Maîtres coupables, sur chacun des faits cités. Mais encore une fois, je m'y refuse absolument. Mon intention est tout simplement de montrer combien a souffert le Peuple de Casamance, et souvent par l'effet de faux-frères noirs comme eux ; comment des fils et filles de tant de larmes, de tant de Mères, ont été martyrisés par le colonialiste blanc ou noir ; comment une femme comme les autres, et pas comme les autres, la Reine Alinsiitowé Diatta de Cabrousse, est venue à point nommé, porter et incarner l'espoir du Peuple casamançais dressé comme un seul Homme, pour dire à qui voulait l'entendre :

« Ça suffit ! »
« Plutôt mort qu'un tel colonialisme !
« Partez et laissez-nous redevenir nous-mêmes » !

Tel est le sens des événements de 1942-1943, dont Monsieur Thomas a voulu minimiser les circonstances, les causes, le déroulement et les conséquences, événements dont l'importance et les retombées se prolongent sous diverses formes en suivant le chemin que depuis toujours, la Divine Providence et les Ancêtres ont tracé à ce vaillant Peuple de Casamance.

Il n'est donc pas étonnant que, pour échapper à cette École là, les enfants du village de Oussouye aient fui dans la Forêt, pour s'y réfugier jour et nuit pendant plus d'un mois ; Pour une fois, l'arme du dialogue et de la persuasion a été utilisée, et efficacement, pour ramener ces élèves au village et les bancs de l'école.

Injustice également que de ne réserver ces mauvais traitements qu'aux élèves natifs du Kasa, et jamais aux fils des fonctionnaires et des gardes de cercle qui étaient toujours des Étrangers.

Je vais conclure ce chapitre de l'école en relatant un fait révélateur des mœurs du temps.

Un de nos condisciples faisait l'école Buissonnière trois semaines sur quatre dans le mois. Excédé par ces absences répétées, le Maître le dénonça à l'Administrateur, chef de Subdivision. « Le Commandant », convoqua à la Résidence le papa de l'élève, un matin, à la première heure de classe, lui fit lier les pieds et les mains, recroquevillé sur lui-même, et le jeta en plein soleil, dans la cour de la Résidence, de huit heures à quinze heures. Le pauvre homme ne dut son salut, ou tout au moins l'abréviation de son calvaire, qu'à la curiosité des énfants de l'école.

En effet, revenus pour les cours de l'après-midi, nous sommes allés tout d'abord revoir ce pauvre Papa se tordre au soleil d'avril, avant notre séance de catéchisme qui précédait le départ pour l'école. Le catéchiste, surprit notre conversation, alla vérifier l'authenticité des faits par nous rapportés. Il osa frapper à la porte du Père supérieur de la Mission de Oussouye, en l'occurrence le Père Henri Joffroy, qui, à peine rentré épuisé d'une longue tournée apostolique, avait même omis de prendre son repas, afin de s'accorder immédiatement quelques moments de sieste bienfaisante.

Écœuré comme le catéchiste, furieux de surcroît, le Père Joffroy alla tout de suite réveiller à son tour le Commandant qui faisait la sieste à la fraîcheur de « panka ». Il le gronda vertement, comme il savait le faire, exiger de lui la libération immédiate et sans condition de l'infortuné papa, sous peine de porter l'affaire en haut lieu dans les plus brefs délais. Il obtint gain de cause.

On relâcha le pauvre Papa que le Missionnaire ne connaissait nullement. En effet, l'homme était animiste, et de surcroît, ni sympathisant, ni favorable à la cause de la Mission catholique. Déjà le Père Jean Marie Juloux n'était pas en bons termes avec la plupart des fonctionnaires et autres cadres africains en service ou travaillant à Oussouye, parce que, prenant fait et cause pour les indigènes, il accusait ces auxiliaires africains d'avoir partie trop liée avec l'Administration coloniale française dont il n'hésitait pas à fustiger les méthodes et agissements souvent colonialistes.

Après cela, on viendra nous dire que la Mission catholique avait partie liée avec cette Administration coloniale de la 3ème République française foncièrement laïque, farouchement anticléricale, notoirement franc-maçonne. témoins le Gouverneur général William Ponty, l'Administrateur Marcel De Coppet, de sinistre mémoire, et le Député Blaise Diagne.

On oublie que l'Administration coloniale française reprochait presque toujours aux Missionnaires catholiques leurs activités qualifiées « d'anti-française », qui consistaient uniquement à défendre la cause des Peuples de Casamance. Rappelons-nous les cas des Pères François Kieffer à Carabane ; Jean-Marie

Esvan à Ziguinchor ; Christian Berthault à Bignona; Jean-Marie Juloux, Henri Juloux, Émile Doutremepeuich à Oussouye, etc. Pourtant, dans leur belle plume, certains Missionnaires n'ont pas toujours été tendres envers les Noirs. Mais, autre est la vérité, le Droit, la Justice, autre l'opinion personnelle, le préjugé.
Après ce que nous savons de l'école d'antan, nous avons le culot de vitupérer contre les colons blancs, alors que, en Casamance, et plus particulièrement dans le Kasa, des noirs authentiques ont fait montre d'un colonialisme plus abject que celui du blanc. Je ne parlerais même pas du rapt et de la séquestration de femmes et de Jeunes filles Kasa que ces étrangers voulaient et exigeaient pour épouses ou pour leur simple plaisir. Même le dernier venu pouvait, avec la complicité du plus petit des parvenus utilisés comme cadres auxiliaires, mais parents, coreligionnaires ou étrangers comme lui, pouvait donc impunément se permettre absolument tout, comme en un pays conquis.
Nos braves Mères de famille du Kasa ne pouvaient rester indifférentes devant cet état de choses. Aussi leur fallait-il beaucoup de courage et de lucidité pour faire face à des situations aussi nombreuses et aussi difficiles. Quand parut la Reine Alinsiitowé de Cabrousse, tout était prêt pour une explosion en Casamance. C'est la force et le secret des casamançais. Comprenez à présent les raisons de notre refus de l'école et d'une certaine catégorie d'étrangers. La Casamance en avait assez d'être humiliée, volée, trompée, asservie, colonisée. Les Nouveaux conquérants perpétuent aujourd'hui en Casamance les méfaits de leurs Pères et de leurs Maîtres.

IV. Service Militaire

J'en arrive enfin au cas du Service militaire. Il est des gens qui croient que les Diolas sont poltrons, que c'est la crainte de la mort qui fait pleurer les femmes quand on prend les Hommes pour le Service militaire.

Pourtant, nous avons déjà les cas des femmes de Karounante, Effok, Diémbring, dans le Département de Oussouye et celui des femmes de Balinghore, dans le Département de Bignona, qui insultaient copieusement leurs maris pour les inciter à lutter courageusement contre les français. Il existe donc d'autres données du problème qu'il ne faut pas ignorer.

En effet, ce ne sont sûrement pas les Diolas, derniers Résistants au colonialisme de l'Administration française que l'on taxera aisément de couardise. Les événements récents de la frontière sont là pour montrer que ce ne sont pas les Diolas qui, sous les obus et les bombes des Portugais détalent en criant « way ! Suma yao ! ». Traduisez-moi d'abord, s'il vous plaît ! Bref !

Je lisais jadis à Ngasobil dans un vieux Dictionnaire français ces quelques lignes :

> «Flup, Felup ou Fulup : Peuplade d'humeur férocement belliqueuse de Basse-Casamance. Ce sont des Yolas ou Diolas, farouchement épris d'indépendance et de liberté ».

De la part des colonisateurs portugais et français qui nous connaissaient bien, par expérience, ces quelques lignes se passent de commentaire.

L'aversion des Kasas pour le service militaire s'explique parfaitement. Dans le cadre de leur Résistance active ou passive à la conquête coloniale, ils ne pouvaient en aucun cas, accepter de gaieté de cœur, d'aller grossir les rangs de ceux qui venaient arracher, dominer leur pays, mettre fin à leur indépendance et à leur liberté ; les priver des terres et des droits de tous ordres hérités des Ancêtres ; détruisaient et brûlaient leurs Autels et Lieux de Culte.

D'autres pouvaient, si le cœur leur en disait, se prêter à pareille besogne, mais les casamançais se refusaient absolument à cautionner de telles opérations.

Qu'ils se laissent asservir, assimiler, le Kasa, quant à lui, dit : « Non ». La Casamance dit Non à la servitude, à la Collaboration.

Les Français ont fusillé beaucoup de leurs compatriotes « collaborateurs », et ils voudraient nous voir collaborer avec eux, nos envahisseurs ?

Les Flups ne voulaient non plus de cette conscription qui anémiait leur Pays en le privant de ses forces vives. Le Gouverneur général de l'Afrique Occidentale française Van Vollenhoven ne tenait pas un langage différent, lui qui a été jusqu'à réprouver les procédés esclavagistes de capture des conscrits ; Ce que Van Vo refusa, Blaise Diagne l'accepta ; On connaît la suite des événements.

Les Flups ne voyaient pas en outre pourquoi ils devaient aider les Français à repousser l'envahisseur allemand alors que ces mêmes Français envahissent le Kasa et lui faisaient subir le joug de la France.

Ensuite, les Kasas ne voyaient pas pourquoi ils serviraient sous les ordres d'un chef qui a fait disparaître par un Exil Sans Retour leur Chef suprême, l'émanation même de la Nation : le Roi Sihalébé Diatta.

Lorsque le moment sera venu, il faudra bien que la France restitue à la Casamance les Restes de Sihalébé conservé au Muséum de Paris sous le numéro 19822. Ils furent cédés par le Docteur Maclaud, Administrateur supérieur de la Casamance.

> « J'ai rapporté de mon dernier voyage en Casamance quelques échantillons anthropologiques qui me paraissent de nature à intéresser le Muséum. C'est avec le plus grand plaisir que je les tiens à votre entière disposition ; Veuillez agréer, Monsieur le Directeur, l'hommage de mon respectueux dévouement ». Docteur Maclaud [Paris, le 28 juillet 1904 : Lettre du Docteur Maclaud à Monsieur le Directeur du Museum n° 741, 1er Août 1904. Entrée n° 37] ;
>
> « Monsieur le Docteur a fait prendre par le laboratoire Colonial un squelette humain et quelques crânes qui sont destinés à votre service. Le tout provient du Pays Flup en

> Casamance ; J'ai l'honneur de faire remettre le tout à votre laboratoire ; Veuillez agréer, mon cher Maître, l'expression de mes sentiments respectueux ». Chevalier [Paris Vème, le 12 septembre 1904; Entrée 1904 n° 37-2. (51 1904 - 4701)] ;

Ce que les Kasas récusaient le plus, ce sont les procédés de recrutement d'Hommes pour le Service militaire, surtout durant la Guerre de 1914 à 1918.

Nous avons déjà vu les points de friction entre le Député Blaise Diagne, chargé du Recrutement des troupes pour le Front, et le curé de Ziguinchor, le Père Jean-Marie Esvan toujours accusé de mener des activités anti-française parce que sans cesse, il prenait résolument fait et cause pour les Indigènes.

Intervention opportune du Curé, surtout dans ce cas précis du Recrutement qui ne se faisait nullement en douceur malgré les belles promesses du Député Blaise Diagne au Père Esvan.

Citons ce Missionnaire :

> « Les Diolas ne peuvent pas comprendre qu'on vienne leur demander leurs enfants pour en faire des soldats. Cela se conçoit. Ce sont des gens en général paisibles, peu civilisés, payant chaque année l'impôt et ne voyant pas où passe l'argent qui leur est demandé, l'administration n'ayant jamais effectué de travaux dans leurs villages.
>
> « Un beau jour, on leur dit :
>
> « Vous êtes français, donnez-nous vos enfants pour montrer que vous nous aimez ».
>
> « On comprend alors que les Diolas se montrent un peu rebelles à cette demande. » [Père Esvan: Annales de Carabane 1918].

Dans l'ensemble de la Casamance, la Mission Blaise Diagne pour le Recrutement a été un échec notoire. Ce qui n'empêche pas la Commission de Recrutement de continuer à sillonner la Casamance jusqu'en 1924, et dans les mêmes procédés esclavagistes.

Donc maintien de la conscription, refus des populations, le Père Esvan ne pouvait qu'avoir raison de se montrer sceptique

devant la promesse rassurante d'un Blaise Diagne lui déclarant que le Recrutement se ferait en douceur.
Promesse de Député, donc du vent, dans un Pays où le Député qui ne promet pas n'est pas un bon Député. Nos actuels Députés ont de qui tenir. Après cela, on viendra nous chanter que Blaise Diagne a beaucoup fait pour les Tirailleurs. Pour ses Concitoyens des Quatre Communes : Dakar, Gorée, Rufisque, Saint-Louis et Thiès, peut-être, mais sûrement pas pour les Résistants casamançais que l'on capturait comme des chevaux de la pampa.
Entre les Deux guerres, j'ai vu un Père de Famille « piqué » une crise de folie au moment de l'enrôlement de son Fils. Pourtant, à cette époque déjà, les nouveaux soldats revêtaient l'uniforme à Oussouye même, puis, le transfert se faisait par camion jusqu'à Ziguinchor puis Bignona.
Tous les ans, nous les Petits, venions nous accrocher aux piquets en rônier de la Clôture de la « Résidence » pour apercevoir les chéchias rouges des nouveaux soldats entassés au fond des véhicules ; et pour communier aux larmes, à la douleur et à la clameur de toute une Nation qui voyait l'après-midi, s'évanouir, en ses Fils arrachés, le rêve d'une généreuse espérance.

> « Écoutez ! A Rama on entend une plainte, une amère lamentation : C'est Rachel qui pleure ses fils. Elle ne veut pas être consolée pour ses fils, parce qu'ils ne sont plus » [Jérémie 31, 15 ; Cité par Mathieu 2, 18].

Je le répète à qui veut m'entendre, de la base au sommet de notre Pyramide Sociale. La Casamance est une Mère féconde, à la fois généreuse et jalouse du Sang de ses enfants. généreuse quand il faut les sacrifier pour les justes causes, mais véritable panthère : elle les venge dans une Justice Immanente, quand on les immole Injustement. Elle frappe durement du plus petit au plus grand de ses criminels ; La Casamance n'oublie jamais. Oui, Malheur à celui par qui aura été versé le Sang d'un fils de la Casamance.

Une Mère est toujours une Mère : La Casamance ne l'est pas moins que les autres, et de ce fait, rouge aussi est le Sang de tous ses Enfants.

Capturés de la même manière que les ésclaves, les Soldats ne revenaient pas, pour la plupart, des Champs de bataille où les traînait l'Homme blanc, comme ne revenaient déjà plus les captifs partis de cette Casamance. Rappelons-nous que, dans la vie du Père Jésuite Saint-pierre Claver, parmi les ésclaves dont il s'est occupé à Carthagène, ville de Colombie, en Amérique du Sud, il y avait de cités au moins deux Diola : Diogué le Flup, et Dominique le Flup.

En l'An de Grâce 1936, j'avais alors huit ans, mais je m'en souviens comme d'aujourd'hui, l'on n'avait pas acheminé les recrues sur Ziguinchor le jour même (de la visite).

Alors on les interna, sans nourriture de toute la journée, dans la prison civile de Oussouye. Par manière de protestation, ces Hommes sont emparés des arrosoirs, estagnons et autres objets métalliques pour organiser une danse dans leur lieu détention.

L'Administrateur supérieur, notre Gouverneur d'alors, crut largement suffisant de prélever un panier d'arachides dans les Semences de la Société de Prévoyance et de les leur répandre à croquer crues, la nuit-même, dans la prison de Oussouye.

Les recrues improvisèrent alors un « Ekonkone » monstre qui empêcha le village de fermer l'œil. De quoi rendre fou l'Administrateur Franceschini. Un de ceux qui avaient perdu leur temps à vouloir interdire à jamais la danse de « Ekonkone » à tous les Kasa. Quant à l'Administrateur Maubert, de sinistre mémoire, il ne s'était pas contenté de fusiller des Kasa sans preuves suffisantes de culpabilité, à l'emplacement de l'actuel Monument aux Morts de Ziguinchor, mais il exerçait encore sa rage destructrice en brûlant tout ce qui était fétiches, "kabisoe »' ou gros tam-tam de Guerre, et "Eembélé »' ou gros tam-tam de la danse de Lutte.

Toujours est-il que l'Administrateur supérieur d'alors, à bout de nerfs, et ne pouvant réprimer le chahut des conscrits, prit sa voiture en pleine nuit pour filer à Ziguinchor afin d'attraper un bout de sommeil, et regagner Oussouye le lendemain. Il revint, en effet, parce que, avec ces Kasas, il faut s'attendre à tout. Donc ne rien laisser à l'improvisation.

Tout, dans le Recrutement des soldats, tout, jusqu'à l'arachide, nourriture des esclaves durant les traversées des Mers, rappelait la Traite Négrière.

Pourtant, en faisant donner, pour toute nourriture d'une journée, un seul panier d'Arachides crues, à ses nombreux conscrits, Monsieur l'Administrateur supérieur de la Casamance, aurait dû, penser à ses Ancêtres qui ont été, Bétail humain, nourris avec cette même graine durant leur traversée de l'Atlantique d'Afrique aux Antilles.

Protestations de recrues, voilà qui annonce déjà la tragédie de Thiaroye du 1er décembre 1944 où, avec des Compagnons d'armes du Continent africain, des fils du kasa, des Parents, laissèrent leur vie, de par la volonté des Français, après l'avoir risquée pour la France sur tous les Fronts.

Je ne sais ce qu'en pense aujourd'hui, l'ombre de Celui qui convoqua la Conférence de Brazzaville, le 30 janvier 1944. En tous cas, la réponse de la France combattante est là : Thiaroye !

a) Les tribulations d'un Charles Ntchorere.

On nous dit que Blaise Diagne a beaucoup fait pour les tirailleurs : j'aimerais donc savoir ce qu'il a fait pour des soldats en difficulté comme Charles Ntchorere.

Gabonais d'origine, né à Libreville le 16 novembre 1896, Charles Ntchorere s'engage comme volontaire le 19 janvier 1916, donc deux ans après l'élection de Blaise Diagne comme Député du Sénégal.

Caporal le 1er avril 1917, sur le front camerounais, promu Sergent le 1er mai 1918, Adjudant le 1er mai 1919, envoyé au Maroc en 1920, et admis à Frejus, dans le Sud de la France, Charles Ntchorere sort Major de sa Promotion et demeure à l'Ecole comme instructeur, toujours au rang de sous-officier.

Arès cinq ans d'acharnement et de persévérance pour devenir officier, il y parvient en 1924, mais seulement à titre indigène, car un vaste fossé séparait alors le Soldat noir du Soldat métropolitain, et jusqu'à ce jour, l'armée française n'a jamais totalement décolonisé sont statut. Rien de plus colonialiste que l'armée française !

Cette discrimination n'empêche nullement Ntchorere de faire la campagne de Syrie en 1926. Naturalisé citoyen français en 1927, il voit son grade de Lieutenant confirmé à part entière.

Le voilà affecté à Paris au Service des éffectifs du Ministère de la guerre ; puis à Kati, au Soudan français, dans l'actuel Mali, où il commande l'école des enfants de Troupe.

Le 25 décembre 1933, promu au choix au grade de Capitaine, il est affecté au 1er régiment de Tirailleurs sénégalais à Saint-Louis du Sénégal.

Lors de la Seconde guerre Mondiale, le Capitaine Charles Ntchorere est fait prisonnier avec 9 de ses camarades par l'ennemi, est abattu à coup de revolver par un Officier allemand, le 17 juin 1940.

Où était Blaise Diagne quand le brave Ntchorere se débattait dans tant de difficultés ? Je serais très content d'apprendre que c'est Blaise Diagne qui l'a aidé. Bref !

b) La tragédie de Thiaroye : 1er décembre 1944.

L'armée française, lente à décoloniser, s'est signalée par ses réticences à convertir les mentalités de ses cadres, et, de ce fait, s'est distinguée par ses mesures discriminatoires, vrai relent d'un colonialisme révoltant, ségrégations absurdes établies entre le citoyen français, blanc ou noir, et le sujet français.

Le cas de Charles Ntchorere est une brillante démonstration de cet état de choses. Nous connaissons le sort des Harkis et celui de nos Anciens combattants. A l'injustice se mêlent l'ingratitude et le mépris.

L'indigène, plus précisément le sujet français, le fameux « Tirailleurs sénégalais », était taillable et corvéable à merci.

Tout mal vêtu, tout mal chaussé, tout mal logé, il marchait souvent pieds nus, à moins de se contenter des semelles découpées dans de vieux pneus d'automobiles, munies de deux lanières de matière partant de chaque côté des talons pour se rejoindre par devant entre les deux plus grands orteils.

Nous connaissons ses guêtres, sa large ceinture de flanelle ou de laine rouge, et surtout sa légendaire chéchia rouge.

Ne parlons pas de sa nourriture qui n'était évidemment pas celle des citoyens français.

A moins d'être natif des « Quatre Communes », entendez Dakar, Gorée, Rufisque, Thiès et Saint-Louis, le pauvre Noir, quel que fût son niveau d'instruction et culture, subissait ce régime discriminatoire, humiliant et avilissant dont il fallait peut-être remonter à la Traite des Nègres pour trouver son pareil.

Si, de nos jours encore, les Anciens combattants déplorent et dénoncent les inégalités de Traitement maintenues entre eux et leurs compagnons d'Armes de la « Métropole », ou des « Quatre Communes », combien à plus forte raison les sujets français réchappés du Front avaient-ils des motifs d'insatisfaction quant à la parcimonie des sommes notoirement inférieures à celles allouées aux citoyens et qui concernaient le plus souvent la solde, les primes d'engagement ou de réengagement, les retraites et pensions d'invalidité.

Tout cela, l'armée française l'acceptait alors que les balles de l'ennemi ne faisaient aucune discrimination, et que la discipline militaire imposée aux indigènes était des plus sévères, et les punitions souvent excessives.

C'est dans ce contexte que, le 1 décembre 1944, mille deux cents anciens prisonniers de guerre furent embarqués à Dakar et regroupés au Camp militaire de Thiaroye, sur la Route de Rufisque.

En quittant la France, ayant réclamé le paiement de leurs arriérés de Solde, les Primes de Combat et de Démobilisation, il leur fut répondu que, le Franc Métropolitain n'ayant pas cours en Afrique Occidentale française, on leur donnerait satisfaction à Dakar.

Pour des gens habitués dans la Forêt sacrée au Respect scrupuleux de la Parole Donnée, la cause était entendue.

A Thiaroye donc, ces Tirailleurs ne firent que rappeler à qui de droit la promesse qui leur avait été faite en France.

Le Général Commandant le Camp s'engage à leur régler leur dû dans les trois jours.

Or, entre-temps, arrive l'ordre d'embarquer pour les colonies du Sud. Plus question de paiement.

On veut nous faire croire qu'il y eut mutinerie là où se produisit un simple Mouvement de protestation.

En effet, le bilan des victimes du côté des Forces de l'ordre s'élève à un soldat blessé et à deux Officier « contusionnés ».

Par contre, l'État- Major français ayant fait tirer sur ces anciens prisonniers épargnés par les balles allemandes et de surcroît désarmés, le bilan est très lourd.

Selon certaines sources, il y eut 24 tués, 11 blessés. Selon d'autres informations, on dénombra 38 tués et autant de blessés.

Il faut y ajouter 45 arrestations, 34 condamnations à de lourdes pleines d'emprisonnement.

Les derniers condamnés encore en prison furent libérés par une « grâce amnistiante » de Monsieur Vincent Auriol, Président de la République française, à l'occasion de son voyage de 1947.

Que penser de cette Honte de Thiaroye ? Va-t-on de nouveau parler de « 'maladresse incompréhensible de l'Administration supérieur ? Attitude franchement ridicule et inqualifiable de l'autorité militaire", comme le disait le Professeur Louis-Vincent Thomas à propos des Événements du Kasa des années 1942-1943? [« Les Diolas », 1958, tome 1, page 22.]

Va-t-on maintenant parler de mauvaise foi, d'incurie, de provocation délibérée ? D'autres Sajous, partisans de la "manière forte »', n'avaient-ils pas incité l'État-major à chercher délibérément l'occasion de " faire un exemple »' qui servirait donc d'avertissement aux Anciens Combattants en les mettant au pas ?

En tant que fils de la Casamance, voici mon point de vue là - dessus :

Le 29 janvier 1943, la Reine Alinsiitowe Diatta de Cabrousse prenait le Chemin d'un Exil Sans Retour. Le 30 janvier 1944, le Général de Gaulle présidait la Conférence de Brazzaville. Pendant ce temps, le Kasa était encore en pleine Résistance active dans le Sud, passive dans le centre et le Nord.

Des casamançais, des Kasa et même des Parents, figurent parmi les Victimes de Thiaroye.

L'Année 1945 allait connaître les débuts des événements d'Indochine, du Constantinois, bientôt suivis en 1947, de ceux de l'Aurès et de Madagascar.

Donc, à mon avis, la Tragédie de Thiaroye du 1er décembre 1944 s'explique en partie par une certaine psychose de peur hantant les esprits de la Haute Administration coloniale comme ceux des Officiers de la coloniale - nervosité.

Il ne fallait donc pas laisser se propager le cas de cette Casamance qui continuait à être une « Verrue » du Sénégal et un " Anachronisme" dans l'Afrique française.

Toujours est-il que le Kasa pleure encore aujourd'hui ses Morts de la Tragédie de Thiaroye. Je cite à tout hasard des Parents :

- Amfabaling Dieng de Dyioent.
- Eguitiang Lambal d'Oussouye.

Nous ne pouvons nous empêcher de citer longuement Maître Lamine Guèye, sinon le premier, du moins l'un des premiers avocats Noirs de l'Afrique, et qui plaidera la défense de ceux qui furent internés par les Français à la suite des événements de Madagascar de 1947.

> « Les cœurs sont gonflés d'espoir et d'enthousiasme à la pensée que la guerre ne tarderait pas à se terminer par la victoire des alliées.

« Mais le climat d'euphorie ainsi créé devait être assombri par les douloureux incidents survenus le 1er décembre 1944, au Camp militaire de Thiaroye , à une quinzaine de kilomètres de Dakar.

« Le bilan officiel en a été plusieurs dizaines de morts et de blessés graves. Tous indigènes rapatriés après avoir combattu sur le front français, ont subi un internernement dans les prisons allemandes. Ils faisaient partie d'un contingent de plus d'un millier de leurs Camarades débarqués à Dakar la semaine précédente.

« Beaucoup d'autres militaires du même contingent et parmi eux des blessés de Thiaroye m'ont confié la charge d'assurer leur défense devant le tribunal militaire permanent de Dakar où ils ont été traduits pour excitation à la révolte, rébellion, refus d'obéissance.

« Les condamnations auxquelles ils se savaient exposés les préoccupaient moins que la mort et les graves blessures dont leurs camarades de combat et de captivité venaient d'être victimes à la veille de leur retour dans leurs foyers.

« Ils ne concevaient pas qu'un tel drame pût être l'aboutissement de leur demande de règlement des indemnités et des rappels qui leur étaient dus pour avancements, décorations, primes à divers titres.

« Le bien-fondé de ces demandes n'était pas contesté du reste, puisqu'on leur avait dit d'attendre leur arrivée à Dakar pour être remplis de leurs droits.

« Les choses ont commencé à se gâter à partir du moment où ils ont su que les dispositions nécessaires n'avaient pas été prises et qu'il ne serait même pas versé des acomptes pour leur permettre de se procurer des objets de première nécessité dont ils avaient un impérieux besoin pour eux-mêmes et leur famille.

« C'est dans ces conditions qu'ils ont refusé de se conformer à l'ordre de quitter immédiatement le camp de Thiaroye et de s'embarquer dans les véhicules qui les attendaient sur place pour les conduire à destination de Bamako.

L'ordre confirmé, le refus également confirmé, et c'est la catastrophe en cette belle journée du 1er décembre 1944".

[Lamine Guèye : "Itinéraire Africains »', Présence Africaine. Paris 1966]

J'ajouterai pour ma part que la France combattante a voulu se servir de ces fils de la Casamance et d'ailleurs pour les besognes les plus pénibles, et dans les conditions les plus difficiles, quitte à les jeter ensuite comme de vils chiffons, disons-le, des torchons immondes.

Que dit-elle des Harkis ? Où est l'œuvre de Blaise Diagne ? Qui aurait beaucoup fait pour nos Soldats ?

Un Parent mobilisé durant la dernière guerre a péri dans le naufrage d'un navire torpillé par les Allemands.

Des sacrifices, toujours des sacrifices que la France demande à la Casamance, pour ensuite maltraiter ses enfants.

Les Choses étant ce qu'elles sont, Pays du refus, la Casamance, refuse. Vous comprenez pourquoi le kasa refusait le Service militaire.

Voilà pourquoi les Mères, Epouses et Sœurs devaient rassembler beaucoup d'énergie et de courage pour faire face à des situations dramatiques. Voilà pourquoi il a toujours existé un contentieux entre la femme kasa, incarnée ici par la Reine Alinsiitowé Diatta de Cabrousse et l'Administration coloniale française.

Ce contentieux est lourd : Maternités et Bois sacrés rasés, corvées interminables, Fétiches brûlés, Impôts insupportables, enfants torturés à l'école, pas du tout ou mal soignés. Des Frères, des fils, des Epoux, des Papas mobilisés « manu militari », c'est bien le cas de le dire.

Nous constatons donc, une fois de plus, que le cas Alinsiitowé Diatta n'est pas un fruit du hasard, mais bien le produit d'une longue maturation d'événements ayant profondément marqué de la vie du Pays Kasa.

Mise au point : beaucoup d'auditeurs ont probablement capté en son milieu l'Émission actuelle intitulée « Foi et Patriotisme ». Cela ne leur a pas permis de me situer de façon plus exacte, puisqu'il s'agit d'une Émission Religieuse dans le contexte d'une foison d'événements politiques et militaires. Pourtant, dans le passé, un peu lointain, il est vrai, je leur avais présenté une autre Emission intitulée « le chrétien dans la Cité ». Je veux rappeler à ces auditeurs que « la Lettre tue et l'Esprit vivifie. » [2° lettre aux corinthiens, 3,6].

Je leur demande d'écouter la radio vatican d'une façon assidue et attentive pour ne pas être plus papiste, que le pape même s'il est mort. Je leur demande, avec le pape Jean XXIII, de savoir lire les « Signes des Temps ».

L'effort que j'entreprends actuellement tente d'amener mes auditeurs à une lecture de l'Histoire casamançaise à la Lumière de l'Évangile, donc à la Lumière de la Foi, au Dieu unique, donc cette Foi de Dieu des chrétiens, des musulmans et des animistes, qui n'ont qu'un seul et même Père dans les Cieux.

Je m'évertue à faire découvrir à mes Auditeurs qu'une Émission religieuse, surtout une Émission catholique, ne consiste pas essentiellement à dire « le Bon Dieu, le Bon Dieu ; Jésus-Christ, Jésus-Christ ; la vierge Marie, la Vierge Marie", et que sais-je encore ! De la première à la dernière minute du temps imparti, mais que je le dis avec force, une Émission catholique consiste à aider les auditeurs à découvrir, à sentir, à exprimer comment la réalité divine peut être vécue avec plus ou moins de réussite par les humains dans leur vie de chaque jour.

Je veux dire à mes auditeurs chrétiens de ne pas avoir des œillères. Le chrétien est par excellence, l'homme de l'enracinement et de l'ouverture.

Enracinement profond en Jésus-Christ par une vie chrétienne authentique ; et pour nous, vie authentique chrétienne bien sûr, mais aussi authentiquement africaine.

Ouverture bien large sur le Monde entier, pour lui porter de façon intelligente, dynamique et efficace, le Message de Jésus-Christ, essentiellement Message de vérité, de charité, de

Justice et de Paix, en établissant dans les cœurs le Règne de Dieu.

Je demande avec insistance à mes Auditeurs chrétiens de ne pas vivre repliés sur eux-mêmes dans un univers de leur rêve, irréel, volontairement, dans la lettre et dans l'esprit. Cela est contraire à l'Évangile de Jésus-Christ.

Je dois dire avec amertume que beaucoup de Communautés chrétiennes ont vécu volontairement repliées sur elles-mêmes, au point de connaître la sclérose, et aussi l'étouffement par les réalités d'un monde qui se construisait autour d'elles, surtout sans elles, hélas ! Et contre elle.

Je vais donc procéder à une nouvelle mise au point en reprenant une partie du Préambule de cette Émission, où je définissais ma position par rapport aux événements que l'on allait aborder ?

Oui, ces événements se sont produits en Casamance durant de longues années de l'Histoire de ce Pays.

Ces faits sont-ils conformes à la vision chrétienne du Monde ? Projetons sur eux la Lumière de la Vérité et de la Loi Évangéliques.

Au cours de cette Histoire casamançaise, des Prêtres, des religieux, des chrétiens, des Croyants musulmans et des animistes, des Hommes de bonne volonté ont rendu témoignage.

Ce témoignage est-il conforme à celui que Dieu attendait d'eux et de tout Homme ?

Et nous, chrétiens d'aujourd'hui, à la Lumière du passé éclairé par l'Évangile de Jésus-Christ, quelle est notre situation présente ? Quel regard projetons-nous sur l'avenir de cette Casamance et du Monde ? Qu'est-ce que Dieu attend de nous du point de vue « Foi » et du point de vue « Patriotisme » ? Chacun a la Parole.

La femme Kasa face au colon

Pourquoi un conflit entre la femme Diola-Flup et le colon ? Les raisons sont nombreuses.

En effet, porteuse, donneuse, gardienne de vie, architecte d'un monde sans frontières par son universalisme, messagère et gardienne de la Paix, totalement libre, digne, respectée dans ses droits, entièrement engagée dans la vie, l'action et le Développement de la cité, la femme Diola-Flup doit entrer en communication avec toute force dont l'action peut porter atteinte à la vie, ou la maintenir, quand elle ne la produit pas. La cananéenne de l'Évangile n'agissait pas autrement.

La femme Flup a son fétiche familial, « Bankuleng » dans la chambre où se trouve le grenier à riz, donc le lieu le plus secret de la Maison, le riz garantit la vie.

> Survienne le Colon qui détruit tout cela, et c'est la guerre à mort, car, ici plus qu'ailleurs, s'applique le vieil adage : « Ma vie vaut la tienne ».

Qui brûle les Cases et les Fétiches, veut tuer tout le monde. Alors on le combat.

Dans les grands moments de la vie, la Femme ne fait qu'un avec la Terre qui est, elle aussi, notre Mère à tous, la Mère des Ancêtres et des vivants, à qui elle confie le grain qu'elle lui restituera fidèlement, car « la Terre, elle, ne ment pas» et cela, pour la conservation, l'accroissement de la vie pour le bien et la plus grande joie des Hommes.

> « Toute la Création jusqu'à ce jour gémit en travail d'enfantement. Et non pas elle seule : nous-mêmes nous possédons les prémices de l'esprit, nous gémissons nous aussi intérieurement dans l'attente de la rédemption de notre corps. Car notre salut est objet d'espérance ». [Romains, 8,22-24]

Survienne le Colon qui perturbe l'ordre établi, arrache au Diola la Terre de ses Ancêtres, alors, celui-là ne peut être qu'un ennemi mortel qu'il faut combattre, même en payant de sa vie. conclusion : la femme Diola doit combattre le colon qui lui en veut à mort ; que ce soit l'Ancien colonisateur ou le Nouveau conquérant, la lutte est la même ; et, l'union faisant la force, la Casamance connaît son unique source de Salut : un seul Peuple pour un seul combat. Si l'on n'a pas compris cela, que l'on ne se dise pas casamançais.

Lors même qu'il lui arrive de ne rien récolter dans l'année, la femme casamançaise sait rester joyeuse dans l'espérance, croire quand même en Dieu, en sa puissance. Elle est à l'image de la Casamance et son Palmier. En effet :

Comme son Palmier qui enfonce et répand ses racines dans la fertilité de son sol et de ses eaux, pour mieux s'élever dans les hauteurs et humer la fécondité soufflant des quatre vents, ainsi la Casamance, profondément enracinée dans l'Humus fertile de la fertilité aux Ancêtres, s'élève-t-elle dans les cieux du courage, de la Lucidité et de l'Espérance, pour voir poindre des quatre coins de l'Horizon les Prémices d'une Moisson abondante d'un Amour, d'une Paix, d'une Prospérité, et d'une Civilisation sans Frontières.

« Ut Palma Florebit »

C'est alors que la femme casamançaise pourrait s'écrier avec le Poète :

> « O fortunatos, himium usa si bona norint agricolas! »
>
> « Trop heureux les Hommes des champs, s'ils connaissent leur bonheur ! » [Virgile, Georgiques II, 458-459].

Survient le Colon pour tout perturber, et ceux qui sont pour l'Ordre Ancien ne lui laisseront pas non plus de répit. Et rien de plus coriace qu'une femme, et une femme Kasa.

En effet, la femme est en contact permanent avec les Éléments nécessaires, parce que source d'énergie, de dynamisme et d'efficacité, mais dangereux à manier : l'Eau, le Feu, le Sel. Quand ces trois éléments sont réunis, le riz peut être cuit, et alors, la vie sauve.

Survient le colon pour tout perturber et la femme Diola le combattra toujours, car elle ne le lui pardonnera jamais.

Bien sûr, l'on dit que, comme son nom l'indiquerait, le Diola est rancunier, vindicatif. Peut-être, mais je le sais aussi homme de longanimité, de magnanimité, d'équité, de justice et de paix ;

Survient le Colon pour faire fi de ses principes de vie et de morale, alors, ennemi mortel, il faut le combattre jusqu'au dernier. S'il le faut, le Diola cherchera refuge parmi les Eaux dont il est le fils.

Oui, le Diola « Adjamatt » est bel et bien « l'Homme de l'Eau ». Le nom même de son Pays le dit clairement.

Je sais que je vais m'attirer les foudres des « 'spécialistes ", mais comme toujours, je dis ce que je pense : le Casa a le dos large.

Je veux bien que le nom « Casamance » puisse venir, peut-être, de « Casa Dimansa » : « la Maison du Roi ». C'est beau, c'est poétique, mais cela ne me satisfait guère.

Je veux bien que le nom « Casamance » puisse venir plus probablement de « Kasa Mansa » ou encore « Khaso Mansa », que l'on peut traduire par « le Roi des Kasas », « le Roi du Khaso », et que ceux-ci « Khasonke », puissent venir de « Khaso » malien, de la région de Kayes, hypothèse à ne pas exclure a priori.

Je veux bien que le nom « Casamance » puisse venir de « Nkansa di mansa » : « je suis très fatigué », allusion à la dure période de la traite des Nègres, explication qui ne me satisfait nullement.

Mais je veux affirmer humblement, mais plus sûrement que le nom « Casamance » vient tout simplement du Diola Flup « Kasamu Aku ».

En effet, tout le monde sait que, en Diola huluf, le mot « Husamu » signifie d'abord « Fleuve » puis « Mer », « Océan », même si l'océan se dit plus proprement « Handinam ».

Mais toujours en Diola Huluf, le Fleuve « Casamance » s'appelle tout simplement « Kawungha », c'est-à-dire « Le Large, Le Vaste ».

« Kasamu », en Diola Huluf, est tout simplement l'augmentatif de « Husamu », et signifie d'abord « Grand Fleuve », ensuite « Mer, « Océan » « Grande Quantité d'eau », « Grande étendue d'eau ».
D'ailleurs, les Diolas, et particulièrement ceux de la Guinée portugaise, appelaient et appellent encore « Kasamu Aku », c'est-à-dire « Le Pays des Fleuves », « Le Pays des Rivières », tout le Pays des trois fleuves.
C'est donc le Pays Diola par excellence, le « Pays des gens de l'eau », « le Pays des habitants de l'eau », le « Pays qui émerge des eaux », « le Pays des eaux », « le Pays offert par des eaux et leurs génies ».
Ils appelaient donc et appellent encore « Kasamu Aku », abstraction faite des frontières coloniales, le Pays baigné, surtout en leurs embouchures, les Trois Rivières, à savoir : la Gambie, la Casamance et le Rio Cacheu.
Ce qui revient donc à dire que, pour le Diola, la "Casamance »' est « 'le Pays des Trois Rivières »', le Pays des Rivières tout court, tant sont nombreux les cours d'eau au sud de la Gambie.
Le mot « Aku » placé après « Kasamu», est, en Diola Huluf, un déterminatif qui correspond en Français aux articles définis « Le », « La », etc.
Le nom « Casamance » vient donc tout simplement du Diola Huluf « Kasamu Aku » : « Le Pays des Rivières", « 'Le Pays des Fleuves ».
Les Colons eux-mêmes ne s'y sont trompés. Ils ont donné raison aux habitants de la Casamance en englobant leur Pays dans un vaste ensemble territorial situé au sud du Sénégal, entendez bien à partir de la Gambie, vaste contrée englobant la Gambie, la Casamance, la Guinée portugaise, la Guinée française, la Sierra-Léone, etc., ayant une même Administration anglaise, portugaise, ou française ; arrosé par des centaines de Rivières et de Cours d'eau parmi lesquels nous pouvons citer : la Gambie, la Casamance, le Rio Cacheu,

le Rio Geba, le Rio Grandé, le Cassni, le Rio Compony, le Rio Nunez, le Rio Pongo, le Rio Konkore etc.

Les colons, à juste titre, ont dénommé ce vaste ensemble territorial « Le Pays des Rivières », ou encore « le Pays des Rivières du Sud » : donc « Kasamu Aku » « le Pays des Rivières ».

Vous comprenez donc pourquoi, à tort ou à raison, la Casamance, pour des raisons diverses, est revendiquée à la fois par le nord et par le Sud. Comprenne qui peut !

Et surtout ne me demandez pas de les départager : car le gâteau est bon, excellent même, et chacun est très gourmand, a des dents longues.

Bref, quelles que soient les intentions que l'on puisse me prêter, « Casamance » vient tout simplement de Kasamu Aku », « Le Pays des Rivières ».

Je ne demande à personne de partager mon opinion, mais je réclame pour moi la liberté d'émettre la mienne.

D'ailleurs, nous, gens du Kasa, nous appelions plus strictement Kasa, le Pays et les villages arrosés par le Fleuve Casamance, par les Marigots et par la Mer, à partir du Marigot « Sibuy », plus communément appelé « Marigot de Niambalang » ou « Koemoeboel », jusqu'à l'océan Atlantique.

Donc le Diola étant essentiellement « 'l'Homme de l'Eau », il n'est pas étonnant que, quelle que soit sa provenance, l'Eau tienne une place si importante dans sa vie profane et dans sa vie religieuse.

Donc, pour le Diola d'alors, celui qui prétend violer ce sanctuaire, cette Terre reçue des Génies des Mers et si avancée dans l'océan, pour cause, qui à plus forte raison prétend s'en emparer, eh ! Bien ! Que sa peau soit blanche ou noire, il faut le bouter hors des limites territoriales reçues des Ancêtres : hors de la Casamance, le Pays des Rivières.

Donc, un conflit irréductible devait fatalement surgir entre l'Administration coloniale française que nous connaissons dans ses principes et dans ses actes d'une part, et la Reine

Alinsiitowé Diatta de Cabrousse, d'autre part, qui projetait, ou plutôt était en train de bâtir une Nation, la Nation casamançaise, libre, prospère et indépendante, fortement unie, solidaire et fraternelle. Nous savons le reste ; Et cela par la volonté du Colon Blanc, et de nos jours, de nos Nouveaux conquérants, les sénégalais. Je ne vous apprends rien.

Crépuscule

Tout le monde sait que le Blanc a Condamné la Reine Alinsiitowé à un Exil Sans Retour.

Beaucoup de Nations célèbrent le Retour d'Exil de leurs Héros, vifs ou morts. Il n'est que d'écouter la Radiodiffusion Nationale du Sénégal pour s'en convaincre.

Non seulement la Casamance ne jouit pas de ce droit qui lui est propre et inaliénable, mais encore on nous laisse ignorer jusqu'au lieu actuel de détention, de séjour ou d'éventuelle sépulture de la Reine Alinsiitowé Diatta de Cabrousse.

Peut-être devrons-nous attendre pour être satisfaits, l'accomplissement dans sa plénitude de son Message et Testament politique.

Eh ! Bien, patience et longueur de temps viennent à bout de tout. L'expérience sénégalaise s'étant avérée négative, surtout depuis les Années 1956-1958 et 1960, la Casamance ne tardera pas à titrer les conséquences qui s'imposent, et cela souverainement.

En nous acheminant vers la conclusion de notre causerie, citons encore Monsieur Jean Girard :

> « Alinsiitowé fait figure de Jeanne d'Arc de la Casamance. La première elle a levé l'étendard de la révolte contre l'occupant, invoquant un droit ancestral des Noirs sur la terre d'Afrique, face à l'hégémonie passagère des blancs. Certes, ce rôle lui fut plus ou moins attribué à son corps défendant, mais elle incarna réellement cette aspiration d'alors à l'affirmation d'une personnalité africaine.
>
> « Alinsiitowé incita au refus de l'impôt abusif, attitude génératrice de tension et d'une première espérance, ceci d'autant plus que les difficultés françaises en Europe laissaient présager un effondrement prochain de la puissance de l'homme blanc et d'une délivrance possible des populations noires du joug étranger.
>
> « Mais, vis-à-vis de l'Européen, le comportement de la Prophétesse ne fut pas exclusivement négatif. Elle ne nia pas

> l'apport technique, le modèle culturel proposé, l'intérêt de la modernisation.
>
> « Il reste qu'Alinsiitowé fut en Casamance le premier chef africain plébiscité par l'adhésion populaire et représentatif de ses tendances vraies ». [Jean Girard : « Genèse du Pouvoir charismatique en Basse-Casamance », 1969, page 265].

Dans tous les cas, à l'exemple du Grand-Prêtre Diamuyo Diatta, 40 ans plus tôt, sous le Roi Sihalébé Diatta, et de leurs alliés de Kaluhaye, le Roi Hulikabang, alias « Fodé Kaba », pour les blancs, la Résistance active ou passive préconisée par la Reine Alinsiitowé fut celle pratiquée par maints héros des Indépendances du Tiers-Monde : l'Inde du Mahatma Gandhi, l'Indochine de Ho-Chi-Mihn, le Kenya de Jomo Kenyata, la Tunisie de Habib Bourguiba, l'Algérie de Ferhat Abbas et d'Ahmed Ben Bella, le Maroc de Mohamed V, le Ghana de Kwamé Nkrumah, la Guinée-Bissau d'Amilcar Cabral, le Mozambique de Mondlane, l'Angola de Roberto Holden et d'Augustinho Neto, etc.

Qu'a fait le Sénégal pour Alinsiitowé, victime du colonialisme français ? Il a tout simplement surclassé le colonialisme français. D'où ingratitude notoire, pour ne pas dire noire, d'une part ; et surtout, d'autre part, une Insulte impardonnable à la Casamance éternelle. Trois cent quinze ans de Résistance casamançaise pour finalement sombrer dans l'Impérialisme Culturel et le colonialisme sénégalais. Mais la lutte continue, pour moi, dans la légalité, jusqu'à l'indépendance totale de la Casamance. Le Sénégal et les Sénégalais se sont moqués et se moquent encore royalement de la Casamance et des casamançais. La Casamance en a ras-le-bol et dit : « Ca suffit ! ».

Oui, l'Expérience sénégalaise de la Casamance ayant totalement échoué, la Casamance par ma voix demande aux autorités sénégalaises d'émanciper la Casamance, je dis bien de lever la Tutelle du Sénégal sur la Casamance. Né dans un milieu foncièrement démocrate, et moi-même profondément partisan de la légalité, je suis prêt à traduire le Sénégal devant toutes les Instances Nationales ; et s'il le faut Internationales pour obtenir du Sénégal l'Émancipation, pour ne pas dire la décolonisation de la Casamance.

Je crains que le Sénégal, en restant sourd à ma voix, qui est la Voie de la légalité, ne se voit un jour imposer par d'autres patriotes casamançais la solution de l'efficacité où tout le monde a à perdre, surtout le Sénégal auquel je déconseille la voie de la force, la manière forte, car on dialogue avec le casamançais, on ne mâte pas le casamançais. Que le Sénégal se renseigne auprès du Portugal et de la France. Je lui demande d'avoir les deux pieds sur terre. Il faut se lever de bonne heure pour digérer une Nation, surtout de la manière que l'on sait. La Casamance dit « Non ! » Et moi le premier.

C'est grâce à la solidarité sans faille de tous ses Fils que le Kasa a pu résister pendant longtemps, pour ne pas dire toujours, à toute domination. Le Blanc en a fait une surprenante et amère expérience. Je crains que le Sénégal n'ait bientôt à la faire malheureusement.

Le langage tonitruant du Canon n'a pu avoir raison du langage silencieux des cœurs. Les tactiques militaires les plus élaborées n'ont pu venir à bout de la Résistance passive et de la complicité du silence d'un Peuple casamançais qui n'ignore pas et ne redoute pas les armes, leur maniement et leurs effets.

La Colonne chargée de capturer le Grand-prêtre Diamuyo Diatta, alla jusqu'à camper dans sa concession. L'Officier qui la commandait suspendait sa lampe sous le toit de sa case.

Diamuyo lui-même, aux dire de ma tante qui l'une des ses Filles, participait souvent aux corvées prescrites par le blanc, mais personnes pour le trahir et le dénoncer.

Le Roi Sihalébé Diatta et la Reine Alinsiitowé Diatta se sont présentés spontanément aux colonnes d'invasion et d'occupation.

Le blanc n'a jamais pu mettre la main sur le guerrier qui atteignit le lieutenant Truché à Soeloeky. Personne n'a levé le secret de guerre. Et, l'un des arrières-petits-fils de ce Flup

poursuit de brillantes Études Universitaires. Ici encore, le langage des cœurs a parlé plus fort que l'argent, les honneurs, et la corruption et toutes les manipulations qui font tant des ravages dans la Casamance d'aujourd'hui et dégradent moralement, totalement les fils des Héros de la Résistance. C'est une honte, une humiliation et pour tout casamançais authentique. Bref, le Kasa plie et ne rompt pas. La Casamance n'a pas fini d'étonner le monde. Quand un Diola dit : « Ifanuytt» « je ne veux pas », « je refuse », il faut se lever de bonne heure pour briser sa résistance, la Résistance casamançaise. Que le Sénégal le Sache. Nous avons amorcé notre conclusion en citant Monsieur Jean Girard disant que : « Alinsîîtowé fait figure de Jeanne d'Arc, de la Casamance. »
Rappelons-nous que la présente causerie « Foi et Patriotisme « n'est que le prolongement d'un autre entretien intitulé : « Sainte Jeanne d'Arc, modèle de Foi et Patriotisme ».
Si l'on accepte sans sourciller de m'entendre parler de Jeanne d' Arc, de la guerre de Cent Ans et des anglais, il faut, sous peine de se rendre ridicule, me laisser prendre dans notre Terroir casamançais des modèles de Foi et de Patriotisme ; que cette Foi soit chrétienne, musulmane ou animiste. Tout en conservant et vivant pleinement chacun sa Religion, nous savons que nous croyons tous au Dieu Unique, et que, ce qui nous intéresse ici, c'est de voir comment quelqu'un, citoyen, qui ne partage pas la même Religion que nous, peut s'efforcer de vivre sincèrement et pleinement sa foi, et avec ardeur à sa diffusion autour de lui et à travers le monde.

Qu'est devenue la Reine Alinsiitowé ?

Notre causerie est partie de « Sainte Jeanne d'Arc, modèle de Foi et de Patriotisme », puis, notre bref parcours historique d'une période du fait casamançais nous a amenés et ramenés à Alinsîîtowé qui, selon Monsieur Girard, « fait figure de Jeanne d'Arc de la Casamance ».

Cette causerie tire à sa fin. Ce n'est pas injure à Jeanne d'Arc que d'établir un petit parallèle entre ces deux héroïnes.

Elles ont de commun par exemple : la jeunesse, le Sexe, la beauté, la Foi en Dieu, Foi en la patrie, le dynamisme. Elles ont pour elles la simplicité, la douceur, la compréhension, mais aussi le courage, l'énergie, la détermination.

Mais, du temps de Jeanne d'Arc, la France était colonisée par l'Angleterre, alors que, du temps d'AlinsÏÎtowé, cette même France colonisait la Casamance, et aujourd'hui encore le Sénégal colonise la Casamance au propre et au figuré, que, de droit, la Casamance demeure une colonie oubliée, qu'Alinsîîtowé pourrait encore être en vie et que le Sénégal ne veut ni de l'Émancipation de la Casamance, ni du Retour d'Alinsîîtowé dans sa Patrie casamançaise.

Le contentieux entre la Casamance et le Sénégal est celui de quelqu'un qui, au moment fixé, à un moment de sa vie, va trouver son tueur pour lui réclamer ses Rizières qui lui avaient été confiées. Mais, non seulement le Tueur refusa de les lui restituer, mais encore il lui répliqua d'un ton menaçant et sec. « Tu n'as pas le droit de réclamer ton dû ».

Tel est le cas des Territoires Autonomes de la Casamance, jadis confiés à la Colonie du Sénégal par la France coloniale, et que le Sénégal refuse d'émanciper alors que jamais le Référendum d'Autodétermination n'est venu l'intégrer juridiquement à la République du Sénégal.

Que le Sénégal éclaire les Sénégalais. Qu'il assume les conséquences de sa responsabilité de n'avoir jamais dit la Vérité sur la Casamance à des Sénégalais qui parlent de

Sécession là où il ne s'agit que d'Émancipation légitime, de levée de Tutelle.

Ce n'est pas de ma faute, ni de celle de mes compatriotes, si le Sénégal du Député et du Président Senghor a escamoté le problème de la Casamance. Et de ce fait, je n'admets pas, je refuse que quelqu'un se permettre de dire à la Casamance :

> « Toi, Casamance, tu n'as pas le Droit de réclamer ton Droit ».

Celui-là, je l'appellerai par son Nom car je suis casamançais jusqu'aux cheveux, jusqu'aux ongles et jusqu'aux dents. Après avoir vécu le Statut du Territoire Autonome de Casamance, j'attendais de pied ferme celui qui voudra me barrer la route de l'Émancipation de la Casamance.

Si Jeanne d'Arc fut trahie par des Français, ses compatriotes, Alinsiitowé quant à elle, s'est présentée d'elle-même au Colonel Sajous, et c'est seulement aujourd'hui qu'Alinsiitowé, peut-être encore en vie, est de toute façon trahie par le Sénégal et les Sénégalais.

C'est Jeanne d'Arc elle-même qui disait que « 'souvent l'on est pendu pour avoir dit la vérité ».

Est-ce la Vérité que je vais dire au risque d'être pendu ? Oui ! Pour moi, plutôt mourir mille fois que de trahir une seule fois la Casamance.

Avec ou sans vous, je vais simplement poser une question qui pourrait, à elle seule, la témérité, la pendaison, non seulement à moi, mais encore à qui aurait l'audace, la témérité, l'outrecuidance de la poser au Gouvernement du Sénégal. Elle est simple cette question :

> Président Senghor, qu'est devenue la Reine Alinsiitowé ?

Je devrais même dire :

> Président Senghor, qu'avez-vous fait de la Reine Alinsiitowé ?

Un Député casamançais vous l'avait réclamée et vous ne lui avez pas répondu !

Je sais que vous allez vous taire, vous fâcher, mais votre courroux me remplit de contentement, et courage un Fils authentique de la Casamance, et, tant que je vivrai, je dirai toujours, jusqu'à entière satisfaction, à tout chef d'État du Sénégal :

> « Monsieur le Président de la République du Sénégal : Où est la Reine Alinsiitowé ?
>
> « Pourquoi ne faites-vous pas revenir la Reine Alinsiitowé ? »

Comme quoi, le plus colonialiste n'est pas toujours celui que l'on pense. Bien plus, on provoque, favorise, et cautionne la marginalisation tous azimuts de la Casamance, sa mort économique et culturelle, et l'on a bonne conscience de traiter les casamançais de « 'katanguistes »'. Oui, le Sénégal a réussi ce tour de force, à savoir : endosser aux casamançais le manteau du "Katanguistes »', très lâchement d'ailleurs ; au lieu d'assumer franchement les conséquences de la responsabilité qu'il a prise, par mystification et par dol, d'escamoter le Problème de la Casamance qui est une colonie oubliée. Elle ne le sera plus longtemps croyez-moi. Je vengerai Alinsiitowé. Je vengerai Sihalébé. Vive la Casamance libre !

En effet, si les cendres de Sainte Jeanne d'Arc, brûlée vive par les Anglais, sur la Place du Vieux Marché à Rouen, furent jetées dans la Seine, pour effacer toute trace de la prétendue sorcière, c'est le sort même de la Reine Alinsiitowé qui est, quant à lui, entouré d'un Silence, sinon révoltant, du moins profond, épais, mystérieux sans doute, mais pas étonnant, nullement surprenant. Pourtant, il faudra bien qu'un jour, pas lointain maintenant, espérons-le, on dise la vérité là dessus à la Casamance.

A moins que, une conjoncture désormais prévisible, celle-là, disons inévitable, ne vienne modifier le Cours de l'Histoire par l'accomplissement dans sa plénitude, du Message de la Reine Alinsiitowé Diatta de Cabrousse, à Savoir : l'indépendance de la Casamance.

Une Radio étrangère disait, un jour que par occupation et une éventuelle annexion de la Gambie, le Sénégal viendrait plus facilement à bout du nationalisme casamançais. Mon œil ! Cela ne ferait que l'exacerber et le fortifier, le Réveiller, car, je le répète, en tout casamançais sommeille un nationaliste farouche. Mystère sur Alinsiitowé ? Bien plus ! Une raison d'Etat pèse sur son sort. Citons encore Monsieur Jean Girard :

> « Quant à Alinsiitowé, elle se trouvait alors à Tombouctou. Bien qu'elle pût prétendre elle aussi sa libération, il ne fut question à aucun moment de favoriser son retour au Sénégal.
>
> « Elle demeure donc loin de son Pays d'origine, emprisonnée ou tout au moins en résidence surveillée et un voile d'oubli recouvrit totalement et sa personne et son sort.
>
> « Ce silence, les gouvernants sénégalais actuels ne l'ont jamais vraiment rompu et dans la province de basse-Casamance, lorsqu'on évoque le nom de la prophétesse, l'autorité officielle semble avoir pour consigne de se taire.
>
> « Il est possible qu'à ce jour, Alinsiitowé soit encore vivante, âgée d'une cinquantaine d'années, aucun indice cependant ne permet de l'affirmer et préciser en ce cas son éventuel lieu de retraite. » Nous venons de citer Monsieur Jean Girard, dans « Genèse du Pouvoir Charismatique en Basse-Casamance », 1969, page 228.

Voilà toute l'hypocrisie du Sénégal et de son gouvernement que je dénonce avec vigueur. Ce Sénégal qui se dit démocrate ; ce Sénégal qui se fait Champion des Droits de l'Homme, ce Sénégal hautement et dignement représenté devant les hautes instances internationales luttant pour la Défense des Droits de l'Homme. Je condamne cette supercherie et cette comédie du Sénégal qui maintient hors de sa Patrie casamançaise une nationaliste exilée par la France colonialiste depuis 1943. Je condamne le Ponce-Pilatisme du président Senghor qui paie l'ingratitude une dame et une Casamance qui ont largement favorisé sa fulgurante ascension politique. Ce crime du Sénégal, je le dénonce à la Croix-Rouge Internationale et Amnesty International.

Le fils du Kasa que je suis ne vous cachera rien. Alinsiitowé est un élément gênant. Par sa présence et son action, Alinsiitowé aurait gêné tout le monde religieux. politiquement,

Alinsiitowé ne fait pas l'affaire du Gouvernement sénégalais. Quelqu'un de très haut placé n'a pas manqué de me dire :

> « Mon Père, vous savez très bien que si Alinsiitowé revient, la Casamance va bouger et demander à partir. Cela, le Sénégal ne l'entrevoit pas de gaieté de cœur ».

Alinsiitowé ou pas, la Casamance est déjà partie. Bon gré, mal gré, le reste suivra, et cela selon sa volonté souveraine. Et, pour parachever cette émancipation de la Casamance, dût-il ne rester qu'un seul, je serai celui-là. Puisque nous sommes aujourd'hui en régime dit démocratique, la confiance n'exclut pas le contrôle. Fils de la Société Traditionnelle Kasa foncièrement démocratique, je saisis solennellement, les Institutions sénégalaises : aux Trois Pouvoirs Législatif, Exécutif et Judiciaire, j'exige l'Émancipation immédiate et sans condition, de la Casamance, ainsi que le Retour également immédiat et sans condition, en Casamance sa Patrie, de la Reine Alinsiitowé Diatta de Cabrousse.

> - Monsieur le Président de l'Assemblée Nationale du Sénégal, vous avez la Parole !
> - Monsieur le Président de la République du Sénégal, vous avez la Parole !
> - Monsieur le Premier de la République du Sénégal, vous avez la Parole !
> - Monsieur (le Premier) Président de la Cour Suprême du Sénégal, vous avez la Parole !

Je ne veux pas que le Sénégal d'aujourd'hui s'amuse à refuser à la Casamance ce que la France Coloniale était disposée à lui accorder en 1958.

Lors du Référendum du 28 septembre 1958, un Administrateur de la France d'Outre-mer, en fonction, Commandant un important Cercle de Casamance, nous disait tout bonnement :

> « Et-vous les casamançais, qu'attendez-vous ? Vous pouvez partir à l'indépendance comme la Guinée française ; vous n'êtes pas des Sénégalais : la Casamance peut disposer d'elle-même souverainement ».

Ces propos n'étaient pas tombés dans les oreilles d'un sourd ; Le Bon Dieu m'a donné peu d'intelligence et beaucoup de mémoire ; j'avais alors trente ans d'âge et deux de Prêtrise. J'avais besoin de mûrir et encore d'asseoir mon Sacerdoce. Il me fallait donc regarder, écouter, réfléchir.

« Quelle n'a pas été ma surprise, vingt ans plus tard, d'entendre, de cette même Capitale Départementale casamançaise, le Président Senghor lancer à la face de la Casamance et du monde son fameux :

Si vous voulez la Libération de la Casamance, votez P.S. »

Phrase Sibylline, s'il en est, bien dans la mouvance de ce vieux renard de la politique casamançaise et sénégalaise, qui lance un ballon sonde avant de grandes décisions historiques que je ne perçois pas de façon claire, mais parmi lesquelles pourraient se trouver une tentative du démantèlement du Territoire Autonome de la Casamance en plusieurs Régions, ainsi que son Retrait de la Scène Politique. Laissons l'avenir venir, qui vivra verra.

En attendant, de nombreux observateurs peu attentifs s'étonnent du peu de réaction de la Casamance. Elle veille, elle enregistre, et attend son Heure et son Leader. Son Heure, c'est celle de Dieu ; Son Leader, c'est celui qui aura spontanément fait surgir de son Peuple un et indivisible, comme l'est aussi son Territoire Autonome. Son leader, c'est celui que Dieu aura spontanément fait surgir de son Peuple uni et indivisible, comme l'est aussi son Territoire Autonome.

Structures de la société traditionnelle Diola-Flup

Oui, peut-être serez-vous surpris de m'entendre dire que le Diola-Flup vivait en régime démocratique. Je vais donc m'expliquer un peu là-dessus.

Puisque nous parlons de Sainte Jeanne d'Arc et de la Reine Alinsiitowé, toutes deux, chacune en ce qui la concerne, modèles de Foi et de Patriotisme, disons tout de suite que la femme Diola-Flup possède des droits réels et importants, sinon fondamentaux, essentiels, qu'elle entend faire respecter.

La société Diola-Flup reconnaît à la femme sa dignité, son égalité avec l'Homme, sa liberté.

Elle dispose d'une dot au sens occidental du terme. Son libre consentement est nécessaire à la validité de son mariage. Au même titre que l'Homme, elle possède le droit de divorcer. Elle peut donc accepter ou refuser la polygamie.

Notons en passant, que le mariage contacté par la fille d'un Roi Flup, donc le mariage d'une princesse Flup, est un mariage obligatoirement monogamique et obligatoirement indissoluble. Un seul Homme, une seule femme pour toute la vie. Un chrétien n'en dirait pas plus.

Vu la place importante et active qu'elle occupe dans la Société Diola-Flup, et la Reine Alinsiitowé en est une brillante illustration, la femme, aux côtés de l'Homme, son partenaire, ne peut être que totalement engagé dans la vie et le Développement de la Cité.

Oui, en milieu Flup la femme, et déjà la Jeune Fille adulte, vers les 18 ans d'âge, siège de droit au Conseil du Clan, donc au Conseil de la famille étendue, de la « Gens » diraient les Romains, avec voix délibérative.

On l'entend surtout, et bien fort, lorsqu'il s'agit du domaine foncier, d'Héritage et de Mariage. Son influence y est prépondérante.

Qui ne connaît la puissance et le prestige d'une « Ariman » ? Elle est, de par ce nom, de ces Filles et femmes qui se réclament d'un seul et même Ancêtre Paternel. Cette Communauté féminine fondée sur le Sang, s'appelle « Huriman ».

Dans l'état actuel des choses, nous autres chrétiens, musulmans et intellectuels, imbus de notre complexe de supériorité, alors que nous avons sans cesse à la bouche le mot enracinement, avons totalement ignoré les animistes lors de l'élaboration du Code de la Famille. Nous ne les avons même pas consultés, et ils se sont vengés de nous, en ce sens que notre prétendue législation moderne ne leur a pratiquement pas apporté quelque chose d'important et de vraiment nouveau.

Faut-il donc s'étonner de cette force de nos campagnes? Et n'oublions pas que, selon la Genèse Diola-Flup, c'était d'abord « Batobolo » qui obligeait « Totokedyul » à rebattre le caquet. Donc que EVE, alors plus forte, avait d'abord commandé à Adam.

« Batobolo » est la Première femme que Dieu créa.

« Totokedyul » est le premier homme, le premier être humain sorti des mains de l'Éternel.

Cela étant, le Kasa parle moins de libération et plus de promotion de la femme.

La femme Diola-Flup a droit à la parole et au vote. Elle est donc membre de droit, avec voix délibérative, dans les Conseils de famille ou dans les Assemblées générales du village, et à la cité de la Nation Flup, lorsqu'elles sont, selon les circonstances, communes aux Hommes et aux femmes.

Pour avoir ignoré l'existence ou sous-estimé l'influence de ces Conseils et Assemblées, l'Administration coloniale, et même la sénégalaise encore aujourd'hui, a connu beaucoup de surprises et déceptions, pour ne pas dire de déboires, dans l'exercice de ses Responsabilités.

On néglige encore aujourd'hui l'étude de tout ce qui est histoire, civilisation, économie, culture, milieu, religion, mentalité, nos populations, et l'on s'étonne ensuite de connaître des échecs de tous ordres, dans nos activités auprès de ces populations qui mènent leur petit train de vie quotidienne pendant que nos spécialistes et autres techniciens continuent à rêver au building administratif, et à toujours discourir de façon intarissable et inlassable. Ils sont féconds en parole et projets, mais d'actes point. Le sénégalais souffre d'une grave maladie : « la réunionité ».

Voici ce que notait amèrement, en Moyenne-Casamance pourtant, un Commandant de Poste en 1867 :

> « Il est difficile de définir la situation politique des populations, car pas une ne subit l'impulsion d'un Chef naturel. Chaque Chef de village est Maître chez lui, et encore ne l'est-il que jusqu'à un certain point, car il est souvent obligé d'en passer par ce que font ou veulent les jeunes ou quelque habitant influent ; ce qui fait que ce qui pouvait être la vérité aujourd'hui peut être l'erreur demain. » [Archives du Sénégal ? 13G 368]

En transposant cette situation au Pays Kasa, je dirais tout simplement que ce pauvre Administrateur ignorait totalement les bases de la société Diola-Flup qui repose sur une trilogie fondamentale : le Clan, la Cité, la Nation.

Cinquante ans plus tard, l'Administrateur supérieur Benquey, précisément en Basse-Casamance, pressentit ce pouvoir sans pour autant en situer et les modalités d'exercice de façon précise :

> « S'il existait dans ces régions des chefs de province, de canton ou de village ayant de l'autorité ou même de l'influence, nous pourrions peut être, par leur moyen, arriver à les soumettre, mais dans toute la Basse-Casamance, les Commandants de Cercle ne rencontrent aucun chef capable de les seconder. Presque toujours, derrière le chef nominal présenté au Commandant de Cercle, existe un pouvoir occulte… puissant dans les pratiques de sorcellerie, une autorité absolue et qui décide de toutes les questions importantes entourant la communauté. Ses ordres, quels qu'ils

soient, sont toujours exécutés et la crainte qu'il inspire est telle que pas un habitant n'oserait s'y soustraire".
[Archives du Sénégal 13 G 384. Rapport de l'Administrateur supérieur Benquey sur la situation politique de la Casamance, les progrès du désarmement et de la mise en main de la population]

Pour un Peuple marqué et forgé par une longue Résistance, faire fi des structures et institutions qui ont fait sa force et sa raison d'être pour lui appliquer brutalement, rapidement et arbitrairement, sans discernement judicieux des modes de vie et d'agir nouveaux, voilà les risques que nos gouvernants ont pris. Mais revenons à nos Structures anciennes :

1. Le Clan

La petite famille existe, bien sûr. Elle se compose du Père, de la Mère, des enfants et de tous ceux qui sont considérés comme tels. Elle jouit de sa personnalité propre, physique, juridique et morale, avec ses droits et devoirs.
Au sein de cette entité, les droits et dignité de la personne humaine sont respectés. Mais les activités de cette communauté débordent rapidement le cadre de la cellule familiale pour atteindre le domaine de la grande famille, la famille étendue appelée Clan, en Diola « Hank ».
Font partie du Clan tous ceux qui se réclament d'un seul et même Ancêtre Paternel. Le « Hank » Diola fait penser aux « Gens » des Romains. Cela ne signifie nullement que les fils de la Sœur, de la Tante et la Cousine soient totalement ignorés du Clan. « Asampul » au singulier, « Kusampul », au pluriel, est quelqu'un de très écouté, de considéré, de très aimé et de très populaire. Quand je vais dans le « Hank » de l'abbé Boniface Badiate, je suis Roi parce que ma Mère est Martha Badiate.
On voit les « Kusampuls » intervenir, bien au contraire, dans certains moments importants de la vie du Clan maternel : Mariage, funérailles, problèmes d'héritages et de terres etc. Ils sont respectés pour leur qualités premières : objectivité, neutralité, impartialité, probité, ouverture, patience,

dévouement, disponibilité, simplicité, serviabilité, sens du dialogue et de la cohésion, de la solidarité, de la concorde, de la conciliation, etc.

Ils jouent le rôle de Médiateurs très écoutés entre les différents membres du Clan, et surtout d'arbitres fort écoutés des situations difficiles pour ne pas dire désespérées, opposant des membres du Clan.

Une autorité réelle, extérieure tout en étant proche, dynamique, efficace, lucide, universellement et moralement reconnue, peut seule arbitrer dans la discrétion, le tact et l'efficacité, les différends qui surgissent entre divers membres du Clan.

Ils peuvent proposer et même appliquer des sanctions, ils creusent la Tombe lors du décès d'un parent maternel. Ils assument pleinement leur rôle sans porter préjudice aux fonctions nombreuses, importantes et souvent délicates dévolues au Grand-Prêtre, « Aloemboe », du village.

Lorsque siège le Conseil de famille du Clan, tous ses Membres : Hommes, Femmes, ainsi que Garçons et Filles à partir de 18 ans environ, ont droit à la parole et aussi au vote, à voix égale.

On demande ou l'on reçoit la parole. On Parle, et, ensuite, on vote en quelque sorte en donnant son avis ; et cela démocratiquement, sans distinction d'âge et de sexe.

Lorsque les avis sont partagés, quand le pour et le contre se répartissent de façon à peu près égale, c'est à ce moment et à ce moment seulement, que l'on s'en remet à l'autorité du Patriarche : « Ahan », l'Ancien.

Cette autorité du Chef ne devient prépondérante que lorsque ce Vénérable jouit d'une forte personnalité et d'un réel ascendant sur les Membres de la Grande Famille. On lui demande de trancher la question, de dicter au Clan la conduite à tenir en cette circonstance ; et cela compte tenu de son âge, de son expérience, de sa sagesse, au sein de sa rectitude de vie et de

jugement ; de ses différentes qualités qui rehaussent son prestige au sein de la Communauté Clanique.
Il en est aussi le Chef spirituel, le Prêtre, le Symbole, l'Émanation, l'Incarnation.
L'Autel des Ancêtres appelé « Kuhulung » montre que cette Grande Famille du Clan se compose des vivants et des Morts, une Communauté réelle, vaste et solidaire. C'est à cet Autel que se font les rites d'intégration au Clan lors de la Naissance, et les cérémonies d'adieux lors du décès d'un Membre du Clan.
Si Démocratie il y a dans le monde, le Kasa ne peut-il pas prétendre en détenir un brin dans ses Institutions Fondamentales : le Clan, la Cité, la Nation ? Ce qui lui permet éventuellement de laver son linge sale en famille, sans aucune intrusion de l'étranger, dans une véritable correction fraternelle ?

« Anyol Diawi bare anei mu butumy bu fute fut ».

« Seul le Fils de ta Mère te dira que ta bouche sent mauvais ».

Le Conseil du Clan, Instance Suprême de cette communauté, en détient tous Pouvoirs. Cependant, il s'en réserve le législatif et le judiciaire, pour en déléguer l'exécutif au Patriarche assisté de quelques Membres, lequel doit rendre compte de son Administration et de sa gestion au Conseil du Clan, seul habilité, dans un contexte d'impartialité, d'honnêteté et d'efficacité, à approuver ou rejeter son action.

2. *La Cité*

Bien sûr, il s'agissait jusque-là, essentiellement, de la vie interne du Clan. Mais, lorsque surgissent des problèmes importants débordants le cadre du Clan, on les traite au Conseil de la Cité. Alors, chaque Clan, après avoir tenu, s'il le faut, un ou plusieurs Conseils de Famille pour informer ou consulter la base, délègue deux ou plusieurs Représentants sérieux, compétents, dynamiques, écoutés et sages. Ils seront alors les Porte-paroles authentiques et représentatifs de ce Clan. Ils ont voix délibératives.

Le Conseil de la Cité détient les trois Pouvoirs : Législatif, Exécutif, et Judiciaire. Il siège sur convocation et sous la présidence du Grand-Prêtre, appelé « Aloemboe ».

C'est à ce Pontife que le Conseil de la Cité remet le Pouvoir Exécutif, et ce Grand-prêtre répond de son gouvernement devant cette même Assemblée du Village.

Un groupe de simples citoyens sérieux peut demander au Grand-prêtre et obtenir de lui la convocation du Conseil de la Cité.

Le Grand-prêtre, « Aloemboe », est élu et sacré à vie. Jadis, il était voué au célibat perpétuel. Actuellement, son mariage, sauf dérapage de nos jeunes progressistes, est monogamique et indissoluble. A sa « disparition », seul un Grand-prêtre célibataire ou veuf peut épouser sa veuve.

Dès sa consécration, le Grand-prêtre détient le pouvoir Religieux, et aussi le Pouvoir Exécutif, Civil, dans les limites que l'on sait. Il incarne la Cité. Rien ne se fait ou ne se dit à son insu. Tout vient vers lui, et tout en part. Il est vraiment l'âme de la Cité.

> « Si ton Frère vient à pécher, va le trouver et reprends-le seul à seul.
>
> « S'il t'écoute, tu auras gagné ton Frère. S'il ne t'écoute pas, prends encore avec toi un ou deux autres, pour que toute affaire soit décidée sur la parole de deux ou trois témoins.
>
> « Que s'il refuse de les écouter, dis-le à la Communauté.
>
> « Et s'il refuse d'écouter, même la Communauté, qu'il soit pour toi comme le païen et le publicain. » [Mathieu 18, 15-14]

La Charge de Grand-prêtre est une fonction de service, de disponibilité, de dévouement, de présence permanente, d'immolation pour le salut du Peuple, d'humilité, de charité, de conciliation.

Âme de la cité, le Grand-prêtre devait nécessairement s'attirer les foudres de l'Administration coloniale qui voyait aussi en lui l'âme de la Résistance casamançaise. Il n'est que de rappeler le cas du Grand-Prêtre Diamuyo Diatta à Oussouye, sous le règne et lors de l'Exil Sans Retour du Roi Sihalébé Diatta, en 1903.

Ce cas de Diamuyo n'est pas isolé. De nombreux Chefs Religieux ont été inquiétés, traqués, tués dans le contexte de la Résistance casamançaise.

A Oussouye, à Diémbering, à Karounante, à Siganar, à Youtou pour ne pas citer Cabrousse, dans le Pays Bayote, comme dans le Royaume Alfiladyo proprement dit et ailleurs, qui assumait les fonctions religieuses courait de grands risques devant l'Administration coloniale.

3. *La Nation*

Il peut arriver que des problèmes dépassent le cadre et la compétence du Conseil de la Cité. On les porte alors devant le Conseil de la Nation. Et nous y retrouvons le même processus de représentation.

Le vrai Conseil de la Nation se compose des représentants de chaque village Flup. L'on sait que la délégation de chaque cité se compose d'ordinaire des représentants de chaque Clan.

Ainsi donc, dans le « Conseil des Anciens », tant au niveau de la cité qu'à celui de la Nation, nul ne peut contester la représentativité d'un membre ou d'une délégation. Ils ont voix délibérative.

Le Conseil de la Nation détient, lui aussi, mais à l'échelon Suprême, les trois Pouvoirs : Législatif, Exécutif et Judiciaire. Il siège sur convocation et sous la présidence du Roi : « OeyiI ».

C'est au Roi que le Conseil de la Nation confie, délègue le Pouvoir Exécutif. Il l'exerce sous son contrôle.

Un ou plusieurs villages peuvent demander au Roi et obtenir de lui la convocation du Conseil de la Nation. Toute l'ethnie Flup se sent alors concernée, et l'est effectivement. C'est l'Assemblée du « Hunir ».

Le Roi est élu et sacré à vie. A Oussouye, le Fils ne succède jamais au Père. Il détient alors Pouvoir Religieux et aussi le

Pouvoir Civil dans les limites que l'on sait. Il n'est ni un potentat totalitaire, ni un pot de fleurs tout juste chargé d'inaugurer des chrysanthèmes.
Le Roi incarne la Nation. Il est l'émanation de la Nation. Il doit rassembler une somme de qualités et vertus assez importantes : intellectuelles, spirituelles, morales, humaines et même physiques, au point que le Roi signifie la perfection, la Sainteté. Ce n'est pas pour rien que l'on salue et interpelle le Roi par le mot « Maan », "perfection", Sainteté. Et, en liturgie animiste, l'acclamation « Maan » se traduit par :

« Parfait » !
« Amen » !
Etc.

Il faut être une personnalité de la trempe et de l'ascendant du Roi Ahumusel Diabone pour en imposer au Conseil de la Nation et lui arracher une adhésion immédiate et totale à ses propositions et ordres. Et encore ! Ahumusel lui-même n'a pas été écouté lorsqu'il a proposé, pour sa succession éventuelle, Sibilluyan de préférence à Sihalébé.
Ainsi était organisée, structurée, cette société Flup et peut-être même Diola, que l'on dit souvent et trop rapidement « anarchique », mais qui pratique un Régime à la fois fort et souple, essentiellement démocratique et très décentralisée, particulièrement autarcique.
Quoi que l'on puisse en dire, jamais on ne m'empêchera d'affirmer que, en Pays Diola-Kasa, du moins, conscience nationale et démocratie remontent à la nuit des Temps. Nous n'avons pas pour y parvenir, attendu l'arrivée et la conquête du blanc.
Au moment des États Généraux du 5 Mai 1789, qu'il ignorait d'ailleurs, le Kasa constituait une Nation libre, indépendante et démocratique.
Dans ce domaine comme en beaucoup d'autres, tels que le Civisme, le Patriotisme et le Nationalisme, la Casamance n'a de leçon à recevoir de qui que ce soit. Elle doit en être fière.

Pur produit de la Résistance casamançaise et de la Démocratie réelle, que personne ne compte sur moi pour bafouer la Casamance, la Démocratie, la Liberté, l'Indépendance, la Justice et la Vérité.

Dans un tout autre domaine, lorsque la conjuration du « Hunir », qui remonte au moins au XVIIème siècle, mobilisa toutes les Cités Flup contre le village de Senghalen, va-t-on me soutenir qu'aucune conscience nationale n'animait les cités coalisées ?

Plus près de nous, dans un passé cependant lointain, lorsque le grand Roi Ahumusel mobilisant tous les villages Flup, partit en guerre contre le village d'Essaout jugé trop turbulent, va-t-on me prétendre que les Kasas manquaient de conscience nationale et n'avaient pas un brin de « commun vouloir de vie commune » au niveau du Clan, de la Cité et de la Nation ?

Est-ce l'étendue du Territoire qui fait une Nation ? Les Cités d'Athènes et de Spartes avaient-elles une conscience nationale ? Si oui, pourquoi refuser au Pays Kasa ce que l'on concède volontiers aux Cités de la Grèce Antique ?

Je prends un petit moment pour dénoncer l'aliénation des Diolas provoquée, cautionnée, encouragée, favorisée, stimulée par nos Responsables politiques, aliénation que j'appelle volontiers la « Griotisation » du Diola. On les pousse, on les oblige à applaudir et souvent de façon intempestive alors que traditionnellement le Diola écoute tout orateur dans un silence religieux, les Mamans vont jusqu'à donner le sein aux enfants pour les empêcher de crier afin que Chaque Auditeur, où qu'il soit sur la place, puisse entendre et boire toutes les paroles de celui qui s'adresse à l'Assemblée.

Un Responsable politique que je reprenais vivement au sujet de cette griotisation et aliénation du Diola m'a répondu que je suis un attardé qui refuse de marcher avec son temps. Comme il parle le latin, je lui ai répondu que toute évolution peut être progressive ou régressive, et dans le cas présent, négative.

Quand on voit les diverses manipulations auxquelles on se prête dans le Pays, et plus particulièrement en Casamance à l'occasion de toutes nos élections, l'on est en droit de se demander de qui l'on se moque en parodiant ainsi la démocratie. Un militaire m'aurait tout simplement répondu que « l'on se moque de la gueule du peuple ».

A Ziguinchor, si personne ne le fait, c'est moi qui mettrai fin, et le plus rapidement possible, à cette honte, à cette provocation, à cette insulte impardonnable à la Casamance.

Il s'ajoute une indécence, un manque de pudeur, une ingratitude envers un protecteur, un défenseur, un père soucieux de préserver les traditionnelles vertus d'Hospitalité casamançaise héritées de nos Ancêtres.

« Ôte-toi de là que je m'y mette », tel est le principe rigoureusement mis en application partout en cette pauvre Casamance par nos Nouveaux conquérants. Allez en faire autant chez eux. Créez des zones interdites, faites y impunément la pluie et le beau temps.

Notre pudeur s'y oppose, eux feront le reste. Bref, deux mondes inconciliables.

Peuple d'Avant-Garde

De 1903 à 1960, c'est-à-dire de l'occupation coloniale française d'Oussouye à l'Indépendance Nationale du Sénégal, le Kasa est passé, tous les 20 ans environ, de la Résistance passive à la Résistance active. En ce 28 septembre 1978, je suis en droit de me demander de quoi 1980 sera fait. Dans tous les cas, je m'attends à ce qu'il se passe au Sénégal et en Casamance, entre 1978 et 1983, un ou plusieurs événements très importants.

Vu la place de la femme dans la société Diola-Flup, faut-il s'étonner qu'une Femme, la Reine Alinsiitowé Diatta de Cabrousse, symbolisât, pour ne pas dire incarnât, la dernière grande Résistance nationale à la domination coloniale ? Pour les besoins de la cause, on veut minimiser le fait.

Pourtant, le message de la Reine Alinsiitowé a préparé les cœurs des casamançais et d'autres aussi, à la Naissance du Mouvement des Forces Démocratiques de la Casamance, du Mouvement Autonome de Casamance et du Bloc Démocratique sénégalais. Cela aussi, il faut le dire, surtout qu'Alinsiitowé a été payée d'ingratitude.

En attendant, il y a une grave injustice à réparer. Et le plus tôt sera le mieux. La Casamance, surtout dans le cours inférieur du Fleuve, a toujours refusé la domination coloniale, et l'a montré. Cela aussi, il faut le dire tout haut et le prouver, sans oublier de condamner les Noirs traîtres et collaborateurs colonialistes.

Cette Casamance qui a opposé au colon une longue Résistance de 315 ans est, non seulement un Territoire, mais encore un Peuple, une Nation forgée dans le creuset de cette Résistance dont les retombées se font encore sentir aujourd'hui.

Il ne peut donc, en aucune façon, être question de porter atteinte, d'une manière ou d'une autre, à l'entité, aux réalités et aux spécificités casamançaises, sans l'apprendre bien vite à ses dépens.

J'observe attentivement tous les efforts, astucieux il est vrai, entrepris par le Sénégal pour essayer de digérer la Casamance : Création des Régions pour noyer la Casamance et la nostalgie de son Gouverneur ou Administrateur supérieur.

Décasamancisation des Préfets et Chefs d'Arrondissements. Mais ce système présentait des risques avec une Assemblée régionale de Casamance votant à l'unanimité une motion exigeant l'émancipation immédiate et sans condition de la Casamance.

De son arsenal juridique, le Sénégal sortit la Réforme Administrative agrémentée de la Loi sur le Domaine National dont, dès 1961, des préfets de Casamance avaient souligné l'inopportunité dans notre Territoire. Mais il ne fallait pas s'arrêter en si bon chemin.

Il faut donc passer à la troisième et dernière étape. Il faut râper et démanteler l'entité casamançaise par la création d'autres Régions Administratives en Casamance. Un vieux Renard de l'Administration Coloniale était tout trouvé pour concevoir et exécuter ce plan machiavélique.

La Casamance dort, mais son cœur veille. Elle ne tardera pas à se faire entendre. J'ai dit de transmettre au Président Senghor que toutes ces manœuvres sont nulles et non avenues. On veut mettre la charrue avant les bœufs.

Le Sénégal s'écarte de la seule voie légale, à savoir : un Référendum d'Autodétermination pour une éventuelle intégration de la Casamance au Sénégal.

Mes Ancêtres m'ont dit que je suis casamançais. Le colon lui-même m'a dit et enseigné que je suis casamançais. Je ne sais, par quel artifice juridique, je me suis, du jour au lendemain, réveillé sénégalais malgré moi.

Que le Président Senghor s'explique là-dessus. Président Senghor, qu'avez-vous fait du statut de la Casamance ? Cette même Casamance par ma voix vous réclame son statut, son bien. Ne dites pas à la Casamance qu'elle n'a pas le droit de réclamer son droit.

En attendant, la Casamance est colonisée par les Sénégalais aujourd'hui comme hier. J'invite chacun des six Départements de la Casamance à rédiger et à me faire parvenir un livre blanc sur le colonialisme sénégalais sur toute l'étendue de chaque Département. Donnez seulement des faits irréfutables parce qu'il faut en finir avec ce colonialisme sénégalais en Casamance, et cela, le plus démocratiquement du monde.

La Casamance doit être fière d'être restée elle-même, fière de sa Terre, de sa Culture, de sa Civilisation et surtout de sa glorieuse Histoire. Il est malheureux que des inconscients en soient encore à nourrir je ne sais quel complexe d'infériorité au point de regretter au fond d'eux-mêmes d'être nés casamançais.

> Souviens-toi du Message d'Alinsiittowé et tu n'auras jamais honte d'être casamançais.
>
> Frères de casamance, retrouvez votre langue, parlez-la sans complexe.
>
> Un Peuple sans sa langue est un peuple mort. Abandonnez votre langue et demain vous ne serez rien du tout.
>
> Chers Frères et Sœurs, ne trahissons pas la Casamance : parlons ses langues.

La Reine de Cabrousse est un exemple de la femme Diola-Flup dans son milieu traditionnel. Laquelle femme, par son appartenance à son Clan d'origine, s'enracine profondément dans les valeurs authentiques léguées par les Ancêtres. Par son universalisme dont le mariage est un signe, elle porte le germe d'un engagement dynamique ouvert au « souffle fécondant du large ».

Le large ? Le Kasa ne l'a-t-il pas déjà pris, un large tout azimut ?

En effet, marchant dans le sillage de la tradition démocratique multiséculaire du Kasa, fidèle au message de la Reine Alinsiitowé, la commune de Oussouye, dès sa création, au lendemain de l'Indépendance Nationale du Sénégal, a été, sinon la première, du moins une des premières communes nouvelles, à avoir admis des femmes dans son Conseil Municipal.

Qu'une femme Kasa siège aujourd'hui à l'Assemblée Nationale sénégalaise ; que des femmes entrent au gouvernement sénégalais cela ne surprend nullement les Diolas.

Que le Sénégal se réveille demain avec à sa tête une Golda Meir, une Sirimava Bandarannike, ou une Indira Ganddhi, et cela n'empêchera nullement de dormir les fils d'un Pays, de cette Casamance qui a donné naissance à des Reines, telles que Akinumélob, Ayimpen, Awentorébé, Aloendiso et Alinsiitowé.

En effet, cette longue causerie « Foi et Patriotisme », qui tire à sa fin, nous a prouvé que la Femme joue un rôle très important dans la vie religieuse et civile de la communauté traditionnelle Diola. Elle est responsable des rites de Purification et d'intégration du Nouveau-né dans la communauté clanique. Elle présente son Enfant à l'Autel des Ancêtres et aux différents fétiches.

Responsable de la première éducation de son enfant, elle le présente aux Fétiches pour divers sacrifices :

> Demande, action de grâces, relevailles, expiation, purification, etc. Jésus n'a-t-il pas été présenté à Dieu dans le Temple de Jérusalem ? [LUC 2,22635].

La femme prie et offre des sacrifices pour la Protection, ainsi que pour la Prospérité matérielle et spirituelle de la famille. Elle prie et fait prier pour les vivants et pour les morts. Porteuse, donneuse et gardienne de la vie, la femme offre des sacrifices et fait les pénitences du « kanialen » pour obtenir du Ciel la vie et la santé de son enfant dont le sort inspire des inquiétudes et qui met donc Dieu en défi de le maintenir en vie et en parfaite santé. Dieu est alors mis en demeure de sauver l'honneur de son Nom.

> « Non nobis, Domine, non nobis, sed nomini tuo da gloriam » [Psaume 115,1]
>
> « Non pas à nous, Seigneur, non pas à nous, mais à ton Nom donne gloire. »

Une fois son devoir accompli, c'est avec confiance que la femme Flup attend le reste de la part de son Créateur et

Souverain Maître. Elle admet, comme tout Diola et tout croyant, que Dieu n'abandonne jamais ses enfants, que Dieu ne ment jamais. Elle est convaincue que Dieu compte toutes nos bonnes et mauvaises actions, sans jamais se tromper, que son grenier est à l'abri des incendies, des rats et des termites. Son abandon à la providence n'est nullement une résignation fataliste quand on sait le courage et la fierté du Diola.

Toute la vie terrestre de la femme animiste Diola baigne dans le religieux. On risque de ne pas la comprendre si l'on veut à tout prix l'extraire de son contexte. Mais elle n'est pas fanatique et la position de la Reine Alinsiitowé le prouve clairement. Elle pratiquait convenablement sa religion mais elle respectait aussi celle des autres.

C'est encore pour mieux se préparer à assumer son rôle de Femme dans la vie Religieuse et Civile de la Nation, que la Jeune fille Kasa pratique un Jeûne appelé « Emmomo », mot qui désigne également cette période de jeûne et de privation de riz.

Il existe en effet une Tradition antique et vénérable, malheureusement en voie de disparition, que le Christianisme pour sa part devrait assumer, informer et sublimer, tout au moins dans le cadre de son Carême Tradition qui se nomme donc « Emmomo ».

Tous les 25 ans environ, toutes les Jeunes filles d'un ou plusieurs villages s'astreignent à une réelle pénitence, pour en quelque sorte réparer leurs folies de Jeunesse et mieux se préparer à leur Mariage, à leur Rôle de femmes et de Mères de famille. Alors, toutes les filles concernées se rasent complètement la tête. Et, pendant une période de trois à six mois, elles s'imposent certaines restrictions. Pas de bruits dans le village, ni chants de joie, ni danses, ni luttes pour les Filles comme pour les Garçons. Pas un grain de riz dans la bouche pendant tout ce temps :

- Les filles de 7 à 12 ans se privent de riz au déjeuner.

- Les filles de 12 à 17 ans s'abstiennent de riz au déjeuner et au Souper.
- Les filles de 17 à 25 ans ignorent le riz au déjeuner, au dîner et au souper.

Pendant tout ce temps, les filles se débrouillent pour vivre grâce aux autres produits du Pays. Quand on connaît la place du riz dans l'alimentation du Diola, on mesure aisément l'importance du sacrifice que ces Filles s'imposent.

Une grande fête populaire marque la fin de cette longue période d'expiation et de purification. Elle est une fête d'espérance et d'action de grâces. Espérance en un meilleur avenir temporel et spirituel.

Action de grâces au Dieu clément et miséricordieux, pour tous les Bienfaits dont il nous a comblés.

Mais n'y a-t-il que des Lumières et points de zones d'ombres dans cette Société Kasa d'Alinsiitowé, modèle de Foi et de Patriotisme ?

Le Croyant chrétien trouvera qu'il manque Jésus-Christ, donc une vision chrétienne à cette Société Kasa pour assumer, informer et sublimer ces valeurs traditionnelles. Quoi de plus normal dirait Saint-Paul.

> « On croit avec le cœur pour parvenir à la justice, on professe avec la bouche pour parvenir au salut. Car l'Écriture dit : Quiconque croit en lui n'éprouvera pas de confusion. Il n'y a pas de distinction entre Juif et Grec, pour tous c'est le même Seigneur, riche de biens envers tous ceux qui l'invoquent car quiconque invoquera le nom du Seigneur sera sauvé ».
>
> « Mais comment l'invoquer, si l'on ne croit pas d'abord en lui ? Et comment croire en quelqu'un sans d'abord l'avoir entendu ? Et comment entendre si personne ne prêche ? Et comment prêcher si l'on n'est pas d'abord envoyé ? J'ai été trouvé par ceux qui ne me cherchaient pas, je me suis manifesté à ceux qui ne m'interrogeaient pas. Tout le jour, j'ai tendu les mains vers un peuple désobéissant et rebelle ». [Romains, 10, 10-21]

L'Islam pourrait peut-être, à son tour, prendre à son compte ces mêmes propos. A chacun de faire son examen de conscience.

Autres zones d'ombres : le courage du Diola risque de le pousser souvent à la témérité et à la présomption. Mais faut-il oublier que « le Royaume des Cieux souffre violence et que ce sont les violents qui l'emportent ? » [Matthieu, 11, 12]

Le danger est également grand de tomber dans la routine, l'assoupissement et la facilité dans cette société assez structurée quoi qu'en disent certains « spécialistes ».

D'autre part, l'Animiste Kasa voit toujours dans l'épreuve et l'adversité le châtiment d'une faute personnelle ou collective, ou encore commise par un Parent vivant ou mort. On est solidaire dans le bien comme dans le mal, dans la récompense comme dans le châtiment :

> « Ewol yanor e futene buhek »
>
> « Il ne suffit que d'un seul pour faire sentir le poisson à tout un attirail », dit un proverbe Kasa.

Bref, l'on rejoint le dicton des raisins verts du Prophète Ezéchiel ainsi que la réflexion des disciples de Jésus devant l'Aveugle-né :

> « Les Pères ont mangé des raisins verts et les dents des Fils en sont agacées ». [Ezéchiel, 18,2]
>
> « Rabbi, qui a péché, lui ou ses parents, pour qu'il soit aveugle ? » [Jean, 9, 2]

Pour le Chrétien, il manquait donc au Diola animiste la dimension de la croix rédemptrice. Et pourtant, sa liturgie recèle une notion du « Bouc Émissaire » et même de la croix comme un signe du carrefour de la « Route de Dieu », qu'il choisit ou rejette par une libre option, tout en sachant que cette Route de Dieu est difficile à suivre.

Un seul est chargé des péchés de tous, un seul meurt pour le salut de toute la communauté, car :

> « Il vaut mieux qu'un seul homme meure pour le Peuple ». [Jean, 18,14]

Quoi qu'innocent de nombreux griefs dont le Blanc l'accusait, le Roi Sihalébé Diatta ne voulut point, fidèle en cela à la Tradition Ancestrale, se disculper en rétablissant la vérité.

Plutôt l'Exil Sans Retour et même la mort, qu'une violation, même purement matérielle et non pas formelle, des vénérables Lois héritées des Ancêtres. Il lui fallait donc porter le péché du Peuple, donner sa vie en rançon de ce Péché.

A son tour, la Reine Alinsiitowé Diatta prit le chemin de l'Exil Sans Retour pour avoir dressé toute la Casamance, debout comme un seul Homme, contre le Colonialisme et ses valets africains.

Mais tout événement qui se produit n'est-il pas une manifestation de la volonté de Dieu ? Effectivement, le Fatalisme n'est pas à exclure absolument dans cette société Kasa profondément croyante.

> « Emit ay ! » - « C'est Dieu ! »
>
> « Wahfe Emit ay! » - « Toute chose qui se produit, arrive de par la volonté et la puissance de Dieu ».
>
> « At Emit sembé ! » - « Dieu est Tout-puissant ! », « Dieu est grand ! »

Acte de Foi le plus souvent, bien sûr, et d'abandon à la Divine Providence, mais peut-être aussi chez certains, signe de résignation quasi fataliste. Sans doute le Diola ne peut-il prétendre à des sommets doctrinaux, moraux, philosophiques et ascétiques chantés par ceux qui se disent de « Religions Révélées, mais sa vie profane et Religieuse le situent dans une moyenne fort enviable.

Oui, à côté de ces zones d'ombres pouvant exister dans le Rôle de la Femme Diola-Flup dans son Milieu Traditionnel, Rôle éminemment incarné par la Reine Alinsiitowé de Cabrousse, nous pouvons relever des lignes de forces.

Consciente de sa Mission, la Femme traditionnelle se consacre à ses enfants, à sa famille et à la Cité, dans un dévouement total. Elle a un grand respect de la vie et des morts. L'homicide, même involontaire, attire la colère du fétiche

« Elung ». Il faut, dans ce cas, expier, se purifier. La femme Flup désire avoir des enfants, et même de nombreux enfants. La pilule, la régulation, la limitation des naissances, et que sais-je encore, sont des marchandises importées vers lesquelles on ne se rue pas encore.
Rappelons à ce sujet que le 2 Février 1976, le Président Ahmadou Ahidjo du Cameroun, déclarait à Jacques Chancel au micro de Radio France Internationale à Yaoundé que, étant africain, il n'avait pas assez de ses 4 enfants, et que d'autres seraient en conséquence les bienvenus. Mourir sans laisser d'Enfants est un triste sort.
La femme casamançaise étant héritière des nobles Traditions des Ancêtres, son sens de l'hospitalité ouvre son cœur à qui frappe à la porte de sa maison.
Le Diola, pour sa part, n'a point de mot propre pour désigner l'étranger, et l'appelle tout simplement :

« Celui qui va son Chemin » : « adiaa burung »

On l'accompagne quand il quitte la maison qui l'a hébergé pour prendre sa route. On garantit ainsi sa vie et ses autres biens durant sa présence dans l'enceinte du village. Plus loin, on ne répond plus de son sort.
De même qu'elle a le respect de la vie humaine, ainsi la Femme Casamançaise a-t-elle le respect de l'Étranger. D'ailleurs, les mots « burong », la vie, et « burung », la route, ne sont-ils pas presque synonymes et même presque homonymes ?
La Foi et la Piété de la Femme Kasa le soutiennent dans tous les instants et toutes les activités de sa vie. Les plus importants d'entre eux sont toujours ponctués par un ou plusieurs Sacrifices. Quand sa Prière s'accompagne d'un Sacrifice, elle l'adresse à Dieu par l'intermédiaire d'un Fétiche, donc d'un Esprit.
Lorsque cette Prière est simplement orale ou mentale, donc concrétisée par un Sacrifice sanglant ou non sanglant, la femme Kasa l'adresse le plus souvent à Dieu sans aucun

intermédiaire, donc directement de l'Homme à Dieu. C'est souvent la Prière des moments critiques et graves, des cas désespérés et urgents, où dans un cri et un élan du cœur, la femme ouvre les mains devant elle et lève les bras au ciel pour s'adresser directement au créateur. Elle appelle ce geste « Ka wey Kunghen », c'est-à-dire « vanner des mains ».

Sa Simplicité peut rendre son abord facile. La femme Flup n'a de réserve et de fierté qu'envers celui qui lui paraît suspect ou orgueilleux. C'est cette femme Diola-Flup, c'est cette femme casamançaise d'hier, d'aujourd'hui et, souhaitons-le, espérons-le vivement, de demain, que la Reine Alinsiitowé Diatta de Cabrousse a si parfaitement incarnée. Cette femme vaillante qui, par bien des traits rappelle effectivement la grande figure de Sainte Jeanne d'Arc : Jeunesse, beauté, vaillance, foi, piété sagesse, charité, vertu, noblesse de caractère, générosité de cœur et d'âme. A ces deux Héroïnes, l'une française et l'autre casamançaise, nous pouvons, dans une certaine approche, attribuer ces paroles de la Bible :

« J'ai résolu de prendre la sagesse
pour compagne de ma vie,
sachant qu'elle serait ma conseillère
aux jours heureux,
mon réconfort dans les soucis et dans la peine
J'aurai, grâce à elle, la gloire auprès des foules,
et, malgré mon jeune âge,
l'honneur auprès des anciens.
Dans le jugement, on reconnaîtra ma finesse,
devant les puissants, j'exciterai l'admiration,
et les princes me regarderont avec étonnement :
si je me tais, ils m'attendront ;
si je parle, ils prêteront l'oreille ;
si je prolonge mon discours,
ils se mettront la main sur la bouche.
J'obtiendrai aussi, grâce à elle, l'immortalité,
et je laisserai à la prospérité un souvenir éternel.
Je gouvernerai des peuples,
et des nations me seront soumises.
Devant ma renommée,
des rois prendront peur.
Je me montrerai capable
dans l'assemblée du peuple,
et brave dans la guerre ».

[Livre de la sagesse, chap. 8, verset 9 à 15]

CONCLUSION

Ce rapide coup d'œil jeté sur la femme Flup dans son milieu traditionnel en général, et sur la Reine Alinsiitowé en particulier, peut nous permettre, à nous chrétiens et musulmans, souvent imbus de notre complexe de supériorité, de découvrir des valeurs réelles et précieuses dont Dieu, le Dieu Unique, d'Abraham, d'Isaac et de Jacob, le Dieu de nos Ancêtres, a doté nos Parents animistes depuis les temps anciens.

> « En effet, on croit avec le cœur pour parvenir à la justice, on professe avec la bouche pour parvenir au salut. Car l'écriture dit : Quiconque croit en lui n'éprouvera pas de confusion.
>
> « Il n'y a pas de distinction entre Juif et Grec ; pour tous, c'est le même Seigneur, riche de biens envers tous ceux qui l'invoquent, car quiconque invoquera le Nom du Seigneur sera sauvé. [Romains, 10,10-13]

Nous devrions conserver et enrichir ce trésor légué par nos Ancêtres, car :

> « Tout Scribe devenu disciple du Royaume des Cieux est semblable à un propriétaire qui tire de son trésor du neuf et du vieux » [Mathieu, 13, 52].

Enracinement et ouverture.

Ainsi, à ceux et celles qui suivent Jésus-Christ, faut-il des qualités spécifiques, fondement de leur vie et de leur action. Il faut être à l'écoute de la communauté, de la personne que l'on évangélise ou que l'on se propose d'initier ou encore d'imiter.

> « Je me dois aux Grecs comme aux Barbares, aux savants comme aux ignorants ». [Romains, 1,14]

Mais, pour y parvenir, il faut savoir « se faire Grec avec les Grecs, et Noir avec les Noirs ».

Il faut du courage devant l'immensité de la tâche, devant l'incompréhension et l'ingratitude, le mépris et la haine, le mensonge et la persécution, devant le risque.

Il faut aussi du renoncement pour se donner totalement et sans retour, collaborer avec les gens les plus difficiles. Il faut également de l'humilité pour reconnaître ses limites et ses erreurs ; accepter de diminuer pour que les autres grandissent, accepter les autres tels qu'ils sont pour les aider à devenir ce qu'ils devraient être.
Nombreux sont les obstacles particuliers qui se dressent sur le chemin de cet idéal : la faiblesse humaine, orgueil, timidité, manque de confiance en soi et en la grâce de Dieu, manque de confiance en ses frères du monde clérical ou laïque. Il ne faut pas non plus sous-estimer le poids de la Tradition.
Bref, tous les moyens sont à mettre en œuvre dans la construction du Royaume de Dieu : la grâce et l'action de Dieu, tout le potentiel humain dont nous disposons : spirituel, moral, matériel.
C'est une tâche lourde, longue, difficile, mais combien épanouissante et exaltante que celle de révéler Jésus-Christ à un petit Peuple mystérieux, vivant, turbulent, mais symbolique, à qui, dans un sentiment quelque peu cocardier mais reconnaissant, nous appliquons ces paroles du psalmiste « Non fecit talier omni nation » [psaume 147,20]
« Pas un Peuple qu'il ait ainsi traité » (dans sa Clémence et sa miséricorde).
Révéler à tous les Hommes ses Frères le Royaume de Dieu, voilà la Mission de tout croyant. Quant à nous, Chrétiens, de quelque côté que nous nous tournions, l'Écriture nous pousse à nous interroger, malgré nous peut-être, comme jadis fut un aiguillon pour Saint-Augustin son fameux « Tolle lege « Prends et lis ».
Elle, cette Parole de Dieu, nous invite à nous interroger sur notre attitude face à toutes nos responsabilités de tous ordres, dans l'Église et dans la Nation.
En effet, l'Afrique connaît un conflit de générations, une sorte de querelle des Anciens et des Modernes.

D'un côté, survit cela la Société Traditionnelle qui repose sur trois fondements : la famille, la Cité, la Nation, cela du moins dans certaines religions ou ethnies.

Cette grande communauté tient encore en grande estime le sens de la solidarité, du travail, de l'honneur, de la dignité, et aussi le courage en toutes circonstances, le tout baignant dans une ambiance religieuse. Le cas de la femme Diola-Flup dans son milieu traditionnel vient de nous le prouver.

D'un autre côté, se construit une Société Nouvelle composée d'une famille plus restreinte, individualiste, soucieuse de rentabilité, de gagner et de capitaliser, plus "rationnelle »' et plus dure de cœur, plus laïque et plus libérale, peut-être, mais sûrement plus matérialiste.

Entre ces deux Sociétés flotte une masse indéfinissable de déracinés, de parasites, de paresseux, qui comptent les poteaux dans les rues ou font les trottoirs, de délinquants, de gens adonnés à la drogue, au tabac, à l'alcool. Et ce sont des Seigneurs souvent difficiles, fort exigeants envers les personnes qui les hébergent et les entretiennent.

Nous avons aussi les pauvres, les malades, les personnes âgées, ceux qui peinent sans résultats positifs, les victimes de la sécheresse, les chômeurs, les orphelins, les veuves, etc.

Mais il existe aussi les nantis, les exploiteurs de toutes sortes, les détourneurs de fonds et de vivres, les grugeurs du personnel de maison, véritables colonialistes, et que sais-je encore ? Les cadres de hautes sphères gouvernementales, administratives, commerciales, etc.

Facteur d'enracinement et d'ouverture, germe d'universalisme et d'envoi, la femme Diola-Flup, disons la femme casamançaise, vit intensément ce drame de l'Afrique d'hier et d'aujourd'hui.

Quelle est notre place à nous ? Porteurs de la parole de Dieu dans cette Afrique qui se cherche et se construit spirituellement et matériellement, sommes-nous des gens oisifs, des profiteurs et des exploiteurs ? Quelle est notre

participation à la solution du problème du sous-développement matériel et même spirituel ? Bref, quelle est notre part d'engagement dans la construction de la Cité ?
De la petite Mère de famille à la Reine Alinsiitowé, la Femme Diola-Flup nous donne l'exemple de l'engagement et du dévouement.
Les craignant Dieu que nous prétendons être ou à être ne peuvent rester indifférents devant la multitude de frères qui n'ont pas encore la même manière que nous de cheminer vers le Seigneur, qui sont démunis malgré leur effort. A l'exemple de la femme Flup, maîtresse, éducatrice, gardienne de la vie, aidons-les à s'orienter au carrefour de leur vie.
Le Seigneur les convie aussi à sa Table. Honorons notre vocation de rassembleurs ; portons-leur l'invitation. Que par nous, ils participent tous au festin du Royaume où tous ne forment qu'un seul Peuple dans la demeure d'un seul et même Père qui est dans les Cieux ; demeure qui se construit dans l'effort quotidien de la vie, dans une Église qui gémit dans les douleurs de l'enfantement de ce Peuple, Église toujours verte et féconde, porteuse d'espérance pour la vie de la Jérusalem Céleste, au Jour du Seigneur, de son Retour, car le Seigneur reviendra, et cela pour juger les vivants et les morts.
Porteuse, donneuse et gardienne de la vie, facteur de la prospérité, de la santé matérielle et spirituelle du Foyer, la Femme casamançaise est, à l'image du Christ et de son Église, une Epouse, une Mère, une Providence pour sa couvée dont elle partage les joies et les peines.
Nous sommes les Intendants à qui le Maître a confié des Talents. Peut-être n'avons-nous reçu qu'un seul Talent. Mais nous vivons peut-être dans un Royaume d'aveugles où le seul œil dont nous disposons nous impose de lourdes responsabilités vis-à-vis de nos frères humains, chrétiens, non chrétiens, égarés, pauvres.
Il faut faire fructifier ce Talent à cent pour cent. Dans la communauté, notre talent, c'est notre charisme. L'avons-nous

mis en valeur en le mettant généreusement au service de tous nos Frères pour la plus grande gloire du Maître qui nous l'a confié et nous en demandera compte ?
En ce qui la concerne, la femme casamançaise, incarnée par la Reine Alinsiitowé, est totalement engagée dans la vie et le développement de la Cité. Puissions-nous conserver intactes les vertus antiques qu'elle incarne. Ce que ces femmes ont pu jadis, pourquoi pas nous aujourd'hui ?
Que penser de ceux qui ont reçu plusieurs talents ? Mêmes obligations. Ils doivent les faire fructifier tous à cent pour cent, toujours au profit de toute la communauté humaine sans aucune distinction de race, de religion, de culture, de classe, d'idéologie, nous rappelons que, en définitive, qu'il vienne de droite ou de gauche, il n'est pas de colonialisme plus vil, d'impérialisme plus abject que celui, si déguisé soit-il, imposé à leurs Frères Noirs par d'authentiques Noirs.
La femme casamançaise, par son enracinement et sa vocation à un universalisme dans l'ouverture et le mariage, et même dans un certain syncrétisme, est un élément de solidarité, un facteur de paix, de stabilité, de concorde, de dévouement, d'entraide et de fraternité.
Que penser alors des Pauvres qui s'appauvrissent chaque jour d'avantage, et des Riches qui le deviennent encore plus au fil des jours ? L'Evangile le dit bien dans un réalisme qui frôle le cynisme :

> « A celui qui a, on donnera, à celui qui n'a pas, on enlèvera même ce qu'il a ». [Matthieu, 25, 29]

Que penser des Communautés et Nations chrétiennes puissantes, développées, qui ne font fructifier leurs talents que matériellement et à leur seul profit, en faisant fi de la proclamation solennelle du Christ :

> « C'est à ce signe que l'on vous reconnaîtra pour mes disciples si vous vous aimez les uns les autres comme moi je vous ai aimés ». [Jean, 15, 12]

Dieu seul jugera les Nations et leur demandera des comptes. Il les jugera dans la vérité, la charité, la justice et la paix, lui le seul vrai juge, le seul maître du monde, le Seul Seigneur bâtisseur et gardien de la seule vraie Cité : la Cité de Dieu, car lui seul est le Principe et la fin de toutes choses :

> « Si l'Éternel ne bâtit la maison,
> En vain les Maçons peinent ;
> Si l'Éternel ne garde la ville,
> En vain le garde veille ». [Psaume 127, 1]

Enfin, avons-nous un cœur vraiment catholique, c'est-à-dire universel ? Englobons-nous tous les Hommes dans un véritable amour sans frontières ?

Nous parlons souvent de la Mère et de l'enfant. Eh ! Bien, l'Afrique étant la Mère Patrie de Saint-Augustin et de Sainte-Monique, sa Maman, nous arrive-t-il parfois de penser aux Mamans pleines de soucis pour leurs enfants dans une Afrique en pleine mutation ? De prier et d'agir concrètement en faveur de cette belle Jeunesse africaine qui cherche sa voie comme la chercha si longtemps, matériellement et surtout spirituellement, l'Auteur des confessions et de la Cité de Dieu.

Pensons-nous parfois à cette pauvre Nyawless-Seynabu Diatta qui, depuis l'âge de raison, pleure et cherche en vain sa Mère, la Reine Aliniiîtowé Diatta de Cabrousse ? Et le Sénégal en est content, il s'en moque royalement. La malheureuse me disait récemment :

> « - Quand j'ai eu l'âge de raison, j'ai demandé à ma Grand-Mère qui m'a élevée : Où est ma Mère ?
>
> « - Ma fille, me répondit ma Grand-Mère, - Le blanc est venu un jour.
>
> « - Un bon Matin, les Français ont entouré la maison, ta Mère est venue du dehors se présenter au blanc.
>
> Les Soldats français, qui venaient de tuer sa coépouse, ont emmené ta Mère et, depuis ce jour, personne ne sait ce qu'est devenue ta Mère ; ta Mère n'est jamais revenue, et personne n'a revu ta Mère jusqu'à ce jour.

> « - Et pour ma part, je pleure et recherche ma Mère, mais en vain. Personne ne veut ou ne peut m'aider. Si ma Mère est vivante, que l'on m'accorde au moins l'autorisation d'aller la voir.
> Si ma Mère est morte, qu'on me le dise pour que je puisse m'acquitter des cérémonies qui s'imposent pour le repos de son âme ».

Je supplie le monde entier d'entendre le cri de douleur et de désespoir de la pauvre Nyawless, et de forcer la main au gouvernement sénégalais, ingrat et hypocrite. Qu'il rende Alinsiitowé à sa fille et à sa Patrie casamançaise. Que la Croix-Rouge Internationale et Amnesty International forcent la main au Sénégal de Senghor.

Que Saint-Augustin, ce grand Évêque Africain, que sa Mère Sainte-Monique qui crut fermement que ce fils de tant de larmes ne saurait périr, que la Vierge Marie, Mère de Jésus, la premières de toutes les Mères, Mère de Dieu pour tout obtenir, et Mère des Hommes, pour tout accorder, nous aident à porter toutes ces réflexions dans notre prière et notre offrande de chaque jour, afin que notre seul Père à tous, le Dieu Clément et Miséricordieux, fasse descendre sur sa tendre et bienveillante bénédiction sur la femme casamançaise, sur la femme africaine, sur tous les Africains, et sur tous les Hommes, leurs Frères du monde entier. Seigneur Jésus, souviens-toi de la Femme : elle a été ta Mère.

Conclusion Générale

Akinumélob, Ayimpen, Awentorébé, Sibett, Aloendiso, Niakufuso, Alinsitowé,

Telle est, résumée en quelques lignes, une des plus belles pages de l'Histoire de la Résistance casamançaise.

Oh ! Je le sais bien ! Tout casamançais authentique est toujours taxé de Régionalisme, de « Katanguisme ».

Devant cette supercherie et ce dolet du Sénégal pour escamoter le Problème casamançais, c'est encore une « Démystification » à effectuer le plus rapidement possible. Dussé-je être seul, je ferai mon devoir quoi qu'il m'en coûte, j'émanciperai la Casamance le plus démocratiquement du monde. Oui, la Casamance sera Indépendante. Souveraine, s'il plaît à Dieu.

Pourtant, ceux qui connaissent son Histoire, que l'on n'apprend plus, hélas ! Et pour cause ! Les Jeunes Casamançais actuellement en savent beaucoup moins que nous autres, élèves du Cours élémentaire, au temps du Colon, ceux qui également connaissent sa Petite Histoire, car elle en a une, très riche d'enseignements et de renseignements, savent pertinemment que la Casamance s'est particulièrement affirmée en 1888-1903-1915-1920-1942, et cela dans sa réalité, sa personnalité, sa spécificité, son entité.

On veut l'oublier, pour la Casamance, non ! Dekele 1886 n'a pas été la fin de tout : Capitaine Protet 1860, à Hilol, lieutenant Truché 1886 à Soeloeky, Capitaine Forichon 1891 à Sédhiou, adjudant Basset 1917 à Siliti, sergent Scobry 1943 à Effok, Oui, pour la Casamance, la Lutte continuait, longue, dure, sans merci. Et la Lutte continue.

Pour la Casamance, la Lutte continuera, Active ou Passive, jusqu'à l'Indépendance ! La Casamance Terre conquise, oui, mais pas soumise. C'est encore une leçon d'Histoire et de l'Histoire. La Casamance est une colonie oubliée.

Enracinée d'une part, la Casamance, malgré les séquelles de l'Histoire, s'est largement ouverte d'autre part en 1956-1958-1960. Et ce ne sont pas les Barons du Bloc Démocratique sénégalais qui me contrediront, eux à qui je demande avec insistance, comme au Président Senghor :

Qu'avez-vous fait du Statut de la Casamance ?

J'en connais, personnellement, qui seraient très embarrassés pour me répondre : les complices de Senghor.

Par le Décret du 12 octobre 1882, est affirmée, par l'Administration coloniale elle-même, la réalité de l'entité territoriale de la Casamance. Elle s'ajoute à tant d'autres réalités d'ordre géographique, ethnique, historique, culturel, religieux, etc.

Les casamançais ont fait les premiers pas en direction des Sénégalais. Ils insistent encore, bien que les autres les rabrouent brutalement. Ils s'accrochent malgré tout, espérant contre toute espérance. Et l'on a bonne conscience de traiter plus de quatre-vingt-dix-huit pour cent des casamançais de « régionalistes notoires » ; laissant ainsi à des Stations, des Radios non africaines le soin de les appeler par leur nom : des Nationalistes. Il faut, le plus rapidement possible, « démystifier » le prétendu régionalisme casamançais. Les Sénégalais et les jeunes casamançais ont droit à la vérité. Le Président Senghor a suffisamment mystifié les Sénégalais et les jeunes casamançais, pas nous autres. Jeunes de Casamance, que l'on vous apprenne votre Histoire : elle est Riche ! Elle est Belle ! Elle est Glorieuse !

Tout ce que je puis affirmer, c'est que votre ouverture ne signifie pas déracinement. Je suis pour l'unité, mais l'unité dans la diversité. Vouloir faire fi de la réalité, de la personnalité, et des spécificités casamançaises, c'est manquer de réalisme, c'est bâtir sur le sable. Je le dis à qui veut l'entendre, en prenant toutes mes responsabilités qui n'engagent que moi seul, mais qui n'en traduisent pas moins les sentiments de tout casamançais authentique.

Ouverture ne signifie nullement autodestruction, abrutissement, anéantissement, avilissement, aliénation, passivité, exploitation de l'Homme par l'Homme. Il faut savoir s'accepter différents les uns des autres. Je combattrai en Casamance tout impérialisme, à commencer par l'impérialisme Culturel que le Sénégal y pratique systématiquement.

Peuple de Casamance, ne méprise aucune de tes langues. Que chacun, sans aucun complexe, reprenne et parle sa langue. C'est ta seule condition de survie. Un Peuple sans sa langue est un Peuple mort. Tu es averti. Les choses lourdes se disent dans sa propre langue.

Alinsiitowé nous demandait d'être fiers de notre langue et de la parler dans la vie quotidienne. Elle savait ce qu'elle disait. Avec Alinsiitowé, nous baignons dans la mouvance de la Pluie. Pour un Pays de sécheresse, cela ne laisse pas indifférent.

> « Fecisti viriliter et confortatum est cor tuum. Manus Domini confortavit te, et ideo eris benedicta in aeternum ». [Judith, 15, 11]
>
> « Tu as montré une âme virile, ton cœur a été Vaillant.
>
> La main du Seigneur t'a fortifiée, c'est pourquoi tu seras bénie éternellement ».
>
> « Nunc ergo ora pro nobis, quoniam mulier sancta es et timens Deum ». [Judith, 8, 31]
>
> « Et maintenant, puisque tu es une Femme pieuse et craignant Dieu, prie le Seigneur de vous envoyer une averse qui remplisse nos citernes, afin que nous ne soyons plus épuisés ».

« Foi et Patriotisme », tel était le titre de cette longue causerie qui a suscité beaucoup de commentaires.

Dire la vérité en rendant hommage à la Casamance, tel était mon seul souci.

Amener mes Auditeurs à une lecture chrétienne de notre Histoire, tel était le but de cette causerie brisant le carcan de la routine.

Amener mes Auditeurs à porter un regard neuf sur leurs Frères chrétiens, musulmans et animistes, tel était encore mon objectif.

Si j'ai atteint ce dessein, le reste m'importe peu. Nul ne peut contenter tout le monde et son père.

Ceux qui me traitent de régionaliste peuvent le répéter du matin au soir, et du soir au matin, cela ne me fera pas bouger d'un pouce. Je le ferais encore si j'avais à le faire. Je leur ferai tout simplement remarquer qu'ils se sont trompés d'étiquette à me coller. Je ne suis pas régionaliste, je suis nationaliste.

> « Nous avons joué de la flûte et vous n'avez pas dansé : nous avons chanté des complaintes et vous ne vous êtes pas lamentés ». [Matthieu ; 11, 16-19].

Quand la Casamance s'affirme, on la dit régionaliste. Quand elle s'ouvre, on se moque royalement d'elle. On n'a pas l'air de savoir ce que l'on veut, mais que l'on ne demande pas à la Casamance d'agir de même éternellement. La Casamance sait ce qu'elle veut : elle dort, mais son cœur veille.

Dans tous les cas, ma causerie touchant à sa fin, je ne puis que vous exhorter, chers compatriotes, à adresser à Dieu une prière d'action de grâces et de demande pour cette femme casamançaise qu'il a faite belle, pour la femme africaine, pour la femme tout court et pour son enfant inséparable d'Elle.

La femme casamançaise doit être fière de sa vocation et de son rôle dans son Pays et dans le Continent noir. Mais, devant l'immensité de la tâche qui reste à accomplir dans une Afrique à la croisée des chemins, avec l'aide de Dieu et grâce à l'expérience acquise, elle doit, en toute lucidité et maturité d'esprit, repenser sa vie et son action dans un contexte authentiquement négro-africain de son temps en confrontation avec la civilisation de l'universel.

C'est dire qu'il faudra toute la sagesse patiente de l'Afrique pour discerner, stabiliser, « informer », assumer et sublimer toutes les valeurs spirituelles et temporelles, intégrées ou redécouvertes, en leur donnant un sens dans les réalités présentes et en leur ouvrant des perspectives eschatologiques.

Pour cela, il faut que nous soyons ouverts aux problèmes de l'heure, attentifs aux faits et aux événements qui conditionnent la vie de l'individu, de la Famille, de la Nation.

Tâche lourde assurément et de longue haleine, mais combien exaltante, qui nous impose de révéler à l'Afrique le dessein de Dieu sur elle et sur le monde, qui n'est pas incompatible avec les valeurs authentiques de toute civilisation, et qui faisant du Noir, comme de tout autre Homme, Roi de la Création, qu'il faut parfaire, le destine à une paix et à une prospérité qui soient signe de ce Royaume de Dieu, qui rassemble tous les Peuples de l'univers dans la liberté et dans la fraternité, en œuvrant dans un seul et même idéal :

> Un Peuple : le Peuple de Dieu,
> Un But : la Cité de Dieu,
> Une Foi : la Foi en Dieu, Clément et Miséricordieux, le Dieu unique et tout-puissant, le Dieu d'Abraham, le Père de tous les croyants, le Dieu de nos Ancêtres. A lui l'Honneur, la puissance et la gloire, pour les Siècles des Siècles.

Au terme d'un survol à la fois long et bref de certains points de la Résistance casamançaise, plus particulièrement dans le Kasa, et, en ce qui nous concerne aujourd'hui « Le Message de la Reine Alinsiitowé Diatta de Cabrousse », je ne puis que me récrier avec le psalmiste :

> « Non fecit taliter omni nationi » [Psaume 147, 20].

« Pas un Peuple qu'il ait ainsi traité », sous-entendu dans sa Clémence et sa Miséricorde. Oui, le Seigneur a gâté la Casamance.

Rendons grâces à Dieu pour cette Casamance qu'il nous a donnée. Il nous l'a faite fière et belle, riche et digne au physique et au moral, comme au spirituel. Puissions-nous en être dignes !

Si l'Histoire de la Casamance est à écrire, et même à réécrire, ce que nous en savons déjà par les écrits, les faits vécus, par l'héritage moral dont nous vivons, constitue un précieux trésor à ne jamais perdre ou profaner.

Oui, beaucoup de choses, très belles, de l'Histoire de la Casamance sont écrites dans les faits et dans les cœurs, comme dans les mémoires, mais pas sur le papier ou tout autre moyen de transmettre intact à la postériorité cet important capital.

Oui, ce que nous lèguent l'Histoire écrite et la Tradition Orale, comme aussi l'Enseignement des Anciens par la Parole et par l'exemple des Actes de leur vie, constitue ce Trésor inestimable à conserver à tout prix. Le plus précieux est la liberté. Donc, souviens-toi de Libérer la Casamance.

Tout en consignant par écrit les événements passés, les pages à écrire par les Fils de ces Héros de la Résistance casamançaise sont aussi des pages vivantes, actuelles, de cette Histoire de la Casamance :

1. Nous montrer dignes de nos Pères en qualités et en vertus.
2. Conserver à la Casamance sa Réalité de toujours, son entité et son identité, physiques et morales.
3. Hâter tout processus amenant la Casamance à devenir pleinement elle-même et définitivement à tous les points de vue.

Je voudrais ensuite inviter tous les casamançais à être fiers de leur Histoire, sans aucun complexe devant qui que ce soit. Qu'ils soient fiers de leur langue, de leur Culture et de leur Civilisation. Que leurs Enfants parlent nos langues à la maison et dans la rue.

Qu'ils sachent demeurer ou devenir eux-mêmes, dans l'union qui fait la force, la paix et la concorde, dans une solidarité sans faille et de tous les instants, sans porter préjudice à qui que ce soit.

Je ne saurais non plus mettre fin à mon propos sans inviter toutes les bonnes volontés, tous les Fils du Pays des Rivières, toutes les compétences et toutes les forces à se pencher sur notre Histoire afin de livrer à la postériorité une Histoire vraie, complète et digne, de notre Casamance.

Le profane et l'ignorant que je suis ne saurait prétendre à quoi que ce soit, sinon à contribuer à un certain Réveil des casamançais, pour une plus grande prise de conscience du lourd et positif Patrimoine hérité de leurs Ancêtres.

Que d'un bout à l'autre de cette Casamance que nous aimons, des Fils se lèvent pour apporter leur contribution positive à la rédaction de cette Histoire de la Casamance. La plus grande Casamance, la Casamance Historique. Faites-le individuellement ou en équipe, le plus tôt sera le mieux, et la Casamance vous en sera éternellement reconnaissante.

Chacun ne rédigerait que l'Histoire de son terroir que ce serait déjà un apport non négligeable. N'attendons pas que d'autres viennent cultiver notre rizière à notre place et à leur façon. C'est la réalisation de cette entreprise exaltante que je vous convie tous, Frères et Sœurs de Casamance, quelle que soit votre origine. Je le fais en tant que fils de ce Département de Oussouye dont nous venons de parler.

- Oussouye, capitale du Kasa !
- Oussouye ! Grand bastion de la Résistance casamançaise !
- Oussouye ! Capitale du Refus ! Refus de se laisser vaincre ! Refus de se laisser enchaîner !
- Oussouye ! Terre de Paix, de Liberté et d'Indépendance !
- Oussouye ! Terre d'abondance du palmier de la Casamance, de sa Tranquillité et sa Prospérité, sous le regard tutélaire de ses Rois pacifiques mais indomptables, et de ses Guerriers Valeureux et vigilants ; de cette Casamance au Peuple fier, digne, courageux et laborieux, de cette Casamance à la fois généreuse et jalouse du Sang de ses Fils, de leur Honneur, de leur Héritage ; de cette Casamance, vieille Terre aux Nobles Traditions, pleine de dynamisme et toujours capable de rajeunissement.

Oui, de cette Terre hospitalière et largement ouverte au souffle fécondant du large, mais profondément enracinée dans l'humus fertile des valeurs de ses Ancêtres, de cette Casamance heureuse d'être invaincue et jamais enchaînée.

« Invincta felix ! »
« Invincta felix ! »

- Oussouye ! Capitale du Paradoxe !
- Oussouye!Le plus petit Département du Pays, mais qui restera toujours le plus récalcitrant !
- Oussouye ! Le Pays des Rois et des Reines, mais qui demeure, depuis les Temps Anciens, un modèle de vraie Démocratie !
- Oussouye ! Bastion du Refus du Christianisme et de l'islam, mais dont le Département a déjà fourni douze Prêtres à l'Église de Casamance !
- Oussouye ! Bastion du Refus de l'École, mais qui, proportionnellement à sa Population, est, dans le Pays, le Département qui compte le plus grand nombre de Cadres issus des grandes Écoles, ou qui y sont en formation.
- Oussouye ! Finistère africain !

Département natal de la Reine Alinsiitowé Diatta de Cabrousse, qui, après le Grand Roi Ahumusel Diabone, vit, à son tour, de son Extrême Occident casamançais, luire et resplendir sur sa Nation casamançaise l'Etoile de la Liberté et de l'Indépendance ;

- Oussouye ! Capitale du « Kasamu Aku », « le Pays des Rivières », dont les Fils, malgré leur grande capacité d'encaissement, demeurent triplement « Diola ».

  « Hommes des eaux » et de l'Eau, bien sûr, mais également « Loyaux, Honnêtes », et aussi « Vindicatifs », « Récalcitrants», « Têtus » ! qui n'hésitent pas à « Verser », jusqu'à de l'eau ordinaire pour obtenir du Ciel Justice et Réparation !
- Oussouye ! Terre de Foi et de Patriotisme.
- Oussouye ! Département qui, à une heure cruciale de la colonisation et de la Seconde Guerre Mondiale, a fait exploser, de manière que l'on sait, le « Ras-le-bol » casamançais !

- Oussouye ! Mini-Département ! Tu n'es pas le moindre des plus grands : car tu es un Point Névralgique de cette Casamance, petite Nation au Grand Cœur !
- Oussouye ! Terre de cette Casamance bénie du Dieu Clément et Miséricordieux, à qui sont :

  L'Honneur, la Puissance et la Gloire, pour les Siècles des Siècles !

  Amen !

  Di Lobe !

Ziguinchor, le 28 septembre 1978.
Abbé Augustin Diamacoune Senghor.

Mises au Point

Extrait de la conférence sur Alinsiitowé Diatta, Dakar, le 23 août 1980.

« Avant de conclure notre exposé, nous pensons qu'il est de notre devoir d'effectuer quelques mises au point :

1. Le Mercredi 3 octobre 1979, à 21h40, lors d'une Émission de la Chaîne Nationale sur la Poésie de Léopold Sedar Senghor, j'ai entendu quelqu'un dont vous me permettrez de taire le nom, affirmer en substance que, avant 1948, personne ne parlait encore d'autonomie parmi les Noirs et que le mot Indépendance n'était encore sur les lèvres d'aucun Africain.

   Laissez-moi tout d'abord rire d'étonnement avant de pleurer de déception amère. Je ne saurai pardonner cette déclaration à un sénégalais, écrivain doublé d'un historien, dont le Livre d'Histoire (du Sénégal) en vente dans les librairies sénégalaises, sert de manuel de cours à plusieurs écoles du Sénégal.

   Ne faire aucun cas des Reines Alinsiitowé Diatta de Cabrousse et Aloendiso Bassène Tendeng du Royaume Ailadyo, toutes deux inquiétées en 1942-1943 pour avoir osé, devant l'Administration coloniale, parler d'indépendance nationale, cela dénote un certain mépris, pour ne pas dire le mépris certain par lequel on traite au Sénégal l'Histoire de la Casamance. Feuilletez ce livre et vous serez édifiés.

   En fait d'impérialisme culturel en Casamance, le Sénégal a surpassé la France coloniale. Je tire mon bonnet à ce Nouveau conquérant pour son Exploit.

   Le lundi 4 novembre 1940, au début de mon Cours élémentaire, le colon français m'a dit que je ne suis pas sénégalais, mais casamançais. Et il m'a enseigné mon Histoire, celle de la Casamance, à sa manière peut-être, mais il a eu le mérite de me l'avoir enseignée tout de même. J'exige du Président Senghor et du Sénégal qu'ils me disent d'abord pourquoi ce silence sur l'Histoire de la Casamance, ensuite par quel artifice juridique les casamançais se sont réveillés sénégalais autrement que par un Référendum d'Autodétermination.

Dans tous les cas, puisque « comme plus de quatre-vingt-dix-huit pour cent des casamançais, je suis un régionaliste notoire », j'exige, comme eux, du gouvernement sénégalais, j'exige l'Indépendance immédiate et sans condition aucune de la Casamance. Président Senghor, vous avez la Parole.

2. Le Samedi 3 novembre 1979, à 14h, Sénégal IV, a diffusé une séquence de l'Émission « Mémoires d'un Continent » au cours de laquelle une forte personnalité sénégalaise du monde diplomatique et littéraire, que je ne nommerai pas, a déclaré à son tour, et en substance, que « en Afrique, vers 1950-1952, on ne parlait pas encore d'Indépendance Nationale ».

   Et ce monsieur fort respectable oublie que, depuis le 29 janvier 1943, une jeune Reine casamançaise, Alinsiitowé Diatta de Cabrousse, une illettrée, croupissait dans les prisons de la France coloniale, fort loin de la casamance, son Pays, pour avoir parlé d'Indépendance Nationale, qu'elle annonçait comme proche ; de prochaine mévente de l'arachide, de Diversification des Cultures et de Détérioration des Termes d'Echange.

   Et, jusqu'à ce jour, une complicité du silence, volontairement maintenue par le gouvernement sénégalais, jette un voile d'oublie sur le sort de cette Reine qui, morte ou vivante, aurait dû nous revenir en Terre casamançaise, auréolée de son titre d'Héroïne Nationale. Ce ne serait pas le seul Retour d'Exil à être célébré dans le Pays.

   Cette attitude gouvernementale est une injustice flagrante que je dénonce avec vigueur. J'ai l'habitude de dire ce que je pense, bien que Sainte Jeanne d'Arc m'ait prévenu que :

   « Souvent, on est pendu pour avoir dit la Vérité ».

   Jamais, je ne cesserai de répéter que :

   « Amicus leo, sed magis amica veritas ».

   Qui plus est, à l'époque dont parle notre personnage, vers les années 1950-1952, les Autorités coloniales françaises surveillaient étroitement une autre Reine casamançaise,

Aloendiso Tendeng, encore une illettrée, qui déclarait à qui voulait l'entendre :

> « Alinsiitowé est partie, mais la Lutte continue pour l'Indépendance de notre Casamance.
>
> « La Casamance aux casamançais ! »
>
> « Les Étrangers dehors, à commencer par les blancs. »

Pendant plus de quarante ans dans la Résistance active comme dans la Résistance passive, Aloendiso a adopté une attitude de Refus. Pour elle, comme pour ses compatriotes authentiques, la Casamance était conquise mais pas soumise.

Un jour viendra où se réalisera, dans sa plénitude, le message politique de la Reine Alinsiitowé, plus jeune d'âge qu'elle, assurément, mais dont elle revendiquait volontiers le testament politique : car les grands génies se rencontrent.

Je ne comprends pas, ou plutôt je ne comprends que trop, que de si brillants Sénégalais veuillent refuser aux casamançais, en l'occurrence à des Femmes casamançaises, ce que les colons les plus durs leur reconnaissent sans hésiter. Comme quoi les plus colonialistes ne sont pas toujours ceux que l'on pense. Les Nouveaux conquérants surpassent les premiers, en bien des points de vue. Cela ne fait qu'augmenter ce contentieux entre la Casamance et le Sénégal déjà bien lourd.

Je veux bien que les casamançais apprennent l'Histoire du Sénégal, mais j'exige que l'on apprenne d'abord aux jeunes casamançais l'Histoire de leur Pays, la Casamance. Elle est Riche, cette Histoire ! Elle est Belle ! Elle est Glorieuse !

Il n'est pas normal que, après vingt ans d'indépendance sénégalaise, les Jeunes casamançais d'aujourd'hui, même au niveau de l'université, connaissent moins l'Histoire de leur Casamance que nous autres, sujets français, au Cours élémentaire, du Temps des colons.

Pourtant, nous apprenions bien et comment que :

> « Il y a deux mille ans, notre Pays s'appelait la Gaule. Nos Ancêtres les Gaulois étaient grands de taille, portaient de longues moustaches et une barbe fleurie flottant au vent lorsqu'ils procédaient à la cueillette du

Gui. Ils n'avaient, comme les Germains leurs voisins, qu'une seule crainte :

que le Ciel ne leur tombât sur la tête ! »

J'avoue qu'en 1945, à l'âge de 17 ans, j'avais déjà procédé à un lavage de cerveau de certains de mes Elèves casamançais en leur inculquant que :

« Depuis toujours, notre Pays s'appelait la Casamance : "Kasamu Aku", "Pays des Rivières". Nos Ancêtres, les casamançais, constituaient un Peuple digne, fier, libre et indépendant ».

Il fallait un certain culot pour affirmer ainsi ma Casamancité dans ce Kasa, fief de la Reine Alinsiitowé Diatta de Cabrousse, deux ans à peine après sa condamnation par les Français à un Exil, qui devait être Sans Retour ; à une époque où il était même interdit aux Flups de croquer la moindre graine des arachides qu'ils cultivaient de gré ou de force ; à moins de cent mètres du camp où, alors qu'il terrorisait déjà tout le monde Kasa, le fameux « Administrateur » Marcel Grimaldi achevait de traumatiser de ses vociférations les pauvres gardes de cercle qu'il avait pour mission de former.

Mais, pour en revenir à ces braves intellectuels sénégalais d'après l'indépendance sénégalaise, je dois leur rappeler que toute évolution peut être progressive ou régressive, quand elle n'est pas purement et simplement une révolution. Avis aux Latinistes. Que l'on continue à ignorer la Casamance. Encore une fois :

« Amicus leo, sed magis amica veritas ».

Quand la Casamance se réveillera, le Sénégal dansera le Twist. Président Senghor, puisqu'on n'a pas voulu vous faire ma commission, je vous le dis clairement : « Laissez tout faire en casamance et au Sénégal contre votre Casamance. Continuez à trouver dans les Curés casamançais d'Eternels Boucs Emissaires. C'est moi qui vous le dis, à force de chatouiller les Curés casamançais, vous finirez par en faire éternuer un qui fera éternuer tout le monde.

Quant à vous, Frères et Sœurs de Casamance, jamais je ne cesserai de vous répéter qu'il n'y a pas de pire colonialisme qu'un impérialisme Culturel, Mère de tous les autres, qui se traduit toujours par sa langue d'origine. Ne méprisez pas, mais parlez vos langues casamançaises. Demain, vous ne serez rien du tout.

Bref, ce que je reproche à ces braves Messieurs, pourtant sénégalais, historien ou poète, et, de toute façon hommes de Lettres c'est du peu de cas, hélas ! qu'ils font de l'Histoire de la Casamance. Ou alors, s'ils ne la connaissent pas, qu'ils apprennent à nuancer les déclarations qu'ils font « ex cathedra », ou si vous le préférez : « urbi et orbi ». Disons-le tout net : Cent-Cinquante ans de Colonialisme sénégalais en Casamance, ça commence à suffire : la coupe est pleine !

3. Ce n'est peut-être pas galant, mais acceptons et respectons la chronologie des événements, après les Messieurs, au tour des Dames de passer au crible.

Le Samedi 8 mars 1980 à 20h33, dans son Bulletin d'Information, l'orts s'est fait écho d'une conférence donnée au lycée Kennedy de Dakar, à l'occasion de la Journée Mondiale de la Femme du 10 Mars 1980, et en prélude à la Quinzaine de la Femme sénégalaise.

La Conférence tenue par une Femme, il le fallait en pareille circonstance, évoqua, il fallait s'y attendre, le Sacrifice des Femmes de Nder, dans la Région du Fleuve.

Puis, ô surprise agréable me hâterai-je d'ajouter, contre toute attente, la conférencière a osé parler de la jeune Alinsiitowé Diatta, Reine de Cabrousse.

Malgré l'insuffisance de ses renseignements et analyses, je reconnais son courage, l'en remercie et l'en félicite chaleureusement.

Seulement, là s'est arrêté le courage de cette brave conférencière qui n'a pas osé demander à qui de droit, entendez le gouvernement sénégalais, ce qu'est devenue cette Femme courageuse dont le Pays reste sans nouvelles depuis 37 ans, et que sa Fille unique, Nyawless Seynebu Diatta, laissée en bas âge à la Mère d'Alinsiitowé lors de l'Exil, est toujours en train de chercher, ne sachant si elle la retrouvera vivante ou s'il faut lui faire les Cérémonies pour le repos de son âme.

Le Sénégal, quant à lui, regarde tout cela, et s'en amuse. Pour raison d'État, il s'en moque. Grand bien lui fasse jusqu'au jour où, à la tête d'une importante délégation casamançaise j'irai, le plus démocratiquement du monde, exiger du Président Senghor l'émancipation immédiate et sans condition de la Casamance. C'est son Droit.

Ce Droit à l'Autodétermination est réel, inaliénable, non négociable imprescriptible. S'il n'avait pas été tué à Dakar par les forces du mal, Victor Sihumehemba Diatta, cousin d'Alinsiitowé, Licencié ès lettres comme Léo, Agrégé en Grammaire et son condisciple, aurait dirigé cette délégation casamançaise pour tenir au président Léo le langage qui convienne. Dans cette Famille Diatta, on semble être fait pour disparaître mystérieusement.

4. Après ce bon point à l'actif des Dames, je terminerai ces mises au point par un retour aux Messieurs.

Le lundi 4 Août 1980, de 20h30 à 21 heures, Sénégal-Inter a diffusé une Emission sur de nombreux Héros sénégalais. Pas une seule allusion à ceux du « Pays des Rivières ». Évidemment, ce sont des Diola, entendez des casamançais. Alors, de la Casamance peut-il sortir quelque chose de bon ? Ensuite, la Casamance, ce n'est pas le Sénégal. Les casamançais le savent, on le leur fait comprendre, et, au lieu d'en tirer rapidement les conséquences, ils perdent leur temps à se bercer d'illusions pendant que l'on saccage et humilie cette Casamance. On la voue à la mort économique et pourtant, elle demeure encore la vache à lait du Sénégal.

Il a été, dans cette Emission, fait mention du fameux Sacrifice des Femmes Nder et de Yacine Mboup. Jusque-là, tout va bien. Mais pourquoi s'arrêter en si bon chemin ?

Rien sur Alinsiitowé Diatta, rien sur Aloendiso Tendeng ! Des Femmes aussi !

Bref, la Casamance ne pèse pas lourd dans ce Pays. Encore moins dans son gouvernement, le gouvernement sénégalais, où malgré son poids politique et économique, la Casamance est notoirement sous-représentée.

Pendant ce temps, les Députés casamançais ne font qu'applaudir et se faire applaudir. Il faudra bien que, dans un bref avenir, cette comédie cesse pour de bon ?

Il faut que la Casamance redevienne elle-même : souveraine ! Maîtresse de son sort, elle ne pourra toujours s'en prendre qu'à elle-même.

En effet, dans ce Pays où l'on parle beaucoup et agit peu, l'on me tiendra mille beaux discours pour me persuader du contraire, persuadé que l'on est d'avoir beaucoup agi après avoir beaucoup parlé. Ou bien on est naïf, ou alors ce sont les casamançais que l'on veut toujours prendre pour des imbéciles ou des canards boiteux. Mais rira bien qui rira le dernier.

5. J'en arrive à présent à ma Première Passe d'armes avec les Sénégalais au Sénégal même.

C'était le 8 octobre de l'An de grâce 1942. Il était 18 heures. Deux heures auparavant, une pirogue de Sérère, partie de Mbour, m'avait débarqué au pied de la falaise Ngasobil.

Les séminaristes venaient de partir en promenade. Bien vite, je sympathisais avec les plus jeunes d'entre eux que des bobos aux pieds avaient empêchés de participer à la randonnée.

Ils jouaient aux jeux de Cartes et de Dames. Très rapidement, je fus reconnu partenaire compétent. Le jeu battait son plein. L'horloge de la véranda martelait ses six coups lorsque j'entendis un très fort « Rompez les rangs ! ». C'était les séminaristes qui, dans un silence de mort, rentraient de leur excursion. Un grand brouhaha répondit à l'ordre reçu.

Bientôt une nuée d'arbitres experts sur tous les cas nous enveloppa. Et chacun de ces connaisseurs de dicter et de trancher.

Avisant le nouveau que j'étais dans le groupe, des grands séminaristes sénégalais, bien en soutane, m'adressèrent la parole. Trop pris par le jeu, j'étais loin de réaliser que l'on me parlait. Finalement, un de mes jeunes partenaires leur répliqua :

« Oh ! Celui-là, vous perdez votre temps à lui parler wolof ou sérère : il ne comprend absolument rien, c'est un Diola de Casamance ! »

Tout était dit.

« Ah ! Vous êtes Diola et vous venez de Casamance ? »

« Oui, et puis après ? »

« Que venez-vous donc faire ici ? »

« Et vous, pourquoi êtes-vous au séminaire ? »

« Vous voulez dire que vous êtes séminariste ? »

« Si le sacerdoce est bon pour les Wolofs et les Sérères, pourquoi ne le serait-il pas pour les Diolas ? »

« Comment avez-vous fait pour venir de Casamance jusqu'ici ?

« Avez-vous trouvé une voie plus facile que l'habituelle ? Par Dakar, pardi ! »

« Et comment trouvez-vous Dakar ? »

« Ben ! C'est une belle ville. »

« Connaissiez-vous déjà Dakar ? »

« Non ! C'est la première fois que je viens au Sénégal. »

« Comment ! Vous dites venir de ziguinchor n'est-ce pas ? »

« Et alors ? »

« Ziguinchor, n'est-ce pas en Casamance ? »

« C'est même la capitale de la Casamance ! »

« Et alors, la Casamance n'est-elle pas au Sénégal ? »

« Ah ! Ça, jamais de la vie ! Je suis casamançais et jamais je ne serais sénégalais. »

« Et pourquoi le dites-vous ? »

« Parce que la Casamance et le Sénégal ça fait deux. Ce sont deux Pays distincts. L'an passé, j'ai appris l'Histoire de la Casamance, et cette année, je viens d'apprendre l'Histoire du Sénégal moins celle de la Casamance. Le Blanc lui-même dit que je suis casamançais et non pas sénégalais. Je suis casamançais et rien d'autre. Moi, sénégalais ? Ah ! Ça, jamais de la

> vie. Je mourrai casamançais et je ne vois pas qui fera de moi autre chose qu'un casamançais pur, à cent pour cent. Après mes études, je regagnerai la Casamance, mon Pays. »

Ce disant, je m'agitais et me débattais comme un homme vexé d'avoir été blessé dans son honneur.

Après s'être bien amusés à mes dépens, alors que moi je ne plaisantais nullement, ces grands séminaristes sénégalais s'en allèrent trouver leurs confrères casamançais pour leur manifester leur surprise :

> « Nous pensions que seuls les grands casamançais étaient comme cela, mais nous constatons aujourd'hui que même le plus petit casamançais ne se sent pas sénégalais. »

C'était, je le rappelle, le 8 octobre 1942. J'avais alors 14 ans, 6 mois et 4 jours.

Figurez-vous que le 25 avril 1973, excédé par le comportement colonialiste des Sénégalais en Casamance, je ne pus m'empêcher de lancer à un confrère sénégalais venu en Casamance pour des ordinations sacerdotales :

> « Eh ! Vous les Sénégalais ! Vous commencez à nous coûter cher ! Ça commence à suffire ! »
>
> « Comment, Augustin, me dit-il, tu n'as pas du tout changé depuis 1942 ? »
>
> « Je n'ai pas bougé d'un pouce ! Plongez-moi cent ans, tout le temps que vous voudrez, ce bois dur casamançais, dans l'écume du Fleuve ou du Lion sénégalais. Lors de sa dernière visite officielle en Casamance, pendant qu'il nous fatiguait avec sa sénégalité, j'ai vainement recherché la bonne occasion de dire au tonton Léo :
>
> > « Monsieur le Président, j'attends le premier qui nous produira une thèse sur la sénégalité des casamançais. Non ! Il faut avoir les deux pieds sur terre. Après avoir d'abord été idéalistes, puis optimistes, les casamançais veulent être, et sont maintenant réalistes. Il faut en tirer les conséquences et émanciper immédiatement la Casamance avant qu'il ne soit trop tard. »

6. Il faudrait peut-être, ne serait-ce que par un exemple, illustrer brièvement les menaces de renvoi proférées contre moi au séminaire. Un jour de 1948, au Soudan Français, notre Père Directeur, qui était aussi notre Professeur de français et de latin en classe de Rhétorique, nous jeta nos cahiers de devoirs en nous lançant à la figure la phrase suivante :

   « Nègres vous êtes nés,
   Nègres vous êtes,
   Nègres vous resterez toujours,
   Ne sachant baragouiner qu'un "français petit-nègre" : car il faut bien vous mettre dans la tête
   que jamais un Nègre ne parviendra
   à parler français correctement ! »

   Après avoir laissé passer l'orage, je me mis à lever le doigt pour demander la parole. Elle me fut accordée :

   « Parle ! Diama ! Mais surtout dis des choses sensées ! »

   « Je ne puis que dire des idioties, parce que je ne suis pas intelligent comme vous et vos Frères Blancs du Palais Bourbon qui, comme vous, sont des “super-intelligents”. Pour comble de malheur, le français n'est pas ma langue maternelle.

   “Ce qui me surprend cependant, c'est que, dans cette Assemblée Nationale française qui regorge de Licenciés, de Docteurs et d'agrégés, les Députés n'aient trouvé qu'un ‘Petit-Nègre’, agrégé de grammaire, en l'occurrence un ‘petit-sérère’, Léopold Sedar Senghor, pour lui confier le soin de rédiger en bon français le texte définitif de leur Loi la plus importante, afin qu'ils puissent lire, rédigé en ‘français Petit-nègre’ et par un ‘Petit-nègre’ doublé d'un ‘Petit-sérère’, le texte définitif de leur Loi Fondamentale, à savoir la Constitution de la Quatrième République française !”

   “Hou ! Hou ! Hou ! S'écrièrent les Soudanais de ma Classe ; Hah ! Ça, Père, vous ne nous l'avez jamais dit ! Hein ! Hou!!!”

   Devenu rouge et blanc jusqu'à sa grosse tête de “kungolo”, s'agrippant à sa table et serrant sa voix dans sa gorge de fumeur de première classe :

   “Diama ! Me lança-t-il, tu m'as montré que tu sais prendre tes responsabilités ! Sache qu'en faisant ton ‘devoir’, tu

> m'apprends aussi à faire le mien. Tu le sauras en temps opportun".

Ce qui voulait dire en clair que : en fin d'année scolaire, je te notifierai ton renvoi de mon Établissement ».

C'est au Corps Professoral, qui m'a défendu, que je dus mon maintien au séminaire de Faladye pour l'année scolaire 1948-1949.

Me croisant un jour en pleine cour de récréation, un Professeur me lança tout de go :

> « Diama, tu peux te réjouir, nous avons réussi à sauver ta tête. »
>
> « Elle est si intéressante ma Caboche ? »
>
> « Ne plaisante pas, c'est sérieux : le Père Directeur nous a demandé ton renvoi. »
>
> « Et alors ? Pour quelle raison ? »
>
> « Ne fais pas l'ignorant ! »
>
> « Non ! Je ne fais pas l'âne pour avoir du foin. »
>
> « N'as-tu pas eu en Classe une Passe d'Armes avec le Père Directeur au sujet d'un certain Léopold Sedar Senghor ? »
>
> « Effectivement, j'ai croisé le Fer avec le Père mais j'ai été très correct avec lui. »
>
> « Justement, d'après la version des faits qu'il nous a donnée, nous lui avons donné tort. Le Conseil a estimé que les motifs de renvoi ne sont pas Valables. »

Eh ! Oui ! Pour la sixième fois, j'échappe à des menaces de renvoi du Séminaire, et toujours pour les mêmes raisons :

> Augustin Diamacoune, fervent adepte du Bloc Africain et admirateur inconditionnel d'un certain Léopold Sedar Senghor.

Le Franc-parler a toujours été ma constante. Au soir du 8 octobre 1942, à 14 ans, j'ai énergiquement revendiqué, affirmé et défendu ma casamancité devant le séminaire de Ngasobil ébahi. A 52 ans, je n'ai pas varié d'un pouce. C'est cette constance du Pays des Rivières qui a valu au Député et au président Senghor cette longue fidélité de la Casamance, sa Casamance ! Hélas ! La Casamance a fait monter le Député Senghor, mais le Président Senghor a oublié la Casamance. La vie est ainsi faite. Mais la Casamance en a vu bien d'autres.

Bref, je ne puis m'empêcher de sourire devant ces inconditionnels de la dernière heure qui passent leur temps à chanter les louanges du Président au lieu d'agir selon ses directives, qui lui cachent la vérité, ou qui, hélas ! commettent tant de bavures en son nom, surtout en Casamance ! Le malheur est que, même quand il le sait, le Président Senghor ne remue même pas le petit doigt.

Sainte Jeanne d'Arc m'a appris que « souvent on est pendu pour avoir dit la vérité ». Eh ! Bien ! Si un jour je suis inquiété par le Président Senghor pour lui avoir dit certaines vérités, c'est son problème et non pas le mien. Je dis la vérité à quiconque, surtout aux grands. Ils ne l'entendent pas assez.

Et lorsqu'il s'agit de la Casamance, alors jamais je ne cesserai de répéter :

> « Amicus leo, sed magis amica veritas ».

Avis aux Latinistes, en ce pays de Latinistes. Traduisons tout de même :

> « Léo est mon ami, mais la Vérité me l'est davantage. »

D'autre part, je pense qu'il faut émanciper la Casamance. Et je demande au Président Senghor d'émanciper la Casamance immédiatement.

Réponse à un article du journal « Le Soleil » « Des coups de pied qui se perdent »

Monsieur le Directeur,

Il y a des coups de pied qui se perdent. Depuis quelques semaines, des Messieurs, peut-être fort respectables, mais sûrement en mal de plume, pondent comme les mamans de nos « bébés poissons », des articles à sensation sur la Casamance. Encore une fois, il y a des coups de pieds qui se perdent. Monsieur Momar Guèye, combien de temps avez-vous passé en Casamance ? Si vous avez pris l'avion pour venir chez nous, dites-vous bien que nous, casamançais, n'en avons pas les moyens. Si vous avez voyagé en classe « touriste » à bord du « Cap-Skiring », vous avez pu constater dans quelles conditions nous, casamançais et gens du Peuple, voyageons lorsque nous empruntons ce bateau.

Avez-vous pris la Transgambienne pour jouir des agréments des bacs et des trous de la chaussée ? Avez-vous sillonné l'intérieur de la Casamance à bord d'un transport en commun ? Pourquoi n'avez-vous pas dardé les rayons du « soleil » sur l'état, je dirais sur la grande pitié des routes de Casamance, la Région où il pleut le plus dans ce que l'on dit être encore le Sénégal ?

Il y a bien ce petit couplet sur une route de Bignona. Eh ! Bien ! Veuillez chanter plus haut et plus fort sur toutes les autres routes plus importantes encore de la Casamance. Pendant ce temps, ailleurs dans ce pays, l'on se permet de doubler des routes bitumées par d'autres voies du même genre dans une région où il existe déjà le Rail. De qui se moque-t-on ?

S'il ne vous a pas été possible de sortir de Ziguinchor, un tour dans certains bureaux et autres endroits de la ville vous aurait permis de constater de quelle façon nous, casamançais, et de plus habitants de la brousse, sommes souvent reçus par des gens payés pour faire leur travail et ne font rien, et qui se

complaisent dans je ne sais quel complexe de supériorité, lorsqu'ils ne désertent pas leur lieu de travail pour une éternité.
Monsieur Guèye, pourquoi votre lanterne ne vous a-t-elle pas conduit à nos hôpitaux, dispensaires et pharmacie ? Au moment où le manque d'eau nous inquiète, vous auriez été trempé et même noyé, car, à toute heure du jour et de la nuit, il pleut des ordonnances de remèdes, de bandes, de compresses, de coton, etc.
En cette saison où se pose avec acuité le problème de la soudure, vous auriez constaté que des Mères de familles nombreuses, habitant Oussouye par exemple, donc à quarante kilomètres de Ziguinchor, dépensent cinq cents Francs en frais de transport pour acheter, à quatre-cent-soixante-douze Francs, une boîte de « Quinimax », publicité gratuite, que n'a pas en dépôt le dispensaire de la Capitale Départementale, alors qu'aucune pharmacie ne s'est encore installée dans la localité. Depuis cent ans, les casamançais se demandent à quoi servent leurs impôts.
Monsieur Momar Guèye, combien de temps avez-vous séjourné en Casamance ? Surtout à Ziguinchor ? Sans doute suffisamment pour voir pourrir nos mangues, nos oranges, nos tomates, faute de débouchés et surtout d'usines pour les traiter sur place. Le sabotage de l'économie casamançaise ne vous a pas crevé les yeux. Il est vrai que, dans tout cela, ce sont nos Députés casamançais qui dorment profondément ou perdent leur temps et leurs forces à autres choses.
Monsieur Guèye, que dites-vous du sac systématique de nos Forêts de Casamance par ceux qui pratiquent la traite des pirogues ? Sans doute les « bébés-poissons » sont-ils plus faciles à voir que les grosses pirogues sur les plages et sur les véhicules. Faut-il, pour se faire entendre, que les casamançais mettent l'embargo sur ces embarcations, dressent des barrages sur les routes pour faire sauter les véhicules qui les transportent au Sénégal ? Vraiment, il y a des coups de pied qui se perdent ! En attendant, descendons au marigot. Noyez-

moi ou je vous noie. Monsieur Guèye, savez-vous où, quand et comment se prennent ces « bébés-poissons » ? Cherchez plutôt à connaître comment opèrent les pêcheurs sénégalais dans les marigots de Casamance, avec leurs filets, leurs « remèdes », leurs « zones interdites » aux casamançais en terre de Casamance, etc. Vraiment, il y en a qui abusent de la capacité d'encaissement des casamançais qu'ils prennent pour des poules mouillées, des idiots, des imbéciles et des canards boiteux. Et quand nous jetons dans nos marigots nos lignes de fond à flotteurs, ces mêmes pêcheurs sénégalais coupent purement et simplement et livrent aux courants tout notre attirail, et pêchent sans autre forme de procès. En effet, qui juge ? Au Pays de Sihalébé, Sibésondo, Fodé Kaba et de Moussa Molo, l'on se conduit comme en pays conquis. Nous faut-il noyer quelques énergumènes ou abattre quelques coupables avec nos flèches empoisonnées pour que l'on sache à qui appartient la Casamance où Portugais et français ne se sont jamais totalement imposés ?
Que les Sénégalais sèment le vent en Casamance et, quand ils auront récolté la tempête, ils auront bonne conscience de crier au régionalisme, au « katanguisme », à l'atteinte à la Sécurité de l'État. Encore une mystification, une supercherie et un dolet à dévoiler et à dénoncer le plus tôt possible. C'est de père en fils que nous pratiquons ce prétendu « génocide de bébés-poissons » voués à la sécheresse, aux oiseaux et aux animaux sauvages. Laissez-nous dilapider et exterminer notre capital halieutique avec nos procédés traditionnels de pêche et faites-nous la leçon lorsque la Casamance ira mendier du poisson au Sénégal. A moins que ce ne soit la Casamance, vache à lait du Sénégal, qui se mette présentement à couper les vivres à ce même Sénégal dont les fils pillent actuellement et impunément toutes les eaux casamançaises. Vraiment, il y a des coups de pied qui se perdent ! En attendant, mes respects, Monsieur le Directeur. Et si vous ne publiez pas cette réponse, croyez-moi, tôt ou tard, les casamançais et d'autres me liront intégralement

et beaucoup d'autres choses avec. Vraiment, dans cette Casamance de nos Ancêtres, il y a des coups de pied qui se perdent surtout à Ziguinchor en ce jour, 20 juillet 1972. La patience a des limites. A bon entendeur salut !

Le « ras-le-bol » casamançais

« Souvent on est pendu pour avoir dit la vérité », disait Sainte Jeanne d'Arc. Quant à moi, cette vérité, je la dirai quoi qu'il puisse m'arriver.

En effet, si jadis « il s'est dit beaucoup d'âneries à Alger » il s'en dit bien davantage aujourd'hui dans le Sénégal du brave président Léopold Sédar Senghor. Applaudissez !

Et tenez-vous bien, la cible de prédilection de ces diseurs d'âneries est la Casamance, mon Pays !

Quand on prétend s'intéresser vraiment au Pays des « Diolas », c'est pour se moquer royalement de la personnalité, des réalités et des spécificités casamançaises.

Je ne pensais si bien dire lorsque, dans un article en date du 20 juillet 1972, à lui adresser, et jamais publié par le Soleil, parce que peut-être trop dur ou séditieux, article intitulé :

« Des coups de pied qui se perdent »

J'écrivais ceci :

> *« Depuis quelques semaines, des messieurs, peut-être fort respectables, mais sûrement en mal de plume, pondent, comme les mamans de nos "bébés poissons", des articles à sensation sur la Casamance. Encore une fois, il y a des coups de pied qui se perdent. »*

Nous avons été gratifiés de tout un tas d'élucubrations sur les cérémonies d'initiation dans le Royaume Afiladyo. L'on nous a gavés d'un plat copieux, et comment donc ! Sur le génocide perpétré par ces inconscients de casamançais contre des millions d'innocents bébés poissons. S'ils sont inconscients, c'est à n'en point douter, parce que ce sont des « cancres », ces casamançais. L'on aurait pu tout pardonner à ces « cancres », de casamançais s'ils se contentaient d'être de simples « minus habitantes » battant des lèvres comme des carpes.

Mais ces idiots de casamançais puissent ? leur imbécillité, c'est tout juste si l'on n'accuse pas le vin de palme, jusqu'à faire preuve de sectarisme et d'immaturité.

Et si les « cancres » qui se comportent ainsi se trouvent être les cadres d'origine authentiquement casamançaise, et en service dans leur Patrie, que penser alors de nous autres les profanes, les gens du Peuple ?

Je me contenterai aujourd'hui d'effleurer le cas de la forêt de Casamance. Vu mon âge et mon état, c'est après mûre réflexion que j'ai décidé de prendre la plume. Je suis citoyen casamançais et de ce qui, de près ou de loin, concerne la casamance ne me laisse indifférent.

Venons-en donc aux faits que je vais situer en citant d'abord très longuement le Soleil du vendredi ? 1977.

Une réunion du comité régional développement, tenue le mois dernier dans la salle de conférence de la gouvernance, a permis de découvrir dans toute sa profondeur, l'esprit sectaire des chefs de service originaires du sud.

En effet, c'est avec beaucoup de véhémence et de rancœur accumulée depuis très longtemps déjà qu'ils se sont élevés contre ce qu'ils dénomment l'exploitation anarchique et désordonnée des forêts de la Casamance.

> « La Casamance, ont-ils dit, sera, si l'on n y prend garde, le futur ferlo du Sénégal. En outre, ont-il ajouté, c'est avec beaucoup de regret que nous rencontrons sur la route de gros camions porteurs d'énormes billes de bois à destination de Dakar. »

Ces regrets, on les sent encore davantage dans le rapport de synthèse final, qui a clôturé la journée d'étude de la CA du PS de Sédhiou, les responsables ont violemment dénoncé l'exploitation des immenses potentialités forestières de la Casamance, hors, ont-ils précisé, des limites de nos frontières régionales.

Par ces prises de position qui dénotent une certaine immaturité d'esprit, ces responsables ont failli à leur devoir de citoyen, car c'est comme si l'exploitation du bois de la Casamance au niveau de Dakar n'avait des retombées économiques certaines sur l'ensemble du Pays et, partant, de la région.

Répondant aux attaques portées contre son service, que l'on a voulu considérer comme principal responsable de cette situation, M. Coumba Ndoffène Diouf, Chef de l'inspection régionale des Eaux et Forêts et chasse, en homme possédant son sujet a indiqué :

> « Le principal souci des Eaux et Forêts et la protection de notre patrimoine forestier. Vos appréhensions face aux nombreuses actions de reforestation en Casamance, sont injustifiées. »

Au lieu de livrer immédiatement nos brèves réflexions sur cette longue citation, relevons encore les propos de ce même Soleil, cette fois dans son article du mercredi 5 juillet 1978.

C'était un constat de visu, de la situation forestière qui, bien qu'ayant rassuré le Secrétaire d'État, a, du reste, suscité des inquiétudes. En parcourant la région, M. Cheikh Cissokho s'est fait une autre idée de l'état de santé de la forêt casamançaise que l'impression périlleuse qu'on s'en fait souvent. Néanmoins, il s'est montré inquiet du rythme de dégradation du patrimoine forestier, au point d'insister sur une prise de conscience des populations. L'article ajoute :

> « Et en discutant ensuite avec techniciens et populations, le Secrétaire d'État s'est attaché à cette recommandation : il faut éviter la destruction de la forêt ».

Poursuivons :

> « Cela procède du fait que, selon lui, le seul capital forestier précieux du Sénégal se trouve actuellement en Casamance, mais qu'aussi la désertification qui a gagné la région du fleuve est en train de ronger le bassin Arachidier et pourrait en définitive menacer la verte Casamance. Mais cette éventualité ne fait plus l'ombre d'un soupçon si l'on en croit les populations de Diégoune qui ont mal apprécié l'acte du

> service des Eaux et forêts consistant à détruire leur forêt naturelle au profit d'une forêt artificielle.
>
> A Diégoune, le millénaire domaine forestier a fait place à une plantation de tecks qui ne sera exploitée que dans 80 ans, de sorte que les villageois jugent l'opération aberrante. Ce n'est pas l'avis des techniciens qui ont expliqué avec force détails les avantages d'une teckeraie dans l'économie nationale ».

Plus loin, nous lisons :

> « Donc une différence de conception de l'opération des tecks qui a plus d'une fois ressorti dans l'entretien entre le Secrétaire d'État et les populations ».

Et puis :

> « Pour l'instant, on constate que la verte Casamance brûle à un rythme inquiétant ».

Vient ensuite un clair, une perle merveilleuse dont on ne laisse pas briller toutes les facettes :

> « La foudre en est la plus petite cause, mais la main de l'homme est davantage fautive. Aussi, il apparut difficile, selon les techniciens de base, de connaître les ennemis de la forêt. «(…)» Un nouveau sens de leur fonction qui consiste à arracher et remplacer les arbres. »

Un bon point pour le casa :

> « A Oussouye, les populations s'opposent systématiquement à la destruction de la Forêt. Les Oussouyois ont décidé de partir en guerre contre les destructeurs de la Forêt qui renferme du reste leur Pouvoir Charismatique. Il l'attribue à la maturité des populations. Pour les Bois Sacrés, un Décret sortira prochainement afin de mieux protéger les arbres remarquables »

Reprenons à présent quelques points de ces longues citations. Nous verrons plus loin le cas de ce que vous appelez « l'esprit sectaire des Chefs de Service originaires de la région du sud ».

Pour ma part, je vous dis que la Casamance est déjà le ferlo du Sénégal. Je ne suis pas un technicien, mais un homme du Peuple, un profane qui fait appel au bon sens populaire auquel certaines évidences ne peuvent pas échapper.

Quand on parle de la verte Casamance, beaucoup de casamançais se hâtent de sourire béatement jusqu'aux oreilles de satisfaction au lieu d'en pleurer, sans se douter que leur Patrie n'est plus verte. Ils ne décèlent pas le cynisme mystificateur d'une telle rengaine faite pour endormir les casamançais. A cinquante ans d'âge, on n'a pas besoin d'être technicien pour constater que, en moins de trente ans, la Casamance a perdu soixante quinze pour cent de sa Forêt, surtout ces vingt dernières années. Pour s'en convaincre, il n'est que de sortir de Ziguinchor à une trentaine de kilomètres en direction de Bignona, d'Adéane ou d'Oussouye, etc. Quant à la moyenne ou à la haute Casamance, n'en parlons pas.
Il y a quarante ans, lorsque nous prenions le chemin de l'Ecole, le 3 novembre, nous le faisons sous la pluie, qui tombait encore même en décembre. Nous fermions les classes le 31 juillet, sous la pluie. Nos Fêtes de Pâques étaient souvent arrosées par la pluie qui tombait déjà à cette époque de l'année. Lorsque l'on connaît les dates extrêmes de la Fête de Pâques (22 mars - 25 avril), on n'a pas besoin d'être technicien pour savoir que, il y a une quarantaine d'années, il pleuvait en Casamance neuf mois sur douze.
Évidemment, lorsque dans son Pays origine, deux malheureux épineux, tout rabougris, constituent une Forêt épaisse, l'on prend volontiers les bosquets de Casamance pour la Forêt vierge !
A une époque où l'on nous parle sans cesse d'enracinement et d'ouverture, je trouve logique et nécessaire que, à l'Ecole d'agriculture, comme à celle des Eaux et Forêts, les agents sachent ce que, du point de vue Eaux et Forêts, le Pays a été hier, ce qu'il est aujourd'hui, ce qu'il peut ou doit être demain. Si vous connaissez déjà cette situation générale durant les cinquante ans écoulés, donc si cette ouverture figure au programme d'enseignement actuel, quiconque s'indigne contre la réaction légitime des cadres casamançais en service dans leur propre Pays d'origine fait preuve d'une évidente mauvaise

foi. Et c'est plus condamnable, puisque l'on sait ce que la Casamance était il y a quarante ans.

Je reviendrai plus loin sur le cas de la CA du Parti Socialiste de Sédhiou. Vous parlez « d'esprit sectaire », de « rancœur accumulée depuis très longtemps déjà », d'« immaturité d'esprit », et moi, je parle de grande capacité d'encaissement des casamançais, de patrimoine, et maintenant, de « ras-le-bol » tous azimuts !

J'en arrive à l'énormité que voici : ces Responsables ont failli à leur devoir de citoyens ».

Pour vous, sénégalais, tout finit avec Dekhele, en 1895. J'admire Lat-Dior, je le respecte et le vénère. Mais apprenez aux Sénégalais l'Histoire de la Casamance.

Dites-leur que, à côté Moussa Molo, de Fodé Kaba, de Sounkary Camara, nous avons, et Djignabo et Sihalébé et Diamouyo ! Je vous fais grâce du nom du combattant qui atteignit le lieutenant Truché à coup de lance, à Séléky en 1886 ; grâce également du nom du guerrier d'Effok qui, en 1942, lors du soulèvement du Casa abattit au cours d'une Mission le Sergent Maurice Scobry qui jurait de ramener à Oussouye son véhicule rempli de têtes de Diolas !

Le Sénégal a célébré l'année internationale de la Femme en 1975, et il n'a pas soufflé un seul mot, officiellement du moins, des Héroïnes de la Résistance casamançaise. Bien plus, l'une d'elles est un sujet tabou. Il est des silences qui laissent sinon révoltant, du moins rêveur.

Je ne dis rien des femmes des villages d'Effok, Karounate, Diémbering, dans le département d'Oussouye, et de celles du village de Balinghore, dans le Département de Bignona, qui insultaient copieusement leurs maris pour les inciter à résister énergiquement aux Français.

Je me contenterai de citer des femmes telles que Aboshil Senghor, Aloendiso, Reine du Royaume Afidadyo, la Reine Awentorébe qui précéda Sibett à Siganar, et surtout la reine Alinsiitowé Diatta de Cabrousse, condamnée par les Français en 1943 à un exil sans retour et dont le gouvernement sénégalais ne veut pas entendre parler. Comme quoi, ce n'est pas seulement en Algérie qu'il existe un personnage Historique dont la mémoire est, pour raison d'État délibérément condamnée à un mystérieux silence ! Bien sûr cela vous importe peu la Casamance n'étant pas le Sénégal : ce que je ne regrette nullement bien au contraire !

La France a eu sa Guerre de Cent Ans contre l'Angleterre, la Casamance a connu la sienne contre la France, Bien plus, avec 243 ans de Résistance au Portugal et 72 ans de Résistance à la France, la Casamance totalise 315 ans de Guerre de Libération Nationale.

Durant les années 1942-1943, une fois de plus, la Casamance, Pays de Refus a dit non à la France. Le lieutenant-colonel Sajous que je connais bien, gouverneur militaire qui remplissait les fonctions d'Administrateur supérieur de la Casamance, pensait mater le Casa en un mois, mais au bout de six mois, la guerre se poursuivait encore. Trois décades après le français Sajous, le portugais Spinola faisait, pour le compte du Portugal, la même expérience amère. Lui qui pensait en un an, réduire nos Frères de l'autre côté de la Frontière, ne parvint pas au bout de cinq ans, à réprimer leur Résistance. Il fut plus heureux avec la « Révolution des Œillets » que son expérience coloniale contribua à déclencher par son livre

Donc trois ans avant les événements du Constantinois de mai 1945 dans l'Algérie de Messali Hadj et de Ferhat Abbas, trois ans avant l'Indochine de Ho Chi Minh, la Casamance avait dit une fois plus non à la France. Nous sommes le Peuple du Refus et nous avons également des compatriotes, des Parents tombés à Thiaroye. Voilà les faits, et la Casamance peut en être fière.

Pendant que la Casamance, selon l'expression même du Gouverneur général Clozel, le 8 avril 1916, véritable « Anachronisme » dans l'ensemble des Territoires Français d'Afrique, parce que insoumise, menait vaillamment sa lutte contre l'Administration coloniale, pour ne pas dire colonialiste, des Africains d'Afrique, tout noir de peau du moins, précisions des Sénégalais, se prévalant de la citoyenneté française et du patriotisme français, concouraient aussi à la chasse à l'homme en Casamance, et aidaient les Français à nous casser la figure, pour employer un terme moins militaire.

Tout cela au nom de la France, contre l'Afrique en général et contre la Casamance en particulier. « J'appelle chat un chat », disait le poète, et moi j'appelle ces gens-là des traîtres, des collaborateurs, des colonialistes.

Et ce sont ces fils de traîtres à l'Afrique, de collaborateurs, et colonialistes eux-mêmes qui se permettent de donner des leçons de Civisme et de Patriotisme à des Fils de Patriotes et Résistants ?

C'est le comble !

Sans doute allez-vous me rétorquer que ce que furent nos Pères, nous ne le sommes plus. Pourtant une chose est claire : vous marchez sur les pas de vos Pères, et nous, nous prétendons suivre l'exemple de nos Ancêtres fidèles à eux-mêmes, fidèles à la Casamance et fidèles à l'Afrique. Pour ma part, je vous dirai que du point de vue civil, j'ai été inquiété en Casamance par des Administrateurs coloniaux pour crime de lèse-majesté.

Une fois notre bande d'adolescents a été pourchassée par les gardes de Cercle sur l'ordre du « Commandant » sous les menaces des cravaches il en tenait ailleurs une à la main, et cela pour avoir délibérément refusé de le saluer parce que nous le jugions indigne de tant d'égards, et avec raison.

Une autre fois notre jeune groupe fut menacé de la prison pour n'avoir pas salué un Administrateur que nous n'avions pas réellement vu. Peut-être ne l'aurions-nous pas salué, et pour cause.

Une troisième fois enfin, un Officier de l'armée française nous fit donner la chasse par Soldats sous la menace des ceinturions

pour avoir refusé de les aider à poursuivre à travers les collines de Diémbering le bétail du village dont il fallait capturer une partie pour l'entretien gratuit des troupes et cela par force !
Dans le Milieu Clérical nous n'avons pas toujours été compris. A Ngasobil, j'ai été inquiété pour avoir chanté :

> « Reine d'Afrique, priez sur nous ! » au lieu de « Reine de France, priez sur nous ! »

Une autre fois, je fus inquiété pour avoir refusé de chanter :

> « Depuis qu'à Reims, au temps jadis, Tu baptisas le fier Clovis, Daigne veiller sur nous, ses fils. »

Cela se passait à Ngasobil en 1946 et en 1947. A la même époque et toujours à Ngasobil et une fois au Soudan français en 1948 je fus inquiété pour avoir été jugé chaud partisan du « Bloc africain » et admirateur inconditionnel d'un certain Léopold Sédar Senghor dont l'étoile radieuse verte d'espérance montait au firmament de la politique sénégalaise, africaine et mondiale. On lui reprochait à tort ou à raison d'être membre de la Section française de l'Internationale Ouvrière et d'avoir voté contre l'enseignement libre.
Pour être complet, je dois ajouter que c'est à Ngasobil là où jadis le jeune Léopold Senghor consomma force civilisations et cultures que dès le 8 octobre 1942, j'affirmais, définissais et proclamais solennellement ma casamancité face à la sénégalité. Et depuis, je n'ai pas varié d'un pouce. Et depuis lors je ne le regrette nullement. Ceux de mes condisciples qui n'ont pas la mémoire courte, très certainement s'en souviennent encore.
Quant au président Senghor, si par hasard, après avoir été inquiété pour lui, je le suis aujourd'hui par lui, parce qu'il n'est pas content de ce que je dis aux Sénégalais, c'est son problème et non pas le mien. Qu'il fasse de moi ce qu'il voudra. La Casamance, après avoir pour ainsi dire affronté victorieusement le Colonialisme Franco-Portugais verra couler beaucoup d'eau dans son « Kawungha le Large » et ses nombreux marigots avant que ne naissent celui qui, pas

impossible, pourrait venir à bout de la détermination des casamançais. En attendant ce que je sais, je le dis aux Sénégalais sans ambages : ce sont des colonialistes comme leurs Pères qui nous ont fait souffrir.
Pensez donc ! Vous vitupérez sans cesse la détérioration des termes de l'échange et vous la pratiquez, à votre façon, dans ce que vous prétendez être le Sénégal. Pourquoi ne pas installer en Casamance les usines devant traiter tout le bois de Casamance ? Vous nous prenez notre bois, le traiter à Dakar et vous nous le revendez avec toutes les charges que comportent les marges bénéficiaires, les frais de transport, de manutention, de transformation. Pour vous, les casamançais sont des imbéciles, et ils le sont effectivement, pour avoir supporté trop longtemps de pareils agissements.
Messieurs les sénégalais, vous êtes des colonialistes ! Les casamançais peuvent-ils se ravitailler en bois, leur bois comme ils le voudraient ? La parole est éventuellement aux intéressés. Les propriétaires traditionnels de ces arbres sont-ils payés, et combien pour leur coupe ? Sans doute allez-vous vous réfugier sous l'abri tutélaire de la loi sur le Domaine Nationale ! Encore une mystification pour mieux exploiter et coloniser les casamançais !
Va-t-on évacuer indéfiniment nos produits pour être traités au Sénégal, au besoin en faisant ici des compressions de personnel, pourvu que les Sénégalais travaillent et tant pis si la jeunesse casamançaise va compter les poteaux des rues ou faire les trottoirs de Dakar ! Quand sa dignité n'est pas bafouée à Saint-Louis pour d'autres raisons ! J'appelle cela du colonialisme.
Laissez-moi rire avec vos retombées économiques qui me font éternuer. A vous lire, je ne puis m'empêcher de penser à ce grand Responsable politique africain qui ne voulait pas faire de son Pays « la vache à lait du Sénégal ». Elle est bien petite, la vache casamançaise ; mais vous vous y connaissez parfaitement pour la traire. Vous avez, de Pères en Fils, de la

suite dans les idées, de la continuité. Et cela vous réussit merveilleusement. Faites le bilan de l'apport économique de chaque région du Sénégal depuis l'indépendance, le pourcentage des investissements par rapport à chacune des régions et à l'ensemble du Sénégal. Il suffit de voir le réseau routier de la zone où il pleut le plus dans le Pays. Ignorait-on, depuis bientôt vingt ans d'indépendance, le régime des pluies en Casamance ? Comparez la largeur et la qualité de la Transgambienne. Bien sûr l'on veut nous faire comprendre que nous ne sommes pas sénégalais ! Ne vous en faites pas : pour une fois, je suis parfaitement d'accord avec vous. Je n'ai aucune envie de l'être, surtout à ce prix.

Messieurs les sénégalais, vous êtes des farceurs ! des Colonialistes ! Tels furent vos Pères jadis ; tels vous êtes aujourd'hui. Et c'est vous qui prétendez nous donner maintenant des leçons de Civisme et de Patriotisme ? Un peu de pudeur, Messieurs les sénégalais !

A propos des « nombreuses actions de reforestation entreprises en Casamance », permettez-moi de vous poser deux questions bien précises :

a) Avant l'indépendance du Sénégal, quelle était la surface totale des Forêts délimitées ou classées en Casamance par la France ?
b) Quelle surface, dans le cadre du FIDES la France a-t-elle reboisée à l'intérieur et à l'extérieur des Forêts classées ?

Depuis l'indépendance du Sénégal quelle est dans le cadre de l'exécution de ses plans successifs, la surface totale reboisée en Casamance par le gouvernement sénégalais à l'extérieur des Forêts déjà classées ou partiellement reboisées par la France ? Je dis bien à l'exclusion et hors des surfaces déjà délimitées ou travaillées par la France.

Je crains qu'il n'y ait un zéro sur toute la ligne bien rond. Je n'ai que deux mots pour qualifier la politique forestière du gouvernement sénégalais en Casamance : aberration et sabotage.

Je dis d'abord aberration. Évidemment je ne suis pas contre l'importation et la culture des essences de rapport. Mais là où je ne suis plus d'accord avec le gouvernement c'est lorsque l'on détruit les quelques îlots de verdure qui nous restent encore en Casamance pour planter ces arbres. Hommes du Peuple, je crains les techniciens et leurs plans les plus merveilleux, qu'ils font miroiter à nos yeux. Un technicien chasse souvent l'autre et ses plans avec lui. Le prédécesseur n'a jamais rien compris à la situation. Et toujours tout à refaire. Pendant ce temps, la déforestation et la sécheresse gagnent rapidement un terrain considérable.

Je dis aberration encore parce que, au lieu d'aider la nature en maintenant intacte la Forêt traditionnelle et en étendant les surfaces de verdure par la création de forêts artificielles avec ces essences importées, opération à mener normalement en dehors de la Forêt ancienne classée ou non, on affaiblit l'action de cet héritage du passé en y faisant plus que des coupes sombres, des coupes plus que claires. Ces coupes dans les Forêts classées sont dévastatrices en ce sens que :

1. Les arbres importés plantés à la place des Anciens mettent du temps à se développer, alors que l'avance du désert se précipite.
2. Il n'est pas certain que ces arbres précieux, étrangers au Pays possèdent en réalité les mêmes propriétés écologiques et autres que nos Arbres traditionnels bien adaptés et que leurs conditions de vie ici et même leurs propriétés et actions soient exactement les mêmes que dans leurs Pays d'origine.
3. Le gouvernement tourne en rond dans ces Forêts classées au lieu de se porter, par l'extension de son reboisement, à la rencontre du désert qui est bien arrivé dans cette Casamance qui a déjà perdu en moins de quarante ans, soixante-quinze pour cent de sa Forêt.
4. Le Sol s'appauvrit, se dégrade, se dessèche faute d'arbres, d'humus d'ombre, d'humidité enfin de pluie.

Je dis de sabotage de surcroît, parce que cette action est un procédé méthodique et systématique pour détruire l'économie et l'environnement de la Casamance.

Il faut se dire ensuite que tout Arbre coupé dans la Forêt par nos exploitants n'est jamais remplacé au même endroit par un autre Arbre, et que, même s'il l'était, vu les conditions climatiques et pluviométriques que nous vivons aujourd'hui, il ne saurait survivre, parce que abandonné à lui-même.

Bref, en Casamance, au lieu d'aider la nature à se conserver et à se développer, le gouvernement sénégalais l'affaiblit. Qu'a-t-il fait de bon en la matière ici depuis vingt ans donc depuis l'Autonomie interne ? Qu'il nous fasse le bilan et nous, casamançais, sommes prêts à lui répondre là-dessus en dévoilant toute tentative de mystification.

Après tout ce ne sont que des « Diolas » ces imbéciles de casamançais. Oui, je suis parfaitement d'accord avec vous, les casamançais sont des imbéciles que l'on peut mystifier, coloniser et exploiter indéfiniment et impunément. Mais je suis entièrement d'accord également avec les habitants de Diégoune pour affirmer que, dans l'état actuel des choses le sac de leurs Forêts traditionnelles même pour la plantation d'essences de rapport ?, constitue une aberration de la part du gouvernement sénégalais.

Je dis que c'est du sabotage parce que, ailleurs qu'en Casamance, il crée bel et bien des forêts artificielles là où il n'existe plus de Forêt traditionnelle ; tandis que, en Casamance, non seulement il ne fait rien dans ce domaine, mais encore il s'attaque à la Forêt et fait végéter la nature, c'est bien le cas de le dire, la fait donc marcher au ralenti pendant que la désertification se poursuit au galop.

Avec Diégoune j'en arrive au Soleil du 5 juillet 1978. Il y a déjà un autre son de cloche, assurément bien faible, mais perceptible tout de même. Cependant, je voudrais savoir si Monsieur le Secrétaire d'État aux Eaux et Forêts connaissait la Casamance, précisons la Forêt casamançaise d'il y a 40 ans. Si non je le dis partiellement excusable pour son attitude rassurée et rassurante. Si oui, je le déclare absolument de mauvaise foi pour ce que j'appellerais alors sa politique de l'autruche.

On nous parle souvent de « conversion des mentalités », de « prise de conscience des populations ». En le disant, on pense toujours au brave Petit Peuple, et l'on oublie que ce sont tous les agents de l'État, je dis bien tous, des plus grands aux plus petits, qui doivent procéder à une véritable conversion de leurs mentalités et à une réelle prise de conscience de leurs responsabilités envers l'État lui-même et envers le Peuple.

Quand ils auront effectué cette opération, eux les grands, ils verront que tout ira bien dans le Pays. Tant qu'ils ne voudront rien faire de sérieux de leur côté, qu'ils « foutent… » la Paix aux Petite Gens du Peuple.

« Il faut éviter la destruction de la Forêt », aurait dit le Secrétaire d'État aux Eaux et Forêts, lors de sa tournée en Casamance. Pour arrêter cette déforestation, « il faut détruire la chèvre sénégalaise », avait dit lors d'un congrès, le Chef de l'État, Secrétaire Général de l'Union progressiste sénégalaise.

Oui, ainsi parla le brave président Senghor, et outre le monde d'applaudir, et chaudement encore, mêmes les Députés casamançais. Pas un seul d'entre eux ne s'est levé pour lui dire publiquement.

Oui, la Chèvre sénégalaise porte souvent un képi ou une casquette et des galons. On jure que, à Port-Meyer, le bac de Ziguinchor se faisait attendre comme d'habitude, quelqu'un de ces gens-là ignorant mon origine me dit imperturbablement *« qu'il faut raser la Forêt de Eloudia, parce que, quand on se trouve dans ce village sombre, les Arbres cachent le soleil, et l'on ne sait à quel moment couper le jeûne du ramadan ».*

Je laisse volontiers à ce digne homme la paternité d'une telle déclaration sur les implications d'une institution sainte, antique et vénérable, très en honneur chez tous mes Parents Croyants, de confession chrétienne, musulmane et animiste.

Pauvre Sénégal du Président Léopold Sedar Senghor ! Applaudissez !

Vous connaissez déjà mon opinion sur le cas de la Forêt classée de Diégoune. Là encore ce sont des képis, des casquettes et des galons qui sont à l'honneur.

Pauvre Sénégal du Président Léopold Sedar Senghor ! Applaudissez !

Je connais une Résidence administrative casamançaise, disons-le, une Préfecture bâtie dans un îlot de verdure, dont l'un des locataires après l'indépendance, voulant en être le seul hôte, et craignant plus les djins que les serpents, se mit à abattre une grande quantité d'Arbres et d'Agrumes. Dans son sac intempestif de la nature, il détruisit inconsidérablement tous les Caféiers déjà grands qu'un Administrateur colonial tentait d'acclimater dans la région et que ses successeurs blancs et Noirs avaient, jusque-là, non seulement respectés, mais encore entretenus soigneusement.

Pauvre Sénégal du Président Léopold Sedar Senghor ! Applaudissez !

Je connais encore une autre Résidence administrative de même rang toujours en Casamance, dont un locataire d'après l'indépendance, effectuant le même sac aveugle, a endommagé par la chute des Arbres, du matériel très précieux dont je ne révèlerai pas la nature pour ne pas permettre l'identification de ce Chef. Je ne suis ni un inspecteur des Services administratifs, ni un membre des Services de renseignement. Chacun devait faire son travail en son temps.

Pauvre Sénégal du Président Léopold Sedar Senghor ! Applaudissez !

Je connais enfin, et toujours en Casamance, un personnage de l'administration territoriale qui se vantait devant moi, d'avoir mobilisé pendant une semaine entière, toute la population valide d'un gros village pour raser complètement une Forêt sacrée dont je ne révèlerai pas la destination, dont le seul tort avait été, depuis les siècles, de se trouver là où, lui, voulait alors implanter un édifice public. Et dire que, à 500 mètre à la ronde, des emplacements salubres et même mieux situés pouvaient faire son affaire. Non, il lui fallait cet emplacement coûte que coûte, et pas un autre. Encore du sabotage, et chose plus grave, destruction injustifiable d'un Sanctuaire animiste très Vénéré ! Donc une provocation manifeste et un véritable sectarisme cette fois. Là encore, ce sont des képis, des casquettes et des galons qui sont à l'honneur !

Pauvre Sénégal du Président Léopold Sedar Senghor ! Applaudissez !

Avec les Bois Sacrés, le Casa s'annonce.

Ici, il y a lieu de distinguer trois périodes :

A- Dans les Temps Anciens, nous avions notre propre Service des Eaux et Forêt avec l'érection des Bois sacrés. Défense d'y pénétrer, à plus forte raison d'y faire quoi que ce fût, sans autorisation expresse d'au moins un membre du Conseil des Anciens des Bois sacrés eux-mêmes qui se chargeaient de rendre Service à l'intéressé soit en l'accompagnant, soit en lui cherchant ce qu'il désirait se procurer dans cette Forêt.

Donc coupe, chasse et pêche toutes était interdites. Et comme les Bois de quelque importance étaient les Sanctuaires, toute la Forêt du Casa était protégée au moins aux 4 / 5é.

La France coloniale fit table rase de l'Ordre Antique.

Quant au gouvernement sénégalais, négligeant, ignorant ou méprisant les Structures Traditionnelles, quoi qu'il puisse en dire, le cas des greniers collectifs le prouve bien, il se soucie peu des Etudes Historiques, Sociologiques, Culturelles, Religieuses et autres qui lui auraient permis parfois de couler plus facilement ses Structures dans des Institutions préexistantes qu'il suffisait peut-être de perfectionner par un simple apport de Sang neuf. C'est pourquoi je lui en souhaite dans cette Casamance.

B- Durant l'Epoque coloniale, il y a lieu de distinguer d'abord l'intervention négative du colon et, d'autre part, l'action positive du Blanc dans ce Casa qui lui a fait voir de toutes les couleurs.

D'abord une intervention négative en bien des points. Oui, dans mon jeune âge, j'ai vu imposer la culture de l'arachide à mes compatriotes. On leur imposait les semences sous la menace des cravaches qui s'abattaient souvent sur eux.

Ils étaient encore en pleine Résistance et de plus entendaient poursuivre la diversification des cultures traditionnelles : riz, manioc, pâtes, haricots, etc. Voilà qu'on les obligeait à saccager leurs Forêts pour cultiver les arachides.

Beaucoup de compatriotes, après avoir été contraints de prendre leur sac de semences, préféraient s'en dessaisir, quitte à troquer plus tard d'autres produits pour se procurer deux sacs d'arachides à rembourser à la Société de Prévoyance.

Ils ont été lents à se mettre à la culture de l'arachide et l'on veut à présent, les remettre, du jour au lendemain, à une diversification intensive extensive ? des cultures.

Les plus fous ne sont pas toujours ceux que l'on pense. Nous avons souffert du Colonialisme, mais je me garderai bien de vitupérer éternellement l'Administration coloniale alors que, comme nous venons de le voir, le gouvernement sénégalais n'est pas à une aberration près.

Voyons maintenant une action positive du blanc Casa, en faveur de la Forêt et Nature. Oui, chose curieuse, pendant qu'il nous imposait la culture de l'arachide qui détruisait nos Forêts, le colon nous inculquait le Culte de l'Arbre et la Nature. Tous les ans, nous avions, à l'Ecole, la semaine ou la quinzaine de l'Arbre. On nous y enseignait les bienfaits, l'Amour, le Culte, le respect de l'Arbre et de la Nature. Les méfaits du déboisement, des feux de brousse et de la sécheresse étaient dénoncés.

A Oussouye, cette semaine ou cette quinzaine se terminait par la « Fête de l'Arbre ».

Ce jour-là, le « Commandant » de Cercle participait à la dernière instruction, puis, tous ensemble, Commandant de

Cercle marchant en tête, nous partions dans la brousse déterrer un jeune arbre que nous ramerions en chantant, au cœur du village.

Après une dernière allocution qu'il prononçait lui-même, le Commandant de Cercle (en réalité de Subdivision) procédait personnellement à la plantation de cet arbre. Pendant l'opération, les Gardes de Cercle présentaient les armes ?.

Puis, nous chantions la Marseillaise. C'est ainsi que, en 1936, nous avons planté le caîlcédrat qui se trouve au milieu des tecks plantés à l'est de la « Résidence », nous les avons plantés ainsi en 1937 ainsi et en 1938.

C- Depuis l'indépendance du Sénégal, c'est pratiquement l'anarchie générale, surtout de dehors des Forêts classées. Elle est due en grande partie à l'attitude maladroite de l'Autorité administrative. Elle n'a pas su prendre ses responsabilités ou au contraire les a prises à tort et à travers.

Quant aux Bois sacrés, je réponds tout de suite à Monsieur le Secrétaire d'Etat aux Eaux et Forêts que ce ne sont pas seulement les « arbres remarquables » qu'il faut « mieux protéger » par une délégation bien adaptée aux réalités locales, soustraites aux fantaisies rêveuses du Building élaborées après avis, non seulement des techniciens de tous ordres, dont je me méfie beaucoup d'ailleurs, mais encore et surtout après consultation, et j'insiste là-dessus, et concertations sérieuses menées auprès des vrais natifs du lieu, directement et principalement intéressés et concernés par cette par délégation.

Je reprends enfin le Soleil, qui ne brille jamais, du vendredi 6 mai 1977, afin de terminer mon propos par le cas de la CA du PS de Sédhiou.

Pour vous, sénégalais, Sédhiou, ce n'est rien. Mais, pour nous, casamançais authentiques, Sédhiou, c'est quelque chose, c'est beaucoup, c'est tout : c'est un symbole.

Nourri dans le sérail de la politique sénégalaise, le Président Senghor le sait parfaitement, mieux que quiconque. Il sait ce que représente Sédhiou pour les casamançais.

Il connaît bien les casamançais et il sait très bien ce dont sont capables ces « Diolas ».
Il sait même ce qu'ils veulent.
Le Président Senghor connaît très bien le problème casamançais et voudrait lui trouver une solution heureuse avant de prendre sa retraite politique. A L'exemple du Général de Gaulle pour le Québec, le Président Senghor a fait à Sédhiou pour la Casamance une retentissante déclaration sibylline s'il en est !
« Si vous voulez la Libération de la Casamance, votez PS » !
Le mot est lâché : « Libération » ! Bien sûr, l'on peut disserter indéfiniment sur le sens de cette phrase ou même de ce mot. Le Président Senghor connaît l'impact de cette déclaration sur les casamançais. Il sait qu'ils veulent une Libération tous Azimuts : Economique, Culturelle et surtout politique. Mais il ne veut pas et ne peut pas la leur imposer dans le temps.
Toutefois, avant les dernières grandes décisions de sa Carrière Politique, le Président Senghor lance, à l'adresse du Peuple casamançais, un ballon-sonde. En tant que casamançais, je saisis au vol cette balle et au nom de toute la Casamance, mandaté par les cœurs de tous les casamançais, je viens, en ce 28 septembre 1978, retourner résolument cette balle dans le camp du Président Senghor. A vous de jouer, Monsieur le Président !
Oui, Monsieur le Président de la République du Sénégal, la Casamance exige sa Libération tous Azimuts : Economique, Culturelle et Politique. Vous avez fait à Sédhiou une déclaration dont les Sénégalais, pour la plupart, n'ont pas saisi toute la portée.
Oui, c'est à dessein que le Président a choisi Sédhiou, fief de nos regrettés Ibou Diallo et Adama Diallo, pour faire cette déclaration Historique.
1) Libération Economique : oui, Sédhiou est un symbole de la Libération économique de la Casamance. Les potentialités et autres de la moyenne Casamance font de Sédhiou sa capitale,

déjà au temps colonial, le point de mire de tous ceux qui, de près ou de loin, s'intéressent au développement économique de la Casamance. Or, l'économie casamançaise reste, jusqu'à ce jour, à l'état embryonnaire, ou demeure délibérément gelée par le gouvernement sénégalais, et pour cause ! Il faudra bien qu'un jour il s'explique devant la Casamance dressée comme un seul homme. Le Département de Sédhiou étant l'un de ceux que le déboisement a le plus touché, la réaction de la CA du PS est tout à fait compréhensible et digne de louange. N'en déplaise à ceux qui vivent en Casamance sans rien connaître des réalités casamançaises.

2) Libération Culturelle : oui, Sédhiou a toujours été l'un des bastions de la Résistance à cet impérialisme culturel qui sévit en Casamance et fait tant de ravage partout Sédhiou refuse toute aliénation du casamançais, et de toute la Casamance qui doit conserver ses réalités, sa personnalité, toutes ses spécificités. L'Histoire de la Casamance n'est pratiquement pas enseignée aux casamançais, encore moins aux Sénégalais. Les casamançais apprennent tout de l'Histoire du Sénégal, mais ne connaissent rien ou presque rien de leur Histoire locale. Sur ce point, les casamançais de nos jours sont en retrait sur ce que le colon nous apprenait en fait de l'Histoire locale il y a quarante ans ! Il est vrai que, à cette époque, la France tenait compte du Statut particulier du territoire de la Casamance.

Le Sénégal a célébré l'année Internationale de la femme. Il célèbre des semaines ou des quinzaines nationales de la Jeunesse et de la Culture ; des Femmes sont dans le gouvernement sénégalais ; on nous parle sans cesse de la négritude, authenticité, de retour aux sources, d'enracinement et d'ouverture ; on nous parle de diversification des cultures, de détérioration des termes de l'Echange ; on nous parle de Souveraineté International, et le gouvernement sénégalais, volontairement, se permet d'ignorer tout, jusqu'au sort de la Reine Alinsiittowé Diatta de Cabrousse, une illettrée, cette Femme qui, en 1942, mit en émoi l'Administration coloniale française en galvanisant par son non moins retentissant Message les foules qui venaient la voir de toute la Casamance, et même du Sénégal, de la Gambie, de la Mauritanie, du Soudan français, de la Guinée française et de la Guinée portugaise !

Depuis trente ans, une formation domine la vie politique du Sénégal, l'a conduit à l'indépendance, le gouverne avec le concours de femmes en ignorant totalement cette Femme extraordinaire, la Reine Alinsiittowé dont les aspirations profondes ont préparé les Cœurs à la Naissance et au succès de ce Parti en Casamance. Le BDS du Député Léopold Sédar Senghor doit la Casamance à la Reine Alinsiittowé Diatta de Cabrousse.

Voilà encore un impérialisme culturel flanqué d'une prétendue raison d'Etat, entretenu à dessein pour ne pas ouvrir aux Jeunes casamançais sur les réalités Historiques et autres de leur Pays.

Quant à Sénégal IV, n'en parlons pas ! Et ce n'est sûrement pas Monsieur le Ministre de l'information qui me contredira à ce sujet. Je prétends connaître la station autant sinon mieux que lui ne la connaît que par les rapports qu'on veut bien lui faire ; tandis que, personnellement, je la connais par moi-même, directement, par les réalités quotidiennes d'écoute assidue et attentive, aussi de travail effectif.

Tout ce que je peux lui dire pour le moment, c'est que les casamançais authentiques sont souvent obligés de prendre les stations étrangères, même européennes et autres pour avoir un peu plus de langue et de folklore de chez eux.

J'appelle cela encore un impérialisme culturel qui recherche et poursuivit méthodiquement et systématiquement l'aliénation, la dépersonnalisation et l'annihilation de l'entité et de la réalité casamançaise.

Nous, casamançais, nous disons non à ce néo-colonialisme général, plus perfide et plus nocif que le Colonialisme franco-portugais.

Vive Sédhiou ! Car, pour nous, Sédhiou, c'est la Culture, l'Art, la Poésie, la Musique, la Tradition. C'est pourquoi, le problème essentiel demeure à savoir :

3) Libération Politique ; oui, Sédhiou est un symbole de libération politique de la Casamance. C'est de propos délibérés que le Président Léopold Sédar Senghor a choisi Sédhiou, et non pas Ziguinchor, sa Capitale actuelle, pour lancer à la Casamance la déclaration Historique que nous connaissons.

a) Sédhiou est l'Ancienne Capitale de la Casamance, donc celle d'un vieux rêve qui doit nécessairement devenir réalité concrète. C'est l'âge, l'expérience, la maturité, la lucidité, l'héritage d'un glorieux passé.

C'est la sagesse, la symbiose de toutes les Vertus Antiques et de celles de toutes les Contrées de la Casamance éternelle.

b) Sédhiou est le fief dont les Responsables Politiques ont sans cesse été pour le Recouvrement Immédiat et Sans Condition par la Casamance de toute sa Souveraineté internationale. Le Président Senghor est bien placé pour le savoir et ne me contredira pas là-dessus. Les choses n'ont pas changé aujourd'hui.

c) Sédhiou, héritier et fier d'un glorieux passé, ne souffre pas que la dignité de la Casamance soit bafouée sous n'importe quelle forme.

d) Sédhiou, par sa position géographique, et son Rôle Historique, est à la fois un trait d'union et une synthèse entre les différentes Régions de la Casamance ; entre ce Fouladou aux fiers et Nobles Traditions, et ce Mystérieux « Pays des Eaux » à la fois Généreux et Jaloux du Sang de ses Fils.

e) Sédhiou, par l'étendue et la population de son Département, pèse très lourd dans la vie casamançaise.

f) Quand on est âgé, on a le temps et même la possibilité d'accumuler beaucoup de Trésors, et, parmi eux, des Documents anciens dont certains sont très précieux et jalousement gardés, Comprenne qui peut.

Pour toutes ces raisons et pour d'autres encore, le Président Senghor a choisi le fief de Sédhiou, le Pays de ses Parents Mandingues, pour lancer à la face de la Casamance et du Monde sa Fameuse Déclaration :

Si vous voulez la Libération de la Casamance, votez PS !

Bravo ! Monsieur le Président ! Vos propos ne sont pas tombés dans des oreilles de sourds. Et d'ailleurs la loyauté de la Casamance envers vous n'a pas exclu notre vigilance.

La Casamance et le Sénégal ont vécu ensemble une certaine expérience Coloniale. Puis, la Casamance, presque invaincue, a recouvré sa Souveraineté dans le contexte d'un Sénégal indépendant en restant indéfectiblement fidèle au Président Senghor. La Casamance a loyalement joué le jeu jusqu'au bout.

Si, au moment de l'indépendance du Sénégal, certains Responsables Politiques de la Casamance n'avaient pas conseillé de temporiser, et demandé à leurs collègues de tenter la poursuite loyale de l'expérience actuelle, il y aurait fort longtemps que le problème casamançais aurait trouvé sa solution dans la Souveraineté Internationale de notre Territoire.

Monsieur le Président de la République du Sénégal, mieux que quiconque, vous savez que nous avons loyalement joué le jeu jusqu'au bout ; de l'aurore au crépuscule de votre fulgurante Carrière Politique.

A présent, la Casamance décide, dans la légalité, la démocratie et la franchise, de redevenir elle-même : Souveraine ! Monsieur le Président de la République, je sais que mes propos ne vous plairont pas, mais je n'y peux rien. Il vaut mieux être franc et honnête avec vous et avec le Peuple sénégalais : la Casamance ne peut pas être sénégalaise. Beaucoup de Sénégalais ne le comprendront pas, mais nous n'y pouvons rien.

Incompréhensible ? Incroyable ? Inadmissible ? Intolérable ? Pourtant, jamais à aucun moment de son passé Colonial, la

Casamance n'a été, juridiquement parlant, partie intégrante de la colonie française du Sénégal.

C'est clair ! C'est net ! Et ce n'est pas le Président Senghor qui me contredira. S'il le fait, il me faudra de sa part un démenti officiel et solennel, dans un document écrit et signé de sa propre main.

Puis, chacun attendra, dans le calme et la tranquillité, la suite des événements, patiemment. Quand bien même il n'existerait aucune preuve matérielle de ce fait, qu'il suffirait d'avoir le cœur de chaque casamançais authentique pour y trouver, tissé en lettres de chair, le mot indépendance. Et là où les Français et Portugais n'ont rien pu, je me demande qui au monde le pourrait. Mais, encore une fois, nous sommes pour la légalité, les voies et solutions pacifiques du dialogue.

Cependant, il faudra bien que, dans un avenir que j'ose espérer tout proche, le Président Senghor en personne prenne son courage à deux mains pour annoncer et surtout expliquer ce fait aux Sénégalais dont plusieurs se comportent en Casamance comme en Pays conquis. Et je crains que le même comportement de certains Sénégalais à l'étranger n'ait été à l'origine des pénibles Evénements que nous déplorons.

Oui, Président Senghor, les casamançais sont fatigués d'être sénégalais, si tant est qu'ils l’aient été soit peu ! Président Senghor, nous voulons l'indépendance ! Fatigués d'être sénégalais, nous voulons redevenir nous-mêmes. Les casamançais exigent ce Droit, leur Droit le plus rapidement possible. Je vous propose donc, Monsieur le Président, le processus que voici :

1) Du 4 avril 1980 au 4 avril 1985 : la Casamance s'administrerait elle-même dans le cadre d'une Autonomie Interne dont ne voudront et ne devront jamais se contenter indéfiniment les populations de la Casamance.

2) Le 4 avril 1985 : la Casamance, proclamant son indépendance, redéfinirait ses relations avec le Sénégal dans le contexte d'une égale Souveraineté internationale.

La Casamance dispose sûrement des Cadres nécessaires à l'administration de son Etat. Dans ce cas, elle peut partir tranquille. Si au contraire, la Casamance ne possède pas les Cadres requis pour le démarrage et le bon fonctionnement de son Etat, ce serait, une fois de plus, un constat de carence et de sabotage, d'injustice et d'oppression des populations de Casamance de la part du gouvernement sénégalais.
C'est sans doute, une révision déchirante, mais nécessaire, la Casamance ayant été une verrue, un appendice du Sénégal. Il faut lucidement procéder à cette opération en douceur afin de sauvegarder un précieux capital que pourraient anéantir à jamais peut-être d'autres solutions imposées à la Casamance.
Bien sûr, l'on prendra mes propos pour les lubies d'un illuminé digne de commisération. Mais l'avenir dira aux vivants d'alors qui a vu juste. Bien sûr, je serai traité de tout à cause de cet article. Mais lorsqu'il s'agit de la Casamance, ma capacité d'endurance est au-dessus de la moyenne générale. Ecrivez, dites tout ce que vous voulez, le plus fou n'est pas toujours celui que l'on pense. Puisse-je amener le sénégalais à faire un examen de conscience sur leur comportement dans certaines Régions du Pays et surtout à l'étranger. L'on sème le vent et quand on récolte la tempête, on a vite fait de crier à la persécution et au martyre. On se tresse des couronnes dues aux victimes des agissements sénégalais.
Président Senghor, de l'aube au crépuscule de votre brillante Carrière Politique que vous avez courue en merveilleux athlète, la Casamance vous sera restée indéfectiblement, loyalement fidèle. La Casamance vous a porté. La Casamance a fait de vous ce que vous êtes aujourd'hui. Président Senghor, franchement, vu ses potentialités, qu'avez-vous fait pour la Casamance par rapport aux autres Régions du Sénégal ? Je sais que vous ne lirez pas ces lignes sans un certain déchirement. Ibou est parti. Emile est parti. Edouard est parti. Avant de vous retrouver dans la maison du Père, pour une table ronde du bilan définitif de votre action en terre

casamançaise, leur Pays par ma voix ferme dans votre solitude face à vous-même, devant Dieu.

Leur petit Pays s'exprime par ce petit article qui touche, lui aussi, à sa fin, et qui doit être pour vous une interpellation, une invite à l'examen de conscience intime, à une sérieuse révision de vie. Veuillez y procéder avec l'intelligence, la lucidité, le calme et la sincérité que nous vous connaissons.

Veuillez conserver précieusement les réponses pour les porter à qui de droit, aux milliers de militants casamançais, surtout anonymes, du levant, du midi et du couchant de votre longue et brillante Carrière Politique, Partisans, Camarades, Frères qui auront précédés dans la maison du Seigneur, notre Père à tous.

En attendant ce grand rendez-vous céleste, je vous dis très franchement : Président Senghor, la Casamance d'Ibou, d'Emile, d'Edouard, cette Casamance veut son Indépendance.

Et maintenant, permettez-moi de rendre un très grand service à Monsieur le Ministre de l'Intérieur, et, par lui, à tout le gouvernement sénégalais. Il s'agit d'épargner à tout le monde des sueurs froides et surtout des nuits blanches. Je veux tout simplement préciser, affirmer que je ne suis ni membre, ni porte-parole d'un groupe quelconque action subversive. J'ai agi de ma propre et seule initiative, par conviction personnelle, sûr cependant d'aller à la rencontre des Cœurs de tous les casamançais authentiques, et parce que j'estime que l'on ne doit pas se moquer indéfiniment et impunément de la Casamance. J'ai jugé que beaucoup de mes compatriotes peuvent avoir des raisons particulières de se taire.

Quant à moi, libre de toute allégeance politique, professionnelle et autre, en toute indépendance d'esprit et de liens divers, mon culte passionné pour ma Casamance étant mon seul guide, j'ai entrepris cette action individuelle que l'on trouvera téméraire et provocante.

Cependant, je dis tout haut ce que tout casamançais authentique pense tout bas. Si vous en voulez la preuve, elle peut vous être donnée ; claire, nette, massive, non pas dans les quatre heures, mais dans la demi-heure qui suivrait la clôture d'un scrutin non falsifié. Il suffit et il s'agit de jouer franc, je peux en ce domaine.

D'autre part, si Monsieur le Ministre de l'intérieur pense devoir me faire savourer les douceurs des « cent mètres carrés », je lui dis tout de suite que je ne suis pas un malfaiteur pour être enchaîné ou cueilli à bord d'un fourgon cellulaire ou d'un « panier à salade », alors que je revendique mes droits légitimes

Comme je veux contribuer à la réussite de la politique d'austérité prônée par le gouvernement, il me suffira d'une simple convocation pour que je me rende spontanément à la porte de la « citadelle du silence ». Il faudra également que l'opération ait lieu en plein jour, pour parer à toute insinuation malveillante contre le gouvernement en cas d'incident ou d'accident fâcheux.

Je déclare enfin que si le Soleil ne reçoit pas l'autorisation de publier cet article dans les délais que je lui aurai demandé de respecter, les Sénégalais me liront tout de même. Il constitue mon Testament, et la vérité casamançaise ne s'enchaîne ni indéfiniment ni impunément.

Je me tourne à présent vers les élus casamançais : Députés, Maires et autres, pour leur signaler que je refuse absolument toute intervention qu'ils pourraient être tentés de m'adresser par voie de presse, écrite, parlée ou télévisée.

Ce ne serait pas courageux de leur part. Le linge sale se lavant en famille, j'exige que tout élu désirant me répondre, me donne rendez-vous dans sa circonscription électorale. Devant tous ses électeurs réunis, il pourra me sortir tout ce qu'il voudra. Je lui répondrai selon les circonstances en attendant de lui donner une dernière réponse par le verdict électoral des consultations officielles qui auront immédiatement suivi ces rencontres.

Tu dors, disait-on à Brutus, alors que Rome est dans les fers. »
Et moi de crier à nos élus : « vous dormez, Messieurs les

Députés, alors que la Casamance gémit des douleurs de la gestation d'une profonde mutation » ! Je vous donne ma parole qu'elle n'accouchera pas d'une souris. La Casamance ne vous suit plus. L'on vous applaudit encore, ce qui contribue davantage à vous donner la chance. Mais vos Cœurs et ceux de vos masses ne vibrent plus sur une même longueur d'ondes, pour autant que le Statut actuel de la Casamance s'impose encore à votre conformisme apparent.

Quoi qu'il puisse vous en coûter, dites la vérité au Président Senghor. La Casamance étant fatiguée d'être sénégalaise, avouez-le, franchement que l'imbécile a raison ; que même un fou dit parfois des paroles sensées. Dites lui que la Casamance est allée honnêtement, loyalement jusqu'à la limite du possible et que maintenant : ça suffit !

Ne soyez pas de ceux qui passent leur temps à chanter les louanges du Président ; à lui dire toujours oui, à le rassurer en lui affirmant que tout va bien, alors que la pirogue sénégalaise qu'il mène prend de l'eau de toutes parts, surtout le Sud qui veut redevenir lui-même. Faites-lui comprendre qu'il est le seul à pouvoir décoloniser la Casamance en préservant le maximum de liens étroits entre le Sénégal et la Casamance. Dites-lui de ma part que la décolonisation totale de la Casamance en lui octroyant, disons en lui rendant son indépendance, constituera la plus grande réussite de sa longue Carrière Politique de grand courage et de haute lucidité, lui donnerait droit, ou même titre et peut-être plus que son œuvre littéraire, de pouvoir déclarer à son tour à la face du monde entier : « Exegi monumnentum oere perennius » (Horace, Odes, III, 30, I).

Je viens de dire. Je les comprends, bien sûr, et ce n'est pas sans un certain serrement de cœur que je me suis obligé de monter à la hauteur de la situation. Mais je leur demande de faire le même effort pour me comprendre.

Cette mise au point s'imposait à moi comme une réplique nécessaire. Il faut que la Casamance montre ses griffes et ses

dents pour n'avoir pas à s'en servir. Je commençais à me sentir, par mon silence prolongé, coupable de trahison envers la Casamance, alors que le monde des moyens de communication sociale ne m'est étranger.
Ceci dit, je demande aux Sénégalais de rester calmes et confiants en l'avenir, et de laisser la Casamance régler pacifiquement, démocratiquement, légalement et respectueusement son contentieux à la fois politique et affectif avec le Président Senghor.
Quant à toi, debout, Peuple de Casamance ! Rêve-toi de ta Dignité Antique !
Arme-toi du Courage indomptable de tes Héros ! Brise avec une énergie de fer toute entrave à ta Liberté Souveraine.
Cependant, ta Magnanimité, ta Longanimité, ta Lucidité, doivent te permettent d'accéder à ta Pleine Souveraineté internationale dans la Légalité, la Démocratie, la Justice et la Paix.

Tu n'es ni Régionaliste, ni « katanguiste », mais simplement nationaliste. Tu ne réclames que tes Droits, rien que tes Droits, mais tous tes Droits.
Avec un peu d'idéalisme, assez d'optimisme et beaucoup de réalisme, tu ranimeras et épanouiras ta Nation, édifieras solidement ton Etat, et marcheras avec confiance et de façon Irréversible, vers la destinée que Dieu et tes Ancêtres t'ont tracée avec soin et prédilection.
La Casamance par ma voix vient de vous rendre la Balle : à vous de jouer, Monsieur le Président !

Vive la Casamance Libre !
Augustin Diamacoune Senghor.

Biographie succincte de Victor Sihumehémba Diatta.

Par Jean Diatta de Radio France Internationale

Victor Sihumehémba Diatta

Victor,
Qu'était donc ton tort
Quand ce 20 septembre de l'an 1914
Face à l'Océan Atlantique
Dans la petite localité de Nyalou
En ce pays de Casamance
Tu venais au monde
Aurais-tu entendu la clameur
De tes pères du 20 mars 1914
D'autres t'y avaient précédé
Pour leur malheur ou leur grandeur
Qu'on les nomma Sihalébé, Aliin Sibeth
Peut-être Benjamin ou Édouard
Un seul destin les y attendait
Sans doute le savais-tu, car
De Cabrousse à Montpellier
Ton parcours le laissait croire
Te familiarisant avec l'arme de ton ennemi
Tu pensais libérer ton peuple
Tu voulais faire parler le papier
Tu y avais réussi avec brio
Les blancs te l'avaient enseigné
Tu l'avais enseigné aux blancs
Du nom de la liberté la guerre éclata un certain
Septembre 1939 répondant à ton idéal de toujours
Tu combattis aux côtés des apôtres de cet idéal
Tu l'avais fait avec conviction
Lieutenant tu étais dans leurs rangs
Et le premier d'entre eux, le Général de Gaulle
De ses propres mains te le témoigna
Tu fis la fierté de ton Père Guillaume Léon Diatta
Tu fus la référence de ta génération
Alors tu avais cru que la liberté n'avait
Ni couleur, ni odeur, ni frontière
Ce fut ta plus grande erreur
Tu pensais rendre à ton peuple
La liberté qu'il ne cessait de réclamer
Ainsi avec tes pères, un autre mars 1947
Tu créas le MFDC
Te rappelais-tu à cet instant qu'à Sédhiou
Où tu fondais ton mouvement mourut
En juillet 1903, au nom de la même liberté Sihalébé Diatta
Tu étais ouvert au monde en mutation
Tout en restant fidèle à l'idéal des tiens :
L'indépendance en toute lucidité.

Pensais-tu alors échapper à ce destin
Que ton âme avait choisi dans les eaux du Nyalou
Mais alors ce 19 avril de 1948
Qui commandita ton assassinat
Dans cette ville de Dakar face à l'Atlantique
Où tu croyais revenir faire utile
A qui profita le crime
Oh France que de forfaits en ton nom
Aujourd'hui encore, Victor, ton combat est plus qu'actuel
Aujourd'hui encore en toi se reconnaît ton peuple
Ton visage, comme le Dieu Glaucos
Au fond de la mer une fois désincrusté retrouvera son éclat
N'en déplaise aux historiens feignant de t'ignorer
Ton combat ne sera que plus intense
Puisse ta mort servir à quelque chose
Victor Diatta, la charte de l'Atlantique proclamée en 1940
T'avait bercée d'illusion

Axel Gauthier.

Je n'ai pas connu mon père Victor Diatta, qui décède à Dakar en 1948, moins de deux ans après ma naissance.
Il a été pour moi une photo dans la chambre de ma mère. J'ai appris plus tard qu'elle devait le rejoindre en Afrique avec nous, ses trois enfants, mais le choc de sa mort a été tel qu'elle n'a jamais pu nous parler de lui.
J'ai dû découvrir par moi-même quel homme était mon père. Élevé par ses grands-parents à Cabrousse, son oncle Benjamin Diatta le fait scolariser vers l'âge de 11 ans chez les pères du St Esprit qui le remarquent pour ses facilités intellectuelles. Après un passage au séminaire de St Louis, il part pour la France à Montpellier puis à Paris. Il obtient une licence de lettres. Contrairement à ce qui se dit, il n'est pas agrégé.
Il est à Paris quand la guerre éclate, il a 25 ans. Je ne sais rien de son incorporation. Après la cessation des combats, il rencontre ma mère. Mariage en 1941 et naissance de mon frère Jean et ma sœur Christine en1942 et 1944.
Les personnes qui l'ont connu en France (famille et amis) le décrivent comme un homme avec beaucoup de charisme, d'humour et de générosité. Il adorait ses enfants et souhaitait retourner dans son pays avec sa famille. Plus tard à Dakar et à Ziguinchor, j'ai pu rencontrer deux personnes avec lesquelles il avait fondé sa société d'import-export (ANSA, Afrique Noire S.A.). L'une d'elles, est la dernière personne à l'avoir vu vivant. Mon père avait séjourné chez elle à Ziguinchor la veille de prendre l'avion pour Dakar où la mort l'attendait. D'après cet ami, Il était plein de projets et n'avait nullement l'intention d'en finir avec la vie. Tout récemment, via Internet, j'ai eu la chance d'entrer en contact avec deux hommes qui l'ont connu durant la fin de la guerre, lorsqu'il était résistant puis soldat. Grâce à leur témoignage et aux documents retrouvés au moment du décès de ma mère, c'est cette partie de sa vie que je connais le mieux et que je vais résumer ici :

Mon père entre dans la Résistance à Aigueperse dans le Puy de Dôme, le 20 août 1944. A cette époque, la Résistance est un ensemble d'organisations et de groupes autonomes qui se reconnaissent sous le sigle de FFI (Forces Françaises de l'Intérieur).

Au groupement FFI « Eddy » qu'il intègre, tout le monde porte un blouson de cuir et on lui donne le pseudonyme de Sembé, probablement en rapport avec son prénom Diola. Très vite, il participe au harcèlement de la colonne du général allemand Ester qui, depuis la région de Toulouse, tente de regagner l'Allemagne avec 25000 hommes. Tour à tour, mon père enchaîne les actions :

- *Attaque d'un train blindé allemand le 03/09 à Bessay s/Allier, opération montée contre la poudrière de Toulon s/Allier le 04/09*
- *Combats de Moulins s/ Yzeure (Allier) le 05/09 deux coups de main qu'il dirige à St Pierre de Moutier (Nièvre), faisant 2 prisonniers et ramenant une mitrailleuse de 20mm. Les 08 et 10/09.*

Finalement, le10/09 le général allemand se rend aux américains (qui avaient débarqué en Provence le 15 août), et évite l'humiliation d'avoir à déposer les armes face à des groupes disparates de résistants, pourtant véritables vainqueurs de cet épisode. Le groupe Eddy intègre alors la demi-brigade « Roussel », qui est le nom de clandestinité de son chef, le Lt colonel Colliou. Peu à peu, tous les hommes des maquis de cette région vont former la Division légère d'Auvergne. Ceux qui, comme mon père, veulent continuer le combat jusqu'à la victoire finale, signent leur engagement et deviennent des « combattants volontaires ». Au sein de leur division, ils grossiront les rangs de la 1ère armée du général de Lattre. A partir du mois d'octobre, commence la poursuite de l'armée allemande en fuite vers l'Allemagne pour la phase finale. Mon père est sergent, chef de section. Il est spécialiste des coups de main et se porte toujours volontaire pour les patrouilles dangereuses de reconnaissance dans les lignes

ennemies où il se forge une solide réputation de meneur d'hommes. Il force l'admiration de sa section par son courage et sa détermination.
En novembre, il est dans le Doubs, puis dans le Haut Rhin en décembre. Début janvier, il est nommé aspirant, c'est-à-dire officier.

L'armistice est signé le 8 mai 1945.

Mon père est avec son régiment s'installent sur le bord du lac de Constance à Singen où je vois le jour en 1946. Quand il quitte l'armée en 1947 pour aller créer en Afrique sa société, l'ANSA, il est sous-lieutenant.

Même, si les tenues hétéroclites des maquisards sont peu à peu remplacées par des uniformes militaires, les hommes ont froid en cet hiver 1944-45 très rude. Mon père, comme beaucoup de ses hommes sont pris de débuts de gelures aux pieds, lors des combats pour le passage de la Doller dont les eaux sont glacées. Ensuite, c'est la libération de Colmar en février où le colonel Colliou récupère des mains du général de Gaulle le drapeau de son régiment, caché à Bordeaux durant l'occupation.

Le 152ème Régiment d'infanterie, appelé le 15-2 renaît de nouveau, les Diables Rouges sont de retour dans leur ville habituelle de garnison. Mon père dès lors apparaît dans tous les défilés à la droite du prestigieux drapeau.

Par sa conduite héroïque, il est l'objet de trois citations élogieuses. Enfin, en 1945, à Constance, il est décoré par le général de Gaulle.

24 juin 1945, défilé pour la libération de Colmar Puis c'est le franchissement du Rhin, l'entrée en Allemagne et la prise de Stuttgart.

Je voudrais terminer par ce témoignage de M. René, recueilli en août 2013 dans l'Allier. Cet homme de 93 ans qui l'avait connu à cette époque me disait :

> « Votre père était quelqu'un à part. Durant les combats, il ne se couchait jamais et restait debout derrière les arbres. Je pense que c'était pour mieux veiller sur ses hommes. »

Luc Diatta.

Epilogue

Ce livre qui revêt un intérêt historique, en même temps qu'il évoque des faits advenus en Casamance, découvre l'intrinsèque de l'Abbé Augustin Diamacoune Senghor, ainsi que ses marques de passage dans son cycle de vie humaine, notamment dans le monde spirituel et politique.

Dans cet ouvrage, il y a une sincérité de propos exprimés parfois à travers des mots sévères sans détour mais, sans nul doute, ils permettent la bonne compréhension du cheminement de l'homme qui, à force d'être aux prises avec l'humiliation et l'indignation, finit par chercher son salut d'espérance et celui de sa communauté d'appartenance dans la sédition.

Au fil de la lecture d'une série complète de pages, ce chef d'œuvre dévoile le fond d'une contribution certaine à l'invention de nouveaux équilibres sur le chemin de la paix et de la réconciliation entre les différentes parties de la crise en Casamance.

« *Remet à César ce qui appartient à César.* », nous enseigne la civilité romaine.

Alors rendez à la Casamance ce qui appartient aux casamançais.

Ainsi dit, c'est au peuple de la Casamance de savoir réclamer, sans relâche, avec détermination et ténacité, l'ensemble historique de son espace vital.

TABLE

L'Afrique

aux éditions L'Harmattan

Dernières parutions

AFRICANOLOGIE
Ébauche d'une discipline scientifique
Shamuana Mabenga Jonas
Préface d'Elikia M'Bokolo - Postface de Pèlerin Kimwanga Nkeny
L'auteur, avec cet ouvrage, ambitionne la naissance d'une science, l'africanologie. L'ouvrage est étonnamment riche en enseignements sur l'Afrique, les Afriques et les Africains. À la fois objet de recherche et matière d'enseignement, l'africanologie contribuera à former les nouvelles générations africaines et, en dehors de l'Afrique, les vrais partenaires de ce vaste continent.
(Harmattan RDC, 39.00 euros, 422 p.)
ISBN : 978-2-343-12447-6, ISBN EBOOK : 978-2-14-004149-5

RELATIONS INTERNATIONALES CONTEMPORAINES
Mythes, manipulations et réalités
Djiena wembou Michel-Cyr, Fall Daouda
Démocratie, transparence du processus électoral, terrorisme, alternance au pouvoir dans le tiers monde, axe du mal, islamistes, droit international, accord de partenariat économique, changement climatique, prolifération nucléaire, justice internationale, droit ou devoir d'ingérence humanitaire, que signifient exactement ces mots aujourd'hui ? Comment établir la frontière entre la vérité et la manipulation dans l'analyse des phénomènes internationaux ? Ce livre tente d'apporter des réponses claires et précises afin de mettre les clés de compréhension du monde contemporain à la disposition de tous.
(Coll. Études africaines, 43.00 euros, 490 p.)
ISBN : 978-2-343-12188-8, ISBN EBOOK : 978-2-14-004091-7

INTRODUCTION AUX RELATIONS INTERNATIONALES
Bamba Mamadou
Mamadou Bamba propose ici d'expliquer la controverse doctrinale autour de la définition des relations inter-nationales. Courant réaliste, de l'interdépendance, ou courant marxiste, sont autant d'approches différentes qui font émerger la complexité à appréhender les dynamiques sur la scène internationale, et surtout tentent d'y apporter les réponses adéquates. Face à un monde en permanente évolution, le choix des matériaux et des outils utilisés par les experts sont cruciaux pour l'analyse de ces relations.
(21.50 euros, 198 p.)
ISBN : 978-2-343-12538-1, ISBN EBOOK : 978-2-14-004369-7

UNE MONNAIE UNIQUE POUR L'AFRIQUE DE L'OUEST
Pourquoi, comment et quand ?
Bakoup Ferdinand, Ndoye Daniel - Préface de mohamed Ben Omar Ndiaye
Les auteurs tentent d'éclairer le débat sur la monnaie unique en Afrique de l'Ouest en procédant à un réexamen de l'opportunité, du rythme et des modalités souhaitables de l'intégration monétaire ouest-africaine. L'ouvrage examine aussi l'économie politique d'un tel projet et formule des recommandations à l'attention des parties prenantes.
(Coll. Études africaines, 26.50 euros, 254 p.)
ISBN : 978-2-343-12456-8, ISBN EBOOK : 978-2-14-004210-2

LE SERVICE PUBLIC MARCHAND EN AFRIQUE ET DANS LE MONDE
Rigobert Akoulabo
Le service public marchand a été longtemps le pilier de l'économie de tout État, de l'Occident à l'Afrique. Du fait qu'il soit marchand, le service public est soumis aux règles de la concurrence, soumises elles-mêmes à certaines dérogations. Le système d'arbitrage opte pour une certaine harmonisation des systèmes juridiques en Europe et en Afrique.
(Harmattan Congo-Brazzaville, 14.50 euros, 130 p.)
ISBN : 978-2-343-10354-9, ISBN EBOOK : 978-2-14-004343-7

CHANGEMENTS DE L'OCCUPATION DES TERRES ET NÉCESSITÉ DE L'AMÉNAGEMENT DU TERRITOIRE À L'ÉCHELLE LOCALE EN AFRIQUE SUBSAHARIENNE
Cas de la commune de Djidja au Bénin
Arouna Ousséni
Les changements de l'occupation des terres en Afrique subsaharienne sont de plus en plus caractérisés par la déforestation et la dégradation des forêts. L'objectif de ce livre est d'évaluer les changements spatiotemporels de l'occupation des terres et leurs implications dans l'aménagement du territoire dans le contexte actuel des changements climatiques.
(23.50 euros, 230 p.)
ISBN : 978-2-343-11869-7, ISBN EBOOK : 978-2-14-004350-5

DU FOSTERAGE À L'ADOPTION PLÉNIÈRE
L'adoption des enfants de la pouponnière d'Adjamé (Abidjan, Côte d'Ivoire)
Kouadio Edwige
Dans les sociétés africaines traditionnelles, le fosterage (ou confiage) est une pratique sociale et culturelle qui consiste à confier temporairement ou durablement un enfant à un tiers digne de confiance. De fait, le fosterage permet de comprendre que la parentalité met surtout en évidence la notion de responsabilité, au sens anthropologique et pas seulement légal du terme. L'objectif de cette étude est de partir de la pratique traditionnelle du fosterage pour comprendre les pratiques de soutien à l'enfant que sont l'accueil dans les pouponnières et l'adoption plénière.
(Coll. Études africaines, série Sociologie, 24.00 euros, 236 p.)
ISBN : 978-2-343-12231-1, ISBN EBOOK : 978-2-14-004129-7

EXCISION, MARIAGES D'ENFANTS, DROITS SEXUELS ET REPRODUCTIFS
Socioanalyse d'une dialectique des normes
Camara Cheikh Moussa
Cet ouvrage jette un regard sociologique sur ces phénomènes à travers le prisme des rapports dialectiques, voire conflictuels entre les normes sociales et les normes légales qui les justifient, les confortent ou les remettent en cause. Cette socioanalyse apporte un éclairage sur la complexité de ces phénomènes de société d'une grande sensibilité dans un contexte socio-culturel africain, leurs relations avec la loi, les droits humains et l'idéal de liberté individuelle ainsi que sur les mutations sociales relatives aux effets des TICs sur les mœurs sexuelles.
(Harmattan Sénégal, 15.50 euros, 140 p.)
ISBN : 978-2-343-12587-9, ISBN EBOOK : 978-2-14-004164-8

PHILOSOPHIE ET SOCIOLOGIE DE L'ÉDUCATION ENSEIGNÉES DANS LES ÉCOLES NORMALES D'INSTITUTEURS
Kamaha Yolande Angèle - Préface de Pierre Fonkoua
Afin d'améliorer la qualité des contenus scientifiques, développer davantage de compétences professionnelles et contribuer au déploiement d'une formation de qualité dans les Écoles normales d'instituteurs de l'enseignement général (ENIEG) du Cameroun, ce livre apporte des éléments de réponse aux questions suivantes : quels contenus scientifiques faut-il sélectionner ? Comment mobiliser les ressources de l'approche par les compétences ? À quelles activités d'intégration faut-il soumettre les futurs instituteurs et institutrices et quels projets faut-il amener à entreprendre ?
(Harmattan Cameroun, 25.50 euros, 254 p.)
ISBN : 978-2-343-12634-0, ISBN EBOOK : 978-2-14-004348-2

LA RÉUSSITE SOCIALE : UNE MISSION PERSONNELLE
Leçons pour une renaissance africaine par les valeurs
Diabaté Touré Ténin - Préface de S.E. Lambert Amon-Tanoh
Cet ouvrage nous invite à prendre le pari de fuir tout ce qui peut modifier notre personnalité dans un sens défavorable. Mais il ne suffit pas de se débarrasser de mauvaises habitudes qui détruisent notre personne. Il faut chercher à remplir notre vie de tout ce qui sera de nature à l'élever, à en faire une école, afin d'aboutir à notre épanouissement personnel par des enseignements tirés de la vie, dont celle de grands sages africains.
(Harmattan Côte-d'Ivoire, 24.50 euros, 244 p.)
ISBN : 978-2-343-12742-2, ISBN EBOOK : 978-2-14-004385-7

L'IMMATÉRIEL ET LE DROIT OHADA DES SAISIES
Assontsa Robert - Avec la collaboration de Cédric Tinke
Préface d'Isidore Léopold Miendjiem
L'immatériel constitue aujourd'hui l'une des thématiques les plus intéressantes de l'univers juridique. Ce livre interroge l'opérabilité du droit de gage général vis-à-vis des valeurs immatérielles et l'aptitude du droit OHADA des saisies à appréhender ces biens dépourvus de toute consistance physique.
(Harmattan Cameroun, 22.50 euros, 220 p.)
ISBN : 978-2-343-12008-9, ISBN EBOOK : 978-2-14-004140-2

ÉCLAIRAGE SOCIOLOGIQUE SUR QUELQUES NOTIONS CANONIQUES DE LA SCIENCE POLITIQUE
Vangu Ngimbi Ivan
Face au caractère intimidant des faits politiques et en raison de sévères approximations dont ils font souvent l'objet, aussi bien de la part des étudiants, des acteurs politiques que des professionnels des médias, il était opportun que les concepts canoniques de la science politique soient explicités de manière limpide afin de les rendre plus intelligibles et accessibles à un large public. C'est l'exercice auquel s'est livré l'auteur tout au long de cet ouvrage.
(Coll. Études africaines, série Sociologie, 14.00 euros, 122 p.)
ISBN : 978-2-343-12594-7, ISBN EBOOK : 978-2-14-004192-1

POLÉMOLOGIE ET IRÉNOLOGIE
Une question philosophique des relations humaines et internationales
Mukendji Mbandakulu Martin Fortuné
Préface de Jean-Pierre Marien Lianza Zalonkele
Cet ouvrage s'attelle à montrer le rapport dialectique entre la guerre et la paix. La guerre semble être le lot des hommes. Les causes, les sources de la guerre sont relevées ici et les théories sur les guerres traditionnelles et modernes y sont développées. La guerre ne peut cesser que si les causes des conflits entre les nations, entre les hommes peuvent être extirpées. Cette étude corrige l'opinion selon laquelle les relations internationales et la philosophie ne peuvent faire bon ménage. La polémologie et l'irénologie sont donc inséparablement liées aux réflexions philosophiques.
(Coll. Études africaines, 19.50 euros, 188 p.)
ISBN : 978-2-343-12108-6, ISBN EBOOK : 978-2-14-004234-8

L'ÉDUCATION AUX MÉDIAS
Un point de vue africain
Barbey Francis - Préface de Laurence Corroy / Postface d'Alain Kiyindou
L'éducation aux médias en Afrique ne peut pas faire l'impasse sur les «réalités africaines» et la façon dont celles-ci s'expriment dans les communautés et la communication sociale, dans la mesure où c'est dans ces espaces que se trouvent les «lieux d'invention» de la modernité de l'Afrique d'aujourd'hui et de demain. L'éducation aux médias peut ainsi être pensée et mise en œuvre comme une initiation à la communication sociale, c'est-à-dire une communication qui a pour finalité le progrès de la communauté.
(Coll. Éducation et médias, 19.50 euros, 192 p.)
ISBN : 978-2-343-12270-0, ISBN EBOOK : 978-2-14-004125-9

Structures éditoriales du groupe L'Harmattan

L'Harmattan Italie
Via degli Artisti, 15
10124 Torino
harmattan.italia@gmail.com

L'Harmattan Hongrie
Kossuth l. u. 14-16.
1053 Budapest
harmattan@harmattan.hu

L'Harmattan Sénégal
10 VDN en face Mermoz
BP 45034 Dakar-Fann
senharmattan@gmail.com

L'Harmattan Cameroun
TSINGA/FECAFOOT
BP 11486 Yaoundé
inkoukam@gmail.com

L'Harmattan Burkina Faso
Achille Somé – tengnule@hotmail.fr

L'Harmattan Guinée
Almamya, rue KA 028 OKB Agency
BP 3470 Conakry
harmattanguinee@yahoo.fr

L'Harmattan RDC
185, avenue Nyangwe
Commune de Lingwala – Kinshasa
matangilamusadila@yahoo.fr

L'Harmattan Congo
67, boulevard Denis-Sassou-N'Guesso
BP 2874 Brazzaville
harmattan.congo@yahoo.fr

L'Harmattan Mali
Sirakoro-Meguetana V31
Bamako
syllaka@yahoo.fr

L'Harmattan Togo
Djidjole – Lomé
Maison Amela
face EPP BATOME
ddamela@aol.com

L'Harmattan Côte d'Ivoire
Résidence Karl – Cité des Arts
Abidjan-Cocody
03 BP 1588 Abidjan
espace_harmattan.ci@hotmail.fr

L'Harmattan Algérie
22, rue Moulay-Mohamed
31000 Oran
info2@harmattan-algerie.com

L'Harmattan Maroc
5, rue Ferrane-Kouicha, Talaâ-Elkbira
Chrableyine, Fès-Médine
30000 Fès
harmattan.maroc@gmail.com

Nos librairies en France

Librairie internationale
16, rue des Écoles – 75005 Paris
librairie.internationale@harmattan.fr
01 40 46 79 11
www.librairieharmattan.com

Lib. sciences humaines & histoire
21, rue des Écoles – 75005 Paris
librairie.sh@harmattan.fr
01 46 34 13 71
www.librairieharmattansh.com

Librairie l'Espace Harmattan
21 bis, rue des Écoles – 75005 Paris
librairie.espace@harmattan.fr
01 43 29 49 42

Lib. Méditerranée & Moyen-Orient
7, rue des Carmes – 75005 Paris
librairie.mediterranee@harmattan.fr
01 43 29 71 15

Librairie Le Lucernaire
53, rue Notre-Dame-des-Champs – 75006 Paris
librairie@lucernaire.fr
01 42 22 67 13